"老艺术家口述历史"丛书

上海音像资料馆　组编
丛书总主编　乐建强　沈小榆
丛书执行主编　李丹青

我的越剧生涯

田　虹　主编

上海大学出版社

图书在版编目(CIP)数据

我的越剧生涯/田虹主编.—上海：上海大学出版社，2020.8
（老艺术家口述历史/乐建强，沈小榆总主编）
ISBN 978-7-5671-3910-7

Ⅰ.①我… Ⅱ.①田… Ⅲ.①越剧-戏曲家-访问记-中国-现代 Ⅳ.①K825.78

中国版本图书馆CIP数据核字（2020）第122914号

本书由上海文化发展基金会图书出版专项基金、上大社·锦珂优秀图书出版基金资助出版

责任编辑　陈　强
助理编辑　王　俊
封面设计　柯国富
技术编辑　金　鑫　钱宇珅

"老艺术家口述历史"丛书
我的越剧生涯
上海音像资料馆　组编
田　虹　主编
上海大学出版社出版发行
（上海市上大路99号　邮政编码200444）
（http://www.shupress.cn　发行热线021-66135112）
出版人　戴骏豪

*

南京展望文化发展有限公司排版
江阴金马印刷有限公司印刷　各地新华书店经销
开本710mm×1000mm　1/16　印张17　字数220千
2020年8月第1版　2020年8月第1次印刷
ISBN 978-7-5671-3910-7/K·220　定价　62.00元

版权所有　侵权必究
如发现本书有印装质量问题请与印刷厂质量科联系
联系电话：0510-86626877

丛书编委会

总 主 编

乐建强　沈小榆

执行主编

李丹青

撰　　稿

李丹青　陈家彦　陈姿彤　田　虹
陈　娅　柴亦文　马玉娟

丛书总序

致敬前辈　继往开来

　　岁月如梭，位居长江入海口的上海，以其优越的地理位置，经过无数生活在这片土地上的人民的勤奋耕耘，历经沧桑巨变，从昔日一个小小的渔村发展成为如今的国际化大都市。东西方文化在此交汇，不同国家、不同民族、不同地区、不同流派的文化在此交融碰撞，从而形成了海纳百川、兼容并蓄、别具一格、创新精致的海派文化。

　　在上海城市文化艺术的发展历程中，除了本土的沪剧之外，京剧、昆曲、粤剧、甬剧、锡剧、扬剧、绍剧、越剧、淮剧、花鼓戏等地方戏剧，评弹、相声、大鼓、单弦、山东快书等曲艺形式，以及杂技、木偶、皮影戏等多种演出门类，相继进入上海，它们有的走街串巷，有的登堂入室，有的在民间迁移流转，有的在茶楼戏院进行表演，更有的直接进入了正规剧院，可谓百花齐放，各显风采。

　　尤其是新中国成立以来，上海的文化艺术事业飞速发展，发生了与时代相适应的深刻变革。十一届三中全会召开之后，改革春风吹遍神州大地，上海的文化艺术事业也迈开了新的步伐。各大文艺院团不断探索、积极完善人才培养体系，广大文艺工作者积极深入生活，创作、编排了一大批反映改革发展、富有时代精神的新作品，极大地丰富了人民群众的文化艺术生活。在此期间,涌现出了话剧《陈毅市长》《商鞅》《秦王李世民》《中国梦》;昆剧《蔡文姬》《司马相如》《游园惊梦》;京剧《曹操与杨修》《贞观盛世》《廉吏于成龙》《盘丝洞》;越剧《三月春潮》《深宫怨》;沪剧《明月照母心》《清风歌》;淮剧《金龙与蜉蝣》《西楚霸王》;木偶剧《哪吒神遇钛星人》《皮影趣事》;杂技《大跳板》《牌技》等一大批优秀作品,门类涵盖各个剧种,内容涉及古今中外,既弘扬了主旋律、突出了正能量,又呈现出多样化的表演风格与艺术风采。

大多数普通观众往往只能看到艺术家们在舞台上的精彩演出,但对舞台之下他们的艺术生涯并不了解。在这些艺术家的成长过程中,他们付出的汗水与泪水,在艺术创作过程中的辛酸与喜悦,他们的感悟与收获,对自己从事了一辈子的事业的热爱与迷恋,他们的信念与坚持,这些正是培养老艺术家们毕生艺术成就的土壤,给予他们艺术创作源源不断的营养。

一则则舞台背后的故事,既绘就了一位位老艺术家的人生轨迹,也将整合为包含各艺术门类创作者心路历程的全景式画卷。而我们口述历史工作的意义也正在于此——一方面,通过对亲历者和当事人口述历史的记录,将为正史增加鲜活的细节和不同角度的观照;另一方面,通过收集老艺术家回忆中的吉光片羽,勾连起他们的艺术人生,再将其传递给更多的读者。而读者们将会随着老艺术家们的讲述,回到那往昔岁月,感受他们曾经的喜怒哀乐,了解那些教科书里学不到的历史。

他们是随着新中国成长起来的一批优秀艺术家,见证了祖国飞速发展的沧桑巨变;他们来自不同院团的多种岗位,个个都是业内翘楚,都是我们的老师前辈,由他们谈创作、谈经验,通过发自切身的情感传递,更显生动具体;他们经历过剧种的兴衰沉浮,对整个艺坛有着深刻的认识与思考。通过此套丛书的字里行间,我们能够感受到他们每个人对艺术的执着与热爱、智慧和涵养,让我们受益良多。

习近平总书记在全国文艺工作座谈会上指出："中华民族有着强大的文化创造力。每到重大历史关头，文化都能感国运之变化、立时代之潮头、发时代之先声，为亿万人民、为伟大祖国鼓与呼。中华文化既坚守本根又不断与时俱进，使中华民族保持了坚定的民族自信和强大的修复能力，培育了共同的情感和价值、共同的理想和精神。"在过去，上海老艺术家们创作了一大批"立时代之潮头、发时代之先声"的优秀舞台作品，教育和鼓舞了一批又一批青年为建设祖国而奋勇前进。如今，接力棒交到了新一代年轻人的手中，希望青年文艺工作者们能够继承和发扬老一辈文艺工作者的精神，创作出更多"不辜负时代召唤、不辜负人民期待"的文艺精品，向优质文化的高峰不断迈进！

上海市文联副主席
上海电视艺术家协会主席

二〇二〇年四月十日

目 录

老师对我的提携，我是不能忘记的
　　——王文娟口述 / 001

要学会创造人物
　　——邢月芳口述 / 015

演出第一，这是我们的习惯
　　——毕春芳口述 / 032

我小时候做梦也想学戏
　　——李忠萍口述 / 044

在芳华，我曾经一次又一次地救场
　　——李金凤口述 / 056

那时，我一直跟着施银花
　　——李蓉芳口述 / 068

我是从跑龙套，一点点唱出来的
　　——余彩琴口述 / 077

小花脸这个行当是我的广阔天地
　　——张小巧口述 / 084

我要让观众喜欢我的唱
　　——张国华口述 / 097

要学会创造人物
　　——周宝奎口述 / 119

只有小演员没有小角色
　　——郑采君口述 / 135

我要唱得让观众能够记住我
　　——孟莉英口述 / 148

第一次进大剧团,就碰到了好老师
　　——焦月娥口述 / 166

活到老、学到老
　　——筱月英口述 / 181

演戏要从人物性格出发
　　——戴忠桂口述 / 197

学戏就要勤学苦练
　　——魏凤娟口述 / 207

解读《西厢记》
　　——袁雪芬、蒋星煜、吕瑞英口述 / 219

后记：留下一扇记忆的窗户 / 258

老师对我的提携,我是不能忘记的

——王文娟口述

王文娟,1926年出生,浙江绍兴嵊县人,国家一级演员。越剧"王派"艺术创始人,国家级非物质文化遗产项目越剧代表性传承人。曾担任中国戏剧家协会理事、上海越剧院红楼剧团团长等职务。1938年到上海师从竺素娥学戏;1947年与陆锦花合作,成立少壮剧团;1948年开始与徐玉兰的长期合作;1952年参加中央军委总政治部文工团越剧队;1954年随团参加华东戏曲研究院越剧实验剧团。扮演了神话剧《追鱼》中的鲤鱼精、《则天皇帝》中的武则天和《红楼梦》中的林黛玉等角色;在现代剧《忠魂曲》中饰演杨开慧、传统剧《西园记》中饰演王玉贞、《孟丽君》中饰演孟丽君等角色,以演技精湛、个性突出、形象鲜明等特点在观众中留下了深刻的印象,被行内名家誉为善于塑造人物的性格演员。

采访人: 您是怎么开始学戏的?

王文娟: 我的家在越剧故乡嵊县(今浙江嵊州市),下面有一个村,也就是革命根据地四明山脚下的坑边村。为什么叫坑边村呢？因为门前有一条坑，前面有一条溪水，溪水里有小鱼、小螃蟹、虾什么的，溪水很清。我爸爸是教书的，我有两个弟弟、一个妹妹、一个哥哥。我哥哥是大妈生的，大妈死了以后，爸爸再娶我妈妈的，这叫填房。一家有七口人，光靠我爸爸教书微薄的收入不能维持七口之家，所以我们还租了人家一些田。我妈妈是大村庄里的独生女儿，不会种田，所以租了人家的田，还要请人家再来种田。家里的生活不是很苦，但也是比较清贫的。后来我们家乡的女孩没有什么其他的出路，因为我的表姐当时在上海已经有一点名气了，她是越剧小生，叫竺素娥，小名叫竺全芬，所以我妈妈觉得给我找一个出路，就是让我到上海来学戏。如果没有我的表姐，没有我的老师，我不可能到上海来的，所以我命运的改变就是因为有我的老师竺素娥。到上海来学戏，我爸爸一开始是不同意的，过去学戏地位很低。但我喜欢看戏，也喜欢学戏。我妈妈也是一个戏迷，家乡有很多越剧演出，妈妈总是带我去看，看好回来我就学。出来学戏，爸爸是很生气的，他觉得女孩子跑到那么远去学戏没有面子。不过，我和我妈妈都坚持，我们哭，妈妈又劝，后来他终于同意了。

采访人： 能说说您的老师竺素娥吗？

王文娟： 我老师家乡的村子比我们的大，所以到她村子里去演出的剧团比较多，一般的戏看得也比较多，她也是喜欢看戏的。我老师本来学的是正旦，过去演戏不是固定的，正旦一定是既演这路戏，又演其他戏，男角也演演，女角也演演，后来因为她武功非常好，剧团里就让她演小生，而且她的小生是文武小生。我小舅舅是拉琴的，老师的爸爸是敲鼓板的。所以老师的家庭是比较有条件的，她从事这个工作，家庭也蛮支持的。

我的老师竺素娥，台风朴实大方，素有"越剧皇帝""越剧盖叫天"之称。她的武功尤其出色，会"云里翻"，靴底功一流，擅演《金雁桥》《伐子都》《群英会》《投军别窑》这样的"靠把戏"，演来既威武又有功架,开打也十分可观。她扮演的薛平贵表情细腻,一招一式恰到好处,穿靠执鞭,英俊威武,起霸时很有气魄和风度。她在《吕布与貂蝉》中饰演的吕布英俊潇洒,并且把这个徒有武艺,却贪财贪色、反复无常的武将角色表现得淋漓尽致、入木三分,曾被观众誉为"活吕布"。

老师不仅擅演武戏,文戏也很出色。比如《天雨花》一剧,讲"左维明巧断无头案"的故事,竺素娥饰演主角左维明,姚水娟饰荀含春。竺素娥把七省巡按机智破案的情节,演得高潮迭起、扣人心弦。她在"对绣鞋"(对鞋露鞋)这场戏中,巧妙地盘问核对,唱念清楚,表情细腻,给人留下了深刻的印象。再如1939年她和邢竹琴老师演出的《盘妻索妻》,这出戏是男班艺人张子范老先生专门替她策划并导演的,由汤笔花先生编剧,首演便获成功,连演了半个月。这个戏后来也成为越剧的保留剧目。

她在演出传统戏时,也总有与众不同之处。如演《玉蜻蜓》中的"前游庵"时,她为申贵升设计了一个从扇子缝里偷看年轻尼姑志贞的动作,观众觉得十分新颖。在申贵升临终一场戏里,有一个"捉火"的表演。每次演这段时,老师在后台化完妆,就会让我剪一小段棉纸,捻成一根极细的棉线,夹在她的指间。等演到临终时,舞台上灯光全暗,只留一支蜡烛,她抖动手指靠近蜡烛,指间的棉线被烛火点燃,从台下看,火苗就到了演员的手里,然后演员把蜡烛上的火吹灭,再用手里

20世纪50年代王文娟和老师竺素娥(中坐者)、师姐筱素娥(后排左)合影

的火苗把蜡烛点亮。这样反复三次，以此表现申贵升濒死时的幻觉，增强舞台气氛。这门"捉火"的技艺最早由男班老艺人创造，会演的人不多。

采访人： 您那个时候学戏主要靠看戏还是让您表姐教您呢？

王文娟： 先练功，专门有京剧师傅管我们。如果练下腰，他们会数的，今天练了10个，明天就要加，真的吃不消。那个时候吃的伙食也比较差，一个月就吃两次手指大小的两片肉，初一两片肉，月半两片肉，平时都是蔬菜，有黄豆芽、咸菜、炒青菜，所以我很喜欢吃东西，现在也喜欢吃。那会儿锻炼得蛮厉害的，上午练功，日夜两场演出。有时候没有小角色，我们去看戏，那个时候剧场蛮集中的，大中华戏院有施银花的演出，人民广场对面的工人文化宫，浙东大戏院在北京西路，剧场都离得挺近，跑来跑去看戏。自己练功，既看老师的戏，又看人家的戏，这个动作蛮好的，这件服装蛮好的，一边看一边自己在想，所以作为演员来说，看戏是蛮重要的。看人家的戏，人家有不足的，自己可以避免，好的地方可以学。所以练功是每天练，练得特别起劲是什么时候呢？歇夏的时候，歇夏时间蛮长。歇夏等于放暑假一样，台上都是我们小朋友，随便唱随便练。因为这个剧场要延续下去，老板还给我们准备伙食，早饭吃泡饭，中午、晚上也有吃的。我们晚上不肯睡觉也要练，练到肚子饿了，偷一点锅巴饭来吃吃，这个时候，肚子吃饱就可以了。

采访人： 那时候老师教什么戏吗？

王文娟： 老师教我的第一个戏就是《平贵别窑》，这是我们老师的拿手戏。我的脸比较小，我小的时候很瘦的，她说你的脸这么小，做小生不行，就让我做花旦。老师还有一个学生，她演小生，老师让我们两个人排《平贵别窑》。我们老师不打人的，她用鼓励的办法，"彩娟，你要好好学，你学好以后，我送你一件帔"，就是一件服装。我是开心得不得了，一般演员没有自己私人衣服的。老师等这些主要的演员才有自己的服装，所以老师能够给我一件自己的服装，我不知道有多开心。后来真的做到了，那个时候学戏非常用功，脑子没有其他的杂念，就是学戏。老师非常仔细地教我，我们学好了去演出，老师在后台看得很开心，觉得我们演得还可以，我自己也是兴奋得不得了。

我演王宝钏，当听到丈夫要去当先行官上战场时，有一个昏倒跌坐的动作，当时我没有坐准椅子，所以就动了一下。下场后，老师就批评我，人昏死了还要动，这不真实，要我事先就把椅子找准。演戏要演龙像龙，演虎像虎，演什么都要真实，每个细小的动作都要注意。我在《桂枝写状》里演李桂枝，老师演我的丈夫，而且他们是新婚夫妻，可在台上我怎么也演不出夫妻的感情，眼前还是我的老师。老师教导我，台下是你的老师，台上是你的丈夫，这戏才演得下去，你一定要有这样的真实感情，假戏要真做。我演《杨八姐盗刀》，那时杨八姐单枪匹马深入番帮草原，马失前蹄、过河等动作都要有真实感，不能草草了事。马失前蹄要用力把马头和马蹄拉起来，过河要感觉真实地看到水，假戏真做千万不能忘。演戏一定要把全身心的感情倾注到每个动作中去！别开小差！切记！

采访人：一直坚定您学戏的信念是什么？

王文娟：我小的时候想为家里分担一些经济压力。我爸爸妈妈不会种田，要请人家来种，种好还要给钱分租，收益不多。因为这个情况，我亲戚中有很多比较富裕的小孩子会欺负我弟弟，所以我一心想把戏学好赚钱，让我弟弟妹妹不会被别人欺负，我们家里人能够过得好一点，我就这个想法。

采访人：您一直叫王文娟吗？那个时候已经决定您演花旦了？

王文娟：这个名字是我后来改的，我小名叫王彩娟，后来叫小小素娥。之所以决定让我做花旦，是因为我那个时候很瘦小，演女性，正好老师有一个学生演小生，两个人可以配戏。在《红鬃烈马》中我演小角色代战公主，出去讲两句话台词，也没有什么事情。老师化好妆，我马上就开始化妆，化妆得非常仔细，能够演角色我很开心，老师也一点点教我。

采访人：那个时候，越剧借鉴京剧的东西挺多的，对吧？

王文娟：对，主要是学京剧，但是唱是唱越剧的。

采访人：刚到上海的时候是在怎么样的剧场里演戏？

王文娟：当时上海天津路有一个煤业大楼，里面有一个大厅，那里搭了一个舞台，排了一些位子，这些位子都是木头敲起来的、长长的一条一条的。里面大概可以坐三四百个观众，没有对号入座的，早来早坐，晚来晚坐。当时剧场后台不管的，只有一个饭堂和过道在左边，作为吃饭的地方和化妆间，还没有那么大；右边就是穿服装的地方。观众随到随买票，当时每天要演日夜两场。剧场里也蛮热闹的，可以买茶，凳子后面弄个铅丝圈，泡杯茶放在里面；还有卖小吃的，前面有一个方方的盘子，里面放瓜子、花生、豆腐干、糖果。

采访人：那个时候的布景还是传统的吗？

王文娟：开始是传统的，过去叫"守旧"，主要演员有一堂"守旧"，就是绣花的。过去台也不大，一块缎子绣好花，绣好名字，比如"姚水娟"或者"竺素娥"，"出将""入相"两块，但不久就有改进了，这些老师对越剧是有功的。对于布景来说，我当时在想《红娘叫门》的布景，小姐在书房里面，红娘在外面，怎么表演呢？中间搭一个小房子，房子里面一个灯，小姐进去门一关，里面一个灯开着，两个人在唱，等到里面唱好之后，里面的灯暗掉，外面的亮起来，红娘在外面唱。这个手法在当时来说还是蛮新的，我觉得这个处理得蛮好。实际上这是一种简单的布景用法，我想它也是一步一步发展而来的，并不是一蹴而就的。有的是某某设计师或者某某演员创造出来的，还有的布景是完全立体的，买大闸蟹的上去了，拉三轮车的也上去了，这种都是电影里看来的。

采访人：您到上海是1938年吗？当时剧团的班底如何？

王文娟：我老师是竺素娥，就是我的表姐，她是主要的小生，还有二牌小生；姚水娟是主要花旦，邢竹琴是二牌花旦；老生是商芳臣，还有任伯棠是二肩老生，范瑞娟是三肩小生。那时候是1938年，这个剧团的很多演员在当时还是比较一流的,票价也是最高。人家卖2角,他们卖4角,生意还非常好,上座至少有八成。这个时候,姚水娟已经是"越剧皇后"了。我到他们班里时,已经选出"越剧皇后"了,剧场里面还挂了很多匾,梅兰芳先生也送了姚水娟一块匾,祝贺她当选。我看到过这块匾,我们老师德艺双馨,这种匾很多,当时观众也非常多,很热闹的。

采访人: 当时演的是不是都是一些老戏?

王文娟: 开始演的戏是老戏,比如说《孟丽君》,是我老师和姚水娟最拿手的、合作最好的,还有《盘夫索夫》《梁祝》《吕布与貂蝉》,各种各样的戏还是演得蛮多的。她们坐在一起聊起来,现在生意蛮好,如果一直演这种戏,演来演去,观众会不会看厌?姚水娟老师说,要想想办法,一直这样演也不行,现在是蛮好,将来看多了,观众要少的,将来弄点新戏。这个时候,正好有一位樊迪民先生,他本来是《大公报》的,后来因为上海成为孤岛,他到这里来了。他过去是演文明戏的,正好跟戏曲能够结合起来,所以请他来做编剧。姚水娟老师有一个朋友认识他,把他请来了。他来了以后,编演了很多戏,比如《西施》。《天雨花》这个戏蛮好看的,左维明巧断无头案。左维明是一个清官,他从老百姓那里得到了死者的一只绣花鞋。姚水娟演的反派——开茶馆店的老板娘,谋杀了情夫的老婆,把她的衣服藏在花园的假山下,但一只鞋子掉下来了,后来被人发现了这件事情,这是其中非常有名的一场戏,叫

竺素娥在《天雨花》中饰演左维明

《对绣鞋》。从前尹桂芳老师也一直演的,观众蛮喜欢这个戏的。

过去演的路头戏没有剧本,老师讲个故事,台上演员要自己即兴编唱词。樊先生来了以后,演的是半剧本,也就是他写好比较重要的那场戏的唱词,写成单张纸发给演员。我看到过我老师在读单片纸剧本唱词。后来樊先生写的剧本有《冯小青》《花木兰》《燕子笺》等,舞台上也有点新创造,比如设置一些小机关。事先备好一只用细线穿好的道具燕子,随着剧情进展,后面有人拉动这只燕子,让它从空中飞下来,把小生的诗带到小姐房中,然后再把小姐的诗衔到小生书房。虽然现在看起来是非常简单的技巧,可过去每次演到这里,台下的观众就特别热烈,我们也看得津津有味,觉得很新鲜。

姚水娟也是当时越剧界一位少有的具有市场头脑和明星意识的、擅长宣传和包装的艺人。比如,她在天香戏院开幕时,赠送给观众每人一把印有自己头像的扇子,还给老观众发优惠券,《燕子笺》连演14场,在那个年代是很不容易的。

采访人:您说那时经常会看看电影,包括您学戏的时候,也经常会看,您觉得电影对您的影响大吗?

王文娟:我和范瑞娟两个人一直看电影的。我俩蛮好的,因为她爸爸和我爸爸是世交,大家离得也挺近,都是那里出来的。我们两个人都是星期天早晨看电影,因为平时日夜两场演出不能看,星期天早晨票子又便宜,半价,我们就去看。看完电影回来吃饭的时间就过了,然后买一点酱萝卜,开水淘淘饭就这样吃。所以我们基本上每个星期都去看电影的,电影对我们的影响还是蛮大的。电影的表演是写实的,戏曲的表演有时比较虚。比如哭,戏曲叫声"呀",水袖一遮就算哭了,而电影是写实的真哭;戏曲演出拿一根马鞭就是马,电影用的是真马。我演《黛玉焚稿》真被她的孤独感动,流出了眼泪,所以我就没有用戏曲的虚拟动作。现在舞台上演员的很多表演都借鉴了电影。

采访人：那时看的戏也不少吧？

王文娟：过去我们经常看戏，尹大姐也一直来看我们老师的戏。他们说尹桂芳在看戏，然后我们就都去看，所以尹老师演的戏基本上都是我老师的戏。《盘妻索妻》是作者专为我老师写的戏，《天雨花》《吕布与貂蝉》《平贵别窑》都是学京剧的，这些戏有京戏老师帮我们排，他懂的戏多，而且自己功夫也好。我们这些小演员刚刚学戏，早上贪睡，当时都是睡集体地铺，早晨九点要练功了，京戏老师就来敲被子，让大家快点去练功。

采访人：您还记得录唱片的情形吗？

王文娟：我不记得在哪里了，太早了我还没有醒过来，有个人接我去，到了就直接唱了，嗓子也没有打开，录音设备也不是很好。我们只有上午有空，一天两场演出，要么夜戏下来排。我们排一个现代戏是夜戏下来排的，排好以后回去。我还记得演一个现代戏，要早晨起来做头发，还没有睡醒。姚水娟的戏是很好的，特别是《沉香扇》和《孟丽君》，演得非常好，她台上非常活。我觉得这些老师对越剧的贡献确实是不小。有很多人不了解她们，她们的艺术当时也没有电视、电影拍下来。当时录音，日夜两场的嗓子可想而知，嗓子还没有开就去录，我觉得是说不出的一种味道。

现在我们有电影记录，条件也好，地位又提高了，生活各方面都非常好。这些老师一点都没有享受到，我心里蛮难过的。过去对演员和戏曲不重视，生活条件很艰苦，住都是住在后台的，还没有作品留下来。没有老师们的第一步，就没有第二步，越剧是不可能发展到现在的。

采访人：你们老师的武功都很好，教出您这样的学生，您的武功底子也很扎实。

王文娟：我的老师竺素娥武功算是非常好的，被誉为"越剧盖叫天"。《武松》是她的拿手戏，所以人家说她是"越剧盖叫天"，这个评价还是蛮高的。我一张半桌子可以翻下来，都是小的时候练功练的。以前演戏都是前面加一段武戏，然后再演文戏。像《庵堂认母》《玉蜻蜓》都是看家戏，《盘夫索夫》《碧玉簪》《梁祝》也是的。

采访人：您怎么评价您老师？

王文娟：我老师的戏德在越剧界是出名的，不会在台上为难人家，有什么错总是帮你掩盖过去。袁雪芬说她当时和我老师合作，是因为他们一个剧团成立以后需要请两个客师，就把王杏花和竺素娥一起请进去，相当于认可她们是有名的演员。我和老师合作总归是有欠缺的地方，她总是帮助我，给我说戏，台上比较欠缺的地方，她总是掩盖过去，我是不会忘记的，在我心里她的戏德是最好的。新中国成立后有一次联欢会，袁雪芬指着我老师说，要说戏德，她第一个。过去是不能探戏的，但我们老师不怕人家探戏。尹大姐就是一直来看我老师的戏的，她自己也说，我演的戏多数是学竺老师的。这很正常，开始第一步总归是学的，不学怎么可能懂，学好以后自己再创造。

采访人：可以说说王杏花老师的表演大概是怎么样的吗？

王文娟：王老师有一个编剧，是私人认识的朋友，文笔蛮好的，给她私人写戏写得不错，她唱也唱得蛮好，就是表演比较老实、朴实、规矩。演《秦雪梅训子》进到未婚夫私房这场戏时，有很多唱腔。当时徐玉兰跟她搭档，徐玉兰年纪轻，觉得差不多就上去了。王杏花一看，你怎么上来了，我还有很多没有唱，你赶快进去。徐玉兰想，我出也出来了，进去干嘛。王杏花很生气，她很多唱词还没有唱，那些字句写得蛮漂亮的，结果没有唱成功。下来后两人一个生气，一个哭。《武松与潘金莲》中，她和西门庆有一场戏，"我今天要黄铜当作金子卖"。我们当时听都听不懂，可见编剧文笔蛮好的，王杏花独有一功。我觉得这些老师都是各有特点。过去每个演员都有自己的保留节目，所以演员是要有特色的。

采访人：您的老师很提携您，您是什么时候做头肩花旦的？

王文娟：老师对我的提携，我是不能忘记的。老师一直带着我，哪怕演一个丫头或一个小角色，她总是很留意看着我，让我好好学、好好练功，一直都这样教导我。有一段时间在河北大戏院演出，王杏花老师要结婚了，老板蛮急的，接下来花旦请谁呢？他和我们老师商量，我们老师说，你不要请，文娟可以顶上去。老板问，她到底行吗？"你放心好了，她可以的。"为什么老师觉得我可以呢？因为我一直跟着老师。过去的戏中，路头戏蛮多的，哪一个挂头牌，你就要服从哪一个人的路子。如果我挂头牌，你们都是请来的，你们就要按照我的路子演，而我不会按照你们的路子。老师是头牌挂得很多，一直给人家说戏的。一般来说，姚水娟和我老师竺素娥的戏是比较正的，来了客师老师要给新来的演员说戏，照样跟人家讲戏，你这个地方怎么出去，动作应该怎么样，整场戏都是她在说。我听得很熟，所以老师知道我很多戏都熟的。她对老板说，你放心好了，文娟可以顶上去。我顶上去也怕的，要做头肩花旦了，"姐姐，我不行的。""没关系，你胆子大点，你都熟的，问题不大的。"明天要演的戏，今天晚上老师都会跟我说，比如《贩马记》第一场，"出来看到他们的亲戚来了，要把你许配给他，这个时候你的感情应该是比较含蓄的，你是有教养的"，具体的动作、唱词、感情，她都一步一步教我该如何演。特别是演《碧玉簪》，《碧玉簪·三盖衣》比较难，第一下怎么盖，第二下怎么盖，老师前一天晚上教好，我自己脑子想好，第二天早晨起来练，下

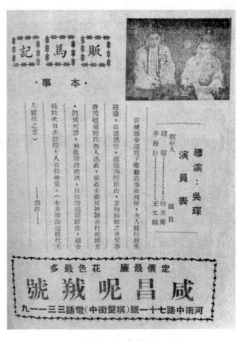

《贩马记》戏单

《贩马记》剧照（徐玉兰、王文娟主演）

午、晚上演出,而且是日夜两场戏。因为平时都看过知道的,临场拎一拎就可以了,只要胆子大点。因为老师对我的提点,从此我就唱头肩了。有时候,请来小白玉梅老师做头肩,但她比较喜欢放得开的角色,比如在《贩马记》中她要演后母,她说,文娟你反正会演的,你演主角。她的所有主角都给我演,好人都给我演的。我碰到的老师都蛮好的,所以我一步步就上去了。如果没有老师的提携,老板不可能马上让我上的,我就只能慢慢上来了,最起码还要爬好几阶楼梯。所以,我是不能忘记老师的。

采访人：您对支兰芳老师演的戏有印象吗？

王文娟：我老师和支兰芳搭档过,她开始的时候不怎么红,后来演了《红娘》《恩爱村》《恒娘》,连着演了几个戏,一下子红起来了。她的长相也蛮漂亮的,有点富贵相,眼睛大大的,长得蛮端庄的,曲调也是蛮好听的,其中四工调特别好听。她是施银花一路的,当时施银花是头牌花旦,余彩琴和支兰芳是二牌花旦。支兰芳演正气一点的,余彩琴演比较泼辣的,比如王熙凤这种,余彩琴演起来比较活跃。支兰芳为什么会这么红呢？她的四工调唱得特别好听,我当时也是学她的。她的为人还是蛮好的,虽然有的时候脾气有点偏,你让她这样,她偏偏不这样,但是人还是蛮爽快的,有什么说什么。但她后来突然生病了,就不能演出了。那时正好是七月半,女一号有一场很重要的戏"挑水",水担装有电子灯很重,而且有很多动作,她一定要来演出。实际上她的病已经有点恢复了,但还没有完全好,让她不要来演出,但是她一定要来。她新的服装也做好了,小辫子扎起来非常漂亮,有很多动作。所以这些老师对艺术是非常热爱的,生病了也想演出,希望经常在舞台上表演,但是支兰芳老师演了这场戏以后病就没有好过,后来让小白玉梅演了。

采访人: 您学过支兰芳老师的唱腔吗?

王文娟: 我觉得她唱得蛮好听的,那个时候自己在学。过去演的戏不是说演了几场就不演了,而是要演好几场,而且反复演。那个时候我基本上是学她的唱腔,《红娘叫门》有些地方和支兰芳很像。

采访人: 抗战时期,外部环境对你们有什么影响?那段时间演一些什么戏?

王文娟: 影响蛮大的。首先吃饭,每个人基本上都要去排队买米,买来的米里面都有小石子,老板烧菜泡饭,吃起来都是小石子,这是生活中的一种情况。因为有很多日本人和奸商,把米囤积起来,所以买不到米,尤其日本人来了米就更买不到了。我们都要去排队,由一般演员去,主要的两个演员不去的。生活是蛮困难的。那个时候观众少了,生意没有以前好了。那时我们演了《花木兰》,这是一个爱国主义的戏。

在《孟丽君》中饰孟丽君

后来胜利了,什么地方都可以演戏了,生意好起来了,观众也多起来了。

采访人: 有段时间兴起要整理老剧目,您也参与过这个事情吗?

王文娟: 1956年提出"双百"方针,"百花齐放、百家争鸣",要整理一批传统的剧目。这个时候整理出来一本,大家演一本,有些都是内部演出。有很多剧目倒是真的蛮好的,我记不清整理了多少剧目,但越剧院一定都保留下来了。

(采访:徐佳睿　整理:田虹、张亚敏)

要学会创造人物
——邢月芳口述

邢月芳，1920年出生，2009年去世，浙江嵊县长乐镇太平乡人，小名邢水金。1932年入当地霓裳仙云科班学艺。在启蒙老师张瑞标的教导下，功底扎实，很快被启用挑大梁，至金华、兰溪、东阳、义乌一带演出《杨五郎削发》《投军别窑》等戏。后当客师，与姚素贞、叶小婉等为台柱，辗转演出于宁波、象山、天台、海门等地。

1935年进上海，参加新舞台、汇泉楼、同乐、永乐茶楼等戏院的绍兴文戏男女混演戏班演出，拜男班名演员马潮水为师，学到了《碧玉簪》《珍珠塔》《盘夫索夫》《梁祝》《孟丽君》《何文秀》等剧。先后与邢竹琴、筱丹桂、支兰芳、陈素娥、竺水招、徐天红等演员合作演出于万国、天香、大罗天、恩派亚等戏院而崭露头角。在群英舞台戏班挂牌与姚月花、魏梅照等演出于环龙剧场而走红。1945年起在月芳剧团先后与小白玉梅、王杏花、王文娟、张茵等挂牌演出于同孚戏院达4年之久。新中国成立后组织过复兴和青山越剧团，任团长兼主演。1953年任振奋越剧团副团长。1959年起投身教育工作。

采访人： 邢老师，请您先讲讲当时是为什么要去学戏的。

邢月芳： 我是浙江省越剧之乡嵊州长乐镇太平乡人，我家离筱丹桂的家里只有五里路，我们都是一起学戏的。我怎么会去学戏的呢？因为我家里相当贫困，爸爸是看牛娃，妈妈是童养媳，家里有兄弟姐妹四个，两个哥哥一个姐姐，我是最小的一个。我爸爸8岁就给人家做看牛娃，吃了上顿没下顿。家里实在是太苦了，从小我就帮助家里人到田里去挑一些野菜，到山里捡一些柴去街上卖，卖柴赚了一点铜板，用来买家里三餐烧饭吃的盐。因为家里穷，也没有读过书，我是一个亮眼瞎子。家里总是吃了上顿没下顿，人家年三十过年，我家里妈妈说我们今天年三十晚饭都没得吃，这个时候大家都是愁眉苦脸的。后来好不容易我借了五斤玉米粉，放一些萝卜丝、青菜烧成了麦糊，我们兄妹几个高兴得不得了，终于可以饱饱地吃一顿了，谁知道突然地主上门，眼睛一抬，说道：你们真是了不起，田租也没有交清，还想吃年夜饭！不等我妈解释，他拿起旁边一块石头就朝着锅里一扔，一瞬间麦糊变成灰了。一家老小号啕大哭，我妈哭得死去活来。我心里很难过的，想怎么办，如果我有机会识字一定要为父母争气，让父母有饭吃，两个哥哥不要再给人家做短工出卖劳动力。这时，我听到人家说我们附近只隔一站路的地方要组织一个科班，那两天在报名，我想正好，我的阿姨在村塘里，就赶快奔到阿姨那里，让她帮我报上一个名，无论如何一定要给我报上。阿姨给我报名后就说给我妈听了，我妈说不能去，她说"我们穷人好男不当兵、好女不做妓、好女不唱戏"，唱戏是被社会老老小小看不起的。妈妈不肯，情愿让我做童养媳，情愿饿死也不让我学戏，那个时候我急得日哭晚哭。因为爸爸比较好说话，我就哀求我爸爸，无论如何要让我去学戏，学出来了我为家里争气有一口饭吃，学不出就当我这个女儿死掉了。爸爸被我感动了，说服了我的妈妈，给我报了名。报进去以后，科班里条件相当苛刻。科班一共有30个人，不是招进来个个都好的，也要挑选，我总算运气好留了下来，那个时候真的很高兴。接下来老板让我写关书,学戏四年,生老病死,家长不得过问,家长不能到剧团来探望我,我也不能回家里去见家长,如果死了,家长也不能来问科班要人。这个条件你说苛刻吗?结果为了要就业,为了要学生意,我只好答应下来。

采访人: 在科班里教戏的师傅有哪些?

邢月芳: 我们以前学戏,不像现在把行当分好再学,我们是集体上课,两个老师,一个是文一个是武。我文戏老师是绍剧名演员张瑞标,我的武功老师是京剧老师。这两个老师专门教我们一批人集体上课,像现在戏校里一样,什么课都上,腿功、八字功样样都学。在学习期间我就暗暗下了决心,我要好好学,要勤奋。

采访人: 在科班里学戏苦不苦?

邢月芳: 老板规定5点起床,半个小时洗脸,不吃点心,6点正式上课。我在三四点就睡不着了,就起来吊嗓,但是吊嗓如果在宿舍附近会影响村民休息,影响同学睡觉,怎么办呢? 我就自己一个人轻轻地跑到外面坟地上去吊嗓。我们这里是偏僻的山区,我到坟地里去练去喊,等到我练好回来,同学才刚刚起来。所以我的嗓子很好,在草台班唱戏时,舞台当中有几千个农民,我唱的每一句都能送到角角落落,我的声音也可以被听得清清楚楚,这就是我勤学苦练出来的。老师非常严格,30个人集体练功,练得好非常高兴,练得不好老师就发火甚至打我们。我们这些人当中,有一个人偷懒达不到老师的要求就要被打,有时候达不到老师的要求,下课时间到了也不让下课,大家一起练,但我是感谢两位老师给我打下扎实的基础。当时想老师这么凶干什么,现在想想没有老师的棒头,没有老师的严格要求,哪里有我吃饭的本事。

采访人: 学到什么时候可以正式出去演出了?

邢月芳: 两三个月练下来老板觉得这两个人蛮好了,要我们去外面唱了。以前没有学校,是在科班里打基础学的戏,绍剧老师打基础教的戏是绍剧《杨五郎削发》《二堂放子》，京戏就是《投军别窑》，都是武功。当时为什么要学这么多的折子戏呢？就是为了演出，以前不像现在有话筒、广播，广播喇叭叫一叫大家都知道，农民都可以来看戏。我们学戏的那个时候没有的，就靠老师敲锣，农民听到了某某村里有戏看，我们搭个草台班，大家一传二，二传三，甚至相隔二十里路的农民，都会背着一个硬板凳到草地里来看戏。学戏的时候生旦净末丑样样都要学，跑龙套串舞台。就是像现在初排、彩排，排好了以后，给大家演出，那个时候我们叫串舞台。演出了以后，人家总是说这个小生蛮好，那个也蛮好。老板听了观众的意见，就指定让我学小生，别的行当就不让我学了。指定学小生了以后，老板自己要去赚钱，今天在这个村子里演一个晚上，有吃有住，老板可以不要出钱了。吃的东西是什么呢？农民自己的咸菜，要是吃到一顿豆腐就很高兴了，今天我们有豆腐吃了，大家吃得香死了。现在演员都很幸福，我们学戏的时候最苦，鱼、肉不用想的，吃不到的，能吃到一块豆腐就高兴得不得了，哪里有肉吃？这样我就在科班里挂头牌工小生了，老板蛮器重我的，老师也蛮器重我的，先是排小戏，后来要排大戏了。

　　三年半跟师，半年帮师，四年后满师，我就是一个自由人了，学到本事，我可以到别的地方去了。我们是西乡，后来到东乡，我村子里有个堂叔叔给我介绍东乡有个老板有班子在演出，姚素贞、叶小婉都在那里，让我到他们那里去挂头牌演出。科班里演出的时候都是在小的山区如金华、义乌等，后来我到东乡的班子里演出，就稍微开阔一点了，是到宁波、奉化、象山等地方去。这个老板比我们那里稍微开化一点，见过一些世面，所以就到奉化等地方演出。这种都是草台班，没有好的剧场的，就这样一直演，演到嵊泗。嵊泗是个大渔场，全国各地的渔民都集中到这里捕鱼，是最热闹和最旺盛的地方。满师以后做客师要自编自唱，老板请你来唱，讲一个故事，等于你写作文，讲个故事，今天到什么地方去，要做一点什么事情，这样一个故事在舞台上要呈现四个半小时到五个小时。这些台词不像现在的剧本、作曲样样都有导演支配，那时没有的，比方说"我今天到电视台去，电视台小李和小徐对我非常好，这两个同事有什么特点"，都要自编自导，把形象撑出来。到了这个时候没有剧本，自己水平高一点就能文明一点，水平不高的话就只能瞎唱了，还要押韵。

采访人：您什么时候到上海演出的？主要演什么戏？

邢月芳：老板到了嵊泗，我们看渔民蛮好的一条船出去，浪头一打，船沉了，老板没有办法，到了那里碰到当地好心的渔民，他跟老板说老板你不能在这里演出，你不能光想钱，昨天有几个小姑娘到这里来演出，就被人家糟蹋了，你快点走。一听到这样老板急了，我们心也不定，那个时候还是小姑娘，不懂，哭呀，这个老板连夜把我们带到宁波舟山一带。我们在宁波碰到一个好老师，这个老师一半是生意人，一半是越剧爱好者，他就说你们这两个小姑娘蛮好的，我带你们到上海去好吗？你们要去吗？敢去吗？那个时候到上海了不起，等于出国一样。我们几个小姑娘说要去的，请老师帮我们联系。这个老师帮我们联系到了香烟桥上海新舞台。1935年我们到上海了，那时上海多数还是男演员，女子唱越剧的很少。我们到虹口香烟桥新舞台演出，生意红火得不得了，一传二，二传三，传到法租界、南市等地方，那里的老板也到虹口来邀请我去演出，演出的戏都是《玉蜻蜓》《梁祝》《盘夫索夫》《碧玉簪》《沉香扇》这些老戏。

从前有的演员不像现在那么团结，讲姐妹义气；以前有的演员看你挂头牌，观众这么喜欢你，老板这么喜欢你，就会给你点厉害吃吃，上台后难为你。比如说《卖花三娘》中押韵的句子，她给你四句，你一定要还给她，不还给她，她就给你瞪眼蹬脚，而且在台下观众坐满堂的情况下，让你下不来台。这个时候难过啊，眼泪擦擦干，下台以后，找姐姐道歉：我今天演得不好影响你了，请你原谅，你教教我。人心都是肉做

《碧玉簪·送凤冠》唱片
（筱白玉梅、邢月芳演唱）

的，这个演员也发慈悲之心，"不要紧，妹妹以后我一定会帮你解决的"，那么下台后她教我，这样我也能学到一些。另外演苦情戏、讨饭的戏，下面观众会丢钱给你，丢上来的钱老板不拿的，就归我们自己了。剧团里分的，20人分20份，30人分30份。我拿到分来的钱就想到家里的苦，于是一部分藏下来留给家里，一部分我就买香烟和点心给乐队两个老师——拉琴、打鼓的老师，请他们教教我。我没有文化，今天这场戏哪里演得不好，有什么地方不对，请他们跟我说，我再改进。这两个乐队老师把我当成小妹妹一样。就这样，我艺术上的成长，一方面是靠自己勤学苦练，另一方面是靠做人。

采访人：您到了上海是拜马潮水老师为师吗？

邢月芳：到了上海以后，《玉蜻蜓》《庵堂认母》剧本我都没有，包括其他的一些老戏《盘夫索夫》《孟丽君》等。那我没有戏演怎么办呢？真是急死人了。马潮水老师那个时候在男演员当中很有名，是老演员、老前辈。他是唱老生的，他选的都是男演员，女演员没有选过，后来通过人家介绍，说我唱得蛮好的，可以培养，所以马潮水老师就选了我。我是马潮水老师开山门第一个唱越剧的女弟子，后来逐渐发展，陈少春、徐天红都是过堂的姐妹，拜马潮水为师。

采访人：和您搭档的有哪些演员？

邢月芳：新中国成立前我的搭档有支兰芳、筱丹桂。筱丹桂的科班里有一个小生观众不太喜欢，筱丹桂、贾灵凤观众还是很喜欢的，这个小生心里就不太舒服了，不想演了。但光有一个花旦不能演出的呀，这个时候老板请了我去和筱丹桂短时间搭档。因为他们整个一个科班演出的剧场多数在上海，从前是程苗仙、王明珠、林黛英、支兰芳。那时陈素娥、竺水招、尹树春到四马路演出，他们怕在上海站不住脚；我那个时候在上海已经有基础了，所以有时老板让我去加入他们，把观众拉过去，短期搭档过，时间不长。

采访人：那个时候叫客师？

邢月芳：对的，那个时候的演员不像现在，一个剧团定下来了就是这个剧团，那个时候三个月和你搭，两个月和她搭，一个月跟他搭，说走就走的。那时老板一看今天生意不好了，马上就要换人的。后来抗日战争、解放战争，我都在舞台上，飞机大炮响，我都在演出没有停过。我1935年到上海，一直到现在也没有离开过，但是到外码头跟剧团出去演出，到过南京、杭州、宁波。那个时候让我们去北京演出，我们吓得要死，不敢去，但现在是争取不到。后来在南市一带演出，马潮水老师唱老生，他同行朋友多，几个著名演员好的肉子①戏，都是一段一段写下来给我，有各种各样的赋子②。很多赋子拿下来以后，我胆子大了，戏路更加宽了，演了《梁祝》《盘夫索夫》《玉蜻蜓》等。

《玉蜻蜓》是最喜欢的一部戏，一人饰两角：前半段演申贵生，富家公子，夫妻感情不好，到山上看戏时，碰到庵堂里的尼姑王志贞，和她

---

① 肉子：戏曲术语。指一些多次运用的"赋子"，演变成某些剧目中观众普遍欢迎的、相对固定的唱词或道白，紧扣剧情和人物心理，有血有肉，已不同于"赋子"的泛泛描述，故称"肉子"。

② 赋子：戏曲术语。早期越剧中的一些稍加变动即可灵活运用于任何剧目的唱词套路。由于它们都是某一特定场景或物象的一般描述，长于铺叙，相当于古诗中"赋、比、兴"的"赋"，故称"赋子"。

相爱并生下一个私生子,但是庵堂里面尼姑不能养私生子的,所以写了血书,把孩子扔掉,幸为一徐姓的人收养,取名元宰;后半段就演元宰,长大后16岁时看到血书,最后到庵堂去认自己的亲娘,这样一段东西都有唱词,自己也创造一部分。前半段的申贵生在病床上的时候想家里,想回去也回不去,回去会害了王志贞。临终时表演"捉火",这个是我创造的,因为要死的时候乱说话了,一会儿想谁一会儿想谁。过去的灯光只有两盏,都灭掉,台上只点一个蜡烛,我就这样坐着,一颗灯芯放好,再把它拿掉,等灯都暗掉了又马上点上去。观众看得满堂喝彩,好看是好看,但我手上烫得都是血泡,痛得不得了,为了要讨好观众,要突出,这是前一部分的创造。后面谈到血书出来,就演《后游庵》了。这段戏他到每个庵堂每个地方去找,找到法华庵,进去以后拜菩萨,志贞向他介绍,这个是送子娘娘,人家来求男得男求女得女,他就借送子娘娘的名义打动志贞,里面有一段唱词。另外要在云房里面打动志贞,让她知道自己是她的儿子,也有一段唱词。这两段唱词我是最喜欢的,观众也最喜欢听,要是唱好演好就是满堂彩。志贞总是不肯暴露自己有私生子的身份,里面有一段是元宰在送子娘娘面前唱一段东西:(唱)"送子娘娘啊,娘亲离我咫尺近,为何她直到如今不肯认,人都说母子连心是骨肉,为什么我母待我冷如冰,自从我找到血书解破迷,到处奔波寻娘亲,从早寻娘到深夜,严冬寻娘到三春,登高山穿丛林,东庵无娘西庵寻,今日见到娘的面,我千方百计

邢月芳戏装照

动娘心,不料我娘心太狠,把儿当作陌路人,娘娘!我满腔热血换冷水,叫儿怎能不,不伤心!"这一段是打动志贞的唱词,我现在气不够唱不动了,当时唱得韵味还要浓一些。还有最后云房里认娘这段唱了以后,抓住了观众的心,不仅自己感动,满堂观众都是感动得拍手。(唱)"母亲!手拿血书为凭证,哀求母亲认儿身,孩儿离娘孩儿苦,娘离孩儿谁照应,劝母不必忧虑重,怕什么受苦误前程,娘啊,娘啊,只要我们母子能团聚,我不求良田千顷,我不求金榜题名,我不怕人言可畏,我不求位列公卿,母亲!只要我们母子能团聚,愿与母亲同受贫!"当时穿的服装,在唱到"同受贫"时,跳起来跪下去,这个动作也是蛮难的,一般演员没有的,可惜我现在年纪大做不出来了。

采访人: 您和小白玉梅是老搭档了?

邢月芳: 我和小白玉梅搭档的戏观众不肯走的。那时我们整理了不少戏,后来越剧改革了。我们以前演出的这些小剧场,有一个最大的剧场更新舞台,就是后来的中国大戏院,中国大戏院里面几乎演过上海所有小剧场演过的戏。在中国大戏院我第一次和赵瑞花合作,赵瑞花在里面演出,人员不够,请我和王明珠加入他们,这是我第一次进这个大剧场。新中国成立以后周总理有一个指示,今后我们越剧要发展就要男女合演,男像男女像女。这个时候上海有一个指示要组织一个男女合演的剧团,要建立这样的剧团,就要有跟男同志搭档的经验,没有相当的戏路是不可能的。这个时候他们就让我出面,因为那时我在上海算是一个红过的小生了,于是组织起一个复兴剧团。

采访人: 新中国成立前你们是怎么排戏的?

邢月芳: 我们以前各个剧团,除了袁雪芬是请了正规的导演、编剧,是有知识的人,其他一般剧团都是请老戏师傅,他们过去做过演员,如今观众不喜欢了就不做了。有些老师傅有一定文化的,也会写写幕表戏,用用灯光布景,布景用一块的,拉上拉下,当时还没有几块布景的。袁雪芬正规化一点,我们差一点,在别的剧场也演出。1942年左右到了同孚以后，请新导演来要求更高了，我就请了陈曼、红枫他们几个人来排戏，写了《杨乃武》，也搞了灯光布景。演出期间，社会上需要什么戏马上就写出来什么戏，这样一直到1949年全国解放，解放以后又组织了青山越剧团。一般女演员不敢和男演员搭档，男演员要求高，路子要宽，但我胆子比较大，因为我有背景，马潮水是我老师，所以我成为复兴剧团团长兼主要演员。

采访人：是不是因为提倡男女合演组织了复兴剧团？

邢月芳：对的，要男女合演，把它保留下来，所以在1949年组织复兴剧团男女合演，在合肥路那里。演出之后情况不好，观众不喜欢，后来没有办法再演下去了，只维持了半年多一点时间。复兴剧团的邢竹琴是相当好的演员，也是一块老牌子，但是观众不喜欢，她就跟着一班男演员去嘉兴落户，他们剧团也成为嘉兴越剧团男女合演保留之地。一方面，复兴剧团解散以后我就组织了青山越剧团，担任剧团团长、主演；另一方面，到1951年下半年，袁雪芬派工作人员来说让我去组织振奋越剧团，我说屠杏花、王杏花、赵瑞花她们都比我早几年，演技也比我好，应该由她们去组织。可是院里不同意，一定要让我出面组织，后来再三推却不掉，我只能一边晚上在青山越剧团演出，一边白天奔波于振奋剧团。振奋剧团也有外地来的演员，这些老艺人因为演技跟不上形势，过去被同行看不起，被观众抛弃，这样把所有的人都组织起来，可以让大家有饭吃。组织振奋剧团的目的有三个：挖掘传统、整理传统，培养青年，公私合营、挂牌改革。第一个改革：过去分为头牌、二牌，现在分为主角、龙套。第二个改革：以前最高工资40元，最低工资30元，一样的工作演出时间，少的太少了，工资要改革。

采访人：您再回忆一下，当时你们组织振奋越剧团，您去找了很多老艺人一起来演出，都有哪些演员？

邢月芳：那个时候振奋越剧团各种演员都有，进来就是要改革，要让我们起这个作用。一个是挂牌改革，一个是演出改革，还有一个是工资改革。过去挂牌都是王杏花、赵瑞花、屠杏花这些老前辈挂头牌。至于工资改革，当时社会上最高的工资是40张也有，30多张也有，最低的工资三张、两张半，这是一般工作人员。这个工资不合理，也要我们带头来改革。我们振奋剧团最高工资定为10张，最低工资3张。3张就是一般工作人员，10张就是头牌。当时四个演员工资是10张，分别是屠杏花、王杏花、我、小白玉梅。我们上海成立这么一个振奋剧团，外面人知道了都要来，没有办公的地点怎么办，就都到我家里来。像许菊香夫妻，他们过去是在江西演出的，得到这个消息赶紧回来参加振奋越剧团；赵瑞花也在外面，她知道了马上就来了。当时只要是老艺人都来参加振奋越剧团，人蛮多的，喊得上名字的就有屠杏花、赵瑞花、王杏花、小白玉梅、我，还有小丑陈呆呆、黄笑笑，以及竺素娥，老生有许菊香、李艳初，跑龙套有金香凤、卢凤姑，还有陈玉琴。

采访人： 您还记得乐队有哪些老师吗？

邢月芳： 乐队只有四位老师，不多的。在我看来，振奋里面最主要的有两位老师永远不能忘记，一个是金喜棠，一个是刘金玉。当时尽管我们是演老戏，有老戏师傅流传下来，但很多戏挖掘出来都是靠这两位老老师。如《赖婚记》《陈三两爬堂》，《赖婚记》是小白玉梅演，《陈三两爬堂》是梅月楼演，还有《卖婆记》《卖青炭》《王华买父》等都是小戏。后来小白玉梅的弟弟朱善胜参军复员回来，进团以后我们老戏已经挖得差不多了，要向袁雪芬学习排新戏，他第一部戏就是《桃花女破法》，逐渐再整理其他的。当时有很多戏，老戏是已经在演出了，幕表戏观众也是很喜爱的。

采访人： 你们挖老戏演出也是按照幕表来演的吗？

邢月芳： 有些戏我们是演过的，有些戏没有演过。两个老老师派戏，这一场由谁演，下一场谁演，就是这样。说到幕表戏，拿我们这次的

邢月芳戏装照

采访举例子,早上我到电视台,谈好之后我们到食堂吃饭,吃好饭回来再继续工作……像这样讲个故事,整个演出在台上要四个半小时,都要演员自己发挥。

采访人:当时五六十年代,其他剧团都是编剧、导演帮演员写好唱词的,包括有些唱腔什么都做好的,你们振奋越剧团演出老戏还是根据以前的演法?

邢月芳:对的。两个老老师记下来的。

采访人:像《胭脂》这种戏是老戏还是新戏?

邢月芳:《胭脂》属于新戏了,是白浪写的。我们的《桃花女破法》演出时,看到其他的剧种布景都在发展,所以朱善胜采用了灯光布景,里面主演也要有点功夫的。我这里大概有照片。钟云香科班出身是有基本功的,这里面主演一个是钟云香,一个是我。当时不太有用几块布景的,我们有白浪编剧,还有两个老老师,逐渐改革变得像袁雪芬那样,还请了韩义等老师,演出效果相当好。

采访人： 当时你们这种演出状态和很多其他剧团的演出状态是不一样的，你们是老的演法，其他剧团就是定腔定板新编戏这种演法。那你们的演出生意好吗？你们在什么剧场演出？

邢月芳： 我们振奋越剧团是在大众剧场演出，演出票子买也买不到。因为过去这些老艺人们你有你的观众，她有她的观众，我有我的观众，所以这些人集中在一起大家都要来看，票价卖6角，

振奋越剧团演出的《胭脂》戏单

生意相当好。后来领导说生意好的时候要考虑不好的时候，比如今天卖票收入200元，四个人分，哪个部门多少钱，领导问他们是不是保留两角，万一生意不好的时候拿出来补贴，分4角。这样大概从1957年开始的，到1958年合并时也积蓄了不少。这个钱也没有还给我们，这是我们的血汗钱啊。还有很多服装、灯光、布景，当时靠众人辅助实现的，后来生意好了自己也置办一点服装，自己的服装也作为公家的衣服，不算钱的。

采访人： 袁雪芬的越剧改革以后，以前的路头戏演法成了比较落后的演法了，当时像振奋这样按照老戏的演法来也是很好的，看老戏的人还是蛮多的吧？

邢月芳： 演出分日场夜场，观众不断的，大家来排队买票，很拥挤。到后来老戏都看过了，随着形势的变化，到1958年八个剧团到内地支援，我们振奋越剧团留下来就合并到了艺华越剧团。

采访人： 你们当时没有定腔定板，就这样把路头戏演下来，我看你们的演出说明书，以前有一个作曲人夏雪庆，你们这种老戏演法要

作曲干什么呢?

邢月芳: 比如《庵堂认母》。后面一段唱词"我不求良田千顷","当当当"这个乐器,就是作曲指定的,它把观众的心都吊起来了。必要的时候,比如《桃花女破法》《怒铡金龙》变新戏了,有些地方就要作曲了。

采访人: 夏雪庆是负责表演时候音乐配器的,他是做什么事情的?

邢月芳: 他本来也是乐队里的,有点文化。当时乐队里打鼓是张海棠,拉琴是刘仕忠,刘仕忠的胡琴好,像会说话一样。"文革"以后,大家都唱流派,他写信给我说,姐姐你不要学流派,你在振奋里面演过的戏就照你演出的唱腔保留下去,因此我没有学范派,也没有学尹派。

采访人: 您刚才说到《卖花三娘》很满意,这个戏是怎么样的一个戏? 当时你们排这个戏是为了教年纪轻的演员吗?

邢月芳: 这个戏已经没人会演了,两个老老师讲的故事,讲了以后我们演出。这里面行当六柱头都齐全,花旦、小生、老生……老生是包公,卖花三娘被坏人凌辱遇害后,被埋在西花园泥土里面,卖花三娘托梦给刘昌去告状,告到包公那里,包公就到他家里去,表面上是游花园,实际上是去查探,找到了卖花三娘的尸体,把案子了结,这是整个故事的梗概。

邢月芳戏装照

采访人: 这也属于老戏?

邢月芳: 是的,这种老戏人家挖掘不出的,还有《蛟龙扇》。《文武香球》《百花台》两个戏都是老戏师傅说了以后,我们振奋越剧团再演出固定下来。

采访人: 他们说出来,剧本记下来,记下来以后你们再根据这个整理演出?

邢月芳: 对的。挖掘传统、整理传统、发扬传统,要把它挖出来,挖出来以后要整理,整理好了再给下一代。

采访人: 除了你们自己演出之外,振奋越剧团是不是还帮其他剧团排了很多老戏?

邢月芳: 我们演出了以后人家都来看了。那时候演员似乎特别聪明,一看就会演了,如果有肉子戏的,老师有写好台词的,就问我们拿过去,没有台词的,光一个故事,他们回去讲一讲也去演出了。

采访人: 他们也有他们的整理改编。

邢月芳: 我们都是有本子印出来的。《沉香扇》《碧玉簪》《孟丽君》都曾印出本子、台词,后来也请越剧院导演到我们这里来排《胭脂》,还有金采风的丈夫黄沙也到振奋越剧团来排过好几个戏。这种本子交给越剧院很简单的,像《沉香扇》《双狮图》都是我们振奋越剧团挖掘出来的,经过加工以后更加好了。

采访人: 上海越剧院演出《碧玉簪》等戏,请你们去指导过他们吗?

邢月芳: 没有,"文革"以前大家都演的,你演我演,不是一家演。打倒"四人帮"以后都变成流派了,这个戏就变成某个人的杰作。

邢月芳戏装照

采访人：我看到少壮越剧团张云霞她们演《碧玉簪》，有一个导演团，导演团里面都是振奋剧团的演员，如小白玉梅、王杏花、竺素娥等的，不知道你们当时是不是去辅导过他们？

邢月芳：去辅导过，有时候去有时候不去。

采访人：你们振奋越剧团这些演员都是他们老师一辈的人，他们平时有没有向你们请教什么的？

邢月芳：没有的。

采访人：就是你们管你们演他们管他们演？

邢月芳：对的。如果这个戏观众特别喜欢我们这里某人唱的，他们会来请教请教。那个时候不像现在这么空，演戏很忙，白天一场晚上一场，早上排戏，没空的。固定把《碧玉簪》或者其他什么戏归谁，这个是"文革"以后，之前是没有请教的，你演我演大家演。

采访人：您以前学戏的时候，以及你们以前在振奋越剧团演出的时候，是不是以【四工腔】为主的？那时上海越剧院、芳华剧团等都是唱【尺调腔】为主的，你们还是唱【四工腔】为主？

邢月芳：对的。我们以前演出以【四工腔】为主，音阶都不知道的，没有文化，你管你的唱腔，我管我的唱腔，她管她的唱腔，观众喜欢听你的，喜欢听我的，一传二，二传三。根据嗓音的条件，有些人嗓音好，像徐玉兰，她就唱高音；像尹桂芳嗓音不亮，范瑞娟不高不低的，所以现在她们成为流派，各有各的条件。

采访人：越剧里的老调除了【四工腔】还有其他调子吗？有什么小调之类的吗？

邢月芳：有的，现在不记得了，小调有的。我们的《沉香扇》《文武香球》就有小调。《文武香球》里侯月英为了救龙官保，混进城关，有很多小调，具体不记得了，蛮多的。【弦下调】也有，一般要临终了用这个，还有一种情况是生活被迫到极端困难了，也用这个。激烈的时候用绍兴大班，张桂凤经常唱的，这也是我科班里学的，一个绍兴大班老师教的东西。因为男调已经断掉了,男老师的唱腔,男老师的音度都没了。我在《卖花三娘》的一段男调,是男老师遗留下来我再改革创造唱出来的。以前像花碧莲、王永春、支维永这些老老师有很多,也是像现在什么派什么派一样的,但是没有保留下来。

(采访:徐佳睿　整理:田　虹)

演出第一,这是我们的习惯
——毕春芳口述

毕春芳,1927年出生于浙江鄞县,2016年去世。越剧毕派小生创始人。12岁入鸿兴舞台学戏,1948年参加袁雪芬领衔的雪声剧团,后转入范瑞娟、傅全香领衔的东山越艺社。1951年加入戚雅仙领衔的合作越剧团,开始了两人长达半个世纪的合作。她在唱腔和表演上向范瑞娟学习,后又吸收了尹桂芳的某些特点,在实践中不断创新,唱腔形成独特的风格,被公认为"毕派"。

采访人: 进上海鸿兴舞台科班学艺的时候,您几岁?

毕春芳: 只有12岁。我们这些人当年去学艺都是由于家庭比较贫困,我有两个兄弟,我的父母有点重男轻女,重点就是要培养我哥哥,书要让他读好,我们小姑娘认识几个字就可以了。所以,我从小就有这种想法,我要早点出去赚钱,减轻父母的负担,贴补家用。正巧上海鸿兴舞台女子文戏要招生,我就去投考了。师父一看到我,就看中了,录取了我。

采访人: 您的师傅是谁?

毕春芳: 师傅是个男演员,蛮有名的老生,叫李桂芳,他还是班主,招了一批学生。当时投考的人蛮多的,六个月帮师,三年满师。只给你两元零用钱,其他钱没有的,而且还要自己贴饭钱,但饭钱不多。

提问: 学艺很辛苦吧?

毕春芳: 是的,在科班中学艺是蛮艰苦的。但是我有一个想法,再苦我也不愿意回去,要熬下去,跟着老师走。我们科班三个月以后串红台,只能跑龙套,一边跑龙套,一边在台上演。后来太苦了,不少人都走了,只剩下14个人了。我跟师傅跑码头,睡觉都是在菩萨庙后面摊地铺睡。

采访人: 毕春芳这个名字是进科班用的还是以前就叫毕春芳?

毕春芳: 我小名叫毕雅珍。毕春芳这个名字是我们老师给我起的,还有一个小生叫赵春麟,都是"春字辈"的。

采访人: 您的第一个戏《盘夫》,是您学的第一个戏还是串红台的第一个戏?

毕春芳: 学的第一个戏,串红台也是演《盘夫》。在台上还出洋相了,一上台,我们两句上台引子都说好了,接下来坐台白忘记了,思想开小差了,师父罚我跪菩萨。我现在想想蛮有好处的,当演员到台上演戏不能开小差,师父严格一点有好处。从此以后,我就认认真真演戏了。

采访人: 您说李桂芳是老生,您在科班里一进去就是学小生吗?

毕春芳: 是的,学小生。我的搭档是罗佩琴,她是跟我配《盘夫》的。李桂芳还请了两个中年的老师,老师也有教武功戏的。

采访人: 能说说当年剧场的情况吗?

毕春芳: 那时的演出都是在茶馆楼上,唐山剧场算是当时虹口区最好的了。我们科班不像现在有排练场,以前没有的,练功也是在这个舞台上练的。舞台很小的,下面只有两三百人看戏。出科以后,我就到南市区红星剧场等地方演出,位子稍微多了一些。

采访人：您和罗佩琴搭档演过一些什么戏？

毕春芳：那时她19岁，我十七八岁。有段时间，我到浙东大戏院唱戏，在北京路，算是比较好的一个戏院。每到一个剧场，总是脱离不了《盘夫索夫》《沉香扇》《碧玉簪》《梁祝》这几个戏，还有连台本戏《三请樊梨花》《狸猫换太子》，我们也都演的，后来机关布景也演过，有内景、外景、客堂景、花园景。

采访人：您是什么时候唱头牌小生的？

毕春芳：三年满师以后，我在中华剧场、虹口剧场唱头牌小生，那是1943年到1946年。1946年，徐天红要组团，觉得我可以培养，就把我拉到天红剧团。我本来是唱路头戏、幕表戏，天红剧团有编导，我觉得机会很好，还可以跟她一起上电台唱。本来让我进去是唱二牌小生的，但是因为头牌小生请不到，这个时候，徐天红要挂头牌，稍微好点的小生，人家不肯到他那里去，所以她就提拔我做头牌小生。第一部戏演的是《父母之爱》，搭档的头肩花旦是姚素贞。

采访人：从天红剧团出来，您就进东山越艺社了吗？为什么会选择东山越艺社呢？

毕春芳：对的，到了明星大戏院。我喜欢东山越艺社有编导、舞美，而且有剧务部。范瑞娟老师和傅全香老师缺少二牌小生，虽然我不能唱头牌，但是进大剧团有好处，容易提高自己的水准，也就是取经。我可以跟在两个大姐旁边，还可以到电台去唱，容易唱出名声。后来，范老师和袁雪芬老师搭档了，就把我引进雪声剧团近半年。到雪声剧团，就是进了大上海，场子越来越大了，觉得眼界越来越开阔了。我很愿意在几位大姐下面做二路小生，也能有进步。去唱电台的话，几位大姐也蛮关心我们这些年纪轻的，有时候让我们在旁边听他们唱，他们唱，我们也唱唱。

采访人：那个时候，您想学谁的唱腔？

毕春芳：最开始在天红剧团，我蛮喜欢看尹桂芳大姐的戏，我唱尹老师的调。过去没有作曲，先是拿了剧本自己唱。后来进了东山越艺社以后，范老师唱《孔雀东南飞》，我在旁边看。到电台唱时，我唱范老师的戏。第二次回东山越艺社排了《宝莲灯》等戏，范老师对我的影响深了，于是我也唱范老师的戏。我的这个曲调是在范老师、尹老师两人基础上，再根据我自己的特点确定的。

采访人：您演配角的时间好像不短？

毕春芳：对。1950年，东山越艺社有范瑞娟、傅全香两位大姐，我也参加演出的，演的是配角。第一次进北京，《梁祝》戏比较多，傅老师带我演《十八相送》。在怀仁堂演出，周总理来接见，还送来两箩筐的水果给我们演员吃，对我们评价蛮高的，称我们是"人民灵魂工程师"。这个光荣称号，我第一次听到，对我触动蛮大的。我觉得想干一点事情了，最好我也能有机会挑一下大梁。

采访人：您什么时候离开东山越艺社的？

毕春芳：1950年，戚雅仙缺少小生。傅全香、吴小楼、王文娟对我蛮支持的，她们认为我蛮好的，商量下来决定放我出去和戚雅仙合作。过年时，吴小楼打电话给我，问我愿意出来和戚雅仙搭档吗，我一听很开心，当然愿意，所以一拍即合。1951年春，我就和戚雅仙开始合作，那时他们那儿叫合作剧团，戚雅仙比我先挑大梁，她更早出来做头牌花旦。

采访人：您在合作剧团待了多久？

毕春芳：我在合作剧团一直和戚雅仙合作到退休。特别是在20世纪50年代到60年代之间，我和戚雅仙两人可以说是一帆风顺，戏一部接一部，戏院800个位子不够坐了，后来改到嵩山电影院演出。

采访人：为什么那时候演出这么受欢迎？

毕春芳：无论古装戏还是现代戏，生意都非常好，轰动得不得了。观众还送红蛋什么的，人家生小孩才送红蛋。因为看戏观众多，后来我们想进瑞金剧场，那里有1300多个座位。有些人也为我们担心，说小孩戴大帽子了,怕我们支撑不下来,但是我们蛮有信心的,团结一致很要紧。我们是自负盈亏的剧团,自力更生,生意好是靠自己做出来的,而且到年终还能分红。到了1952年,瑞金剧场的演出还是很红火的。在瑞金剧场的第一部戏是《锦绣江山》,我一人分饰两角。我们那时工资也比较高,拿票子(提成),自己备服装。后来我们的两个剧务商量,因为国营剧团几个老大姐只拿300元,我们两个人有四五百元,好像不好意思拿,我们就改制,变成公私合营了,我们也向老大姐学习,工资最高拿300元。

采访人: 怎么处理多出来的钱呢?

毕春芳: 多出来的钱成立了剧团公共基金。剧团的钱多起来了,我们私人就不做服装了,把自己私有的服装都算国家的了,这也是一个进步的表现。另一方面还可以和群众缩小差距,本来我们的收入和他们相差五六倍,后来差距缩小了,大家更加团结。1952年到1960年是合作剧团最兴旺的时期。

采访人: 合作剧团的特色是什么?

毕春芳: 合作精神,共同合作,上下一致。在20世纪五六十年代,合作剧团的戏要比上海越剧院的多。他们学习比我们多,有什么重要任务,都是派他们去的;但我们实践多,深入基层多。那时文化局规定每年要有一个月下工厂,一个月下农村,一个月下部队,其余时间在剧场里。瑞金剧场是我们的基本剧场,17年没有变过,观众想看合作剧团的戏,就到瑞金剧场,来瑞金剧场就是看戚雅仙、毕春芳,所以我们两个人在观众中的印象是很深的。

采访人: 演出的剧场后来有变动吗?

毕春芳: 20世纪60年代初稍微有变动,也去人民大舞台演出,也有分配给我们虹口群众剧场的演出任务。徐汇剧场改造好后,是我们去开幕的。我们演出真的不容易,因为不演不行,尽管改制了,但是大家希望公共基金越多越好,剧团有经济基础,做事情就方便了。

采访人：那时候翻戏也要快，对吧？

毕春芳：是的，不能断的。我们有三编三导，导演不够，还要到外面去请。戏演得长，一个戏，两三个月打底。每到端午节，《白蛇传》就要拿出来了，但不是说原封不动，要有改进。第一次要演四小时，观众倒也坐得住的；后来变成三个半小时，再后来三小时，最后变成两个半小时。时间太长，人家坐不住的，戏也因此更紧凑了。我们对演戏倒不担心，因为我们一天到晚都在演出。我的文化水平就是在背剧本中提高的，因为从小没有好好读过书。当时走在马路上也背，结果电车乘过头；去上戏时，忙着背剧本，皮鞋也穿错了。那个时候，演出第一，不能不演的，这是我们的任务，也是我们的习惯。

采访人：在《白蛇传》中，您一直演许仙？

毕春芳：有人说，我这个人的性格蛮像许仙的，我演许仙比较合适。

采访人：武戏是怎么演的呢？有老师来教吗？

毕春芳：也是戚雅仙老师自己演的，我们请了昆曲老师来教。

《白蛇传》剧照

越剧打下基础，基本上以前科班里刀枪、双剑、单剑、躺马都要学的，毯子功没有学，只有一个抢背是会的，僵尸、吊毛都不行，后来剧团的第二代演员倒会打，到第三代演员要求就更高了，要由京剧老师来教。我们后来再学，年纪也比较大了，有点困难。

采访人：在合作剧团，这么多戏演下来，您自己满意的是哪些戏？

毕春芳：那时，历史剧、传统剧，古装的、现代的，我都演，演了很多戏，有剧本的演了四十多个。但是真正保留下来的、人民群众印象比

《白蛇传》唱片封面

《白蛇传》唱片

《三笑》剧照

较深的,《梁祝》是一个,《白蛇传》也是,还有《血手印》《玉堂春》《琵琶记》等。我演《林冲》最多,还有一部《红色医生》,是轻喜剧。我们的编剧、导演都有一种看法,说毕春芳的唱腔轻松、演出轻松。轻喜剧中,流传最广的就是《王老虎抢亲》,后来又演了一个《三笑》。

采访人:《三笑》是20世纪80年代的?

毕春芳:对的。1962年也演过,《卖油郎》也是20世纪80年代的,《喜相逢》是60年代的。群众喜欢学学唱唱的有《红色医生》《王老虎抢亲》《白蛇传》《三笑》《卖油郎》《光绪皇帝》。演《光绪皇帝》时,我的年纪将近60岁了,我们是53岁重返舞台的。我和戚雅仙说笑话,我和你两个人53岁又初春,我们重整旗鼓,还有一点精力。

采访人:这些老班底都在的吧?您怎么看待合作剧团的班底呢?

毕春芳:剧团能够再组织起来,因为编剧、导演都是齐的,老演员也都蛮齐的。我们的班底非常强,剧团基础是很雄厚的,大家的年龄都差不多。人家说,独木难成林,一定要有一班人,而且要团结一致,这个剧团的生命力才会很强。

《卖油郎》唱片

采访人:合作剧团演了各种题材的戏?

毕春芳:是的,我们比较放得开,什么戏都敢上。我们编《郑成功》,是想说明历史中有这样的英雄。1956年,我们带着《琵琶记》《郑成功》《王老虎抢亲》,第一次到北京演出,受到大家的欢迎,董必武当时也来看戏的。我们出唱片、录音,都是戚雅仙演;到北京去演出,也是她去,她是剧团的代表。我演出多,戚雅仙要去开会时,我带青年、中年;戚雅仙怀孕了,我多演些;我怀孕了,戚雅仙多演。我也演了不少历史剧,《越王勾践》《卧薪尝胆》都是很有历史意义的。

采访人:您还演过不少现代剧吧?

毕春芳:是的。比如《女共产党员》,这个连长不能真的由花旦演,要硬一点的小生来扮演,剃平头。还演过《中华儿女》《火凤凰》《丰收之后》等,我在《平凡母亲》里,演的是小生反串。

采访人:合作剧团成立的时候,就已经有三编三导了吗?

毕春芳:一点一点补充的,开始的时候两编两导,有些有调动,也请过外来的导演。我们也请黄沙来导过,《梁祝》是他导的,唱段用的

《梁祝》剧照

《梁祝》唱片

都是老戏。这个戏我们20世纪60年代在中国唱片厂还录了唱片。

采访人：唱腔还是你们自己唱的吧？和作曲是什么样的合作方式呢？

毕春芳：当然是自己唱，过去我们每个戏都是演员自己先唱。我们唱好，作曲再来填补空白，有不对的地方，他拉一拉，整体风格要融洽，然后再加配器，他们把整体风格弄好。我们不识谱的，只能硬记，如果我们觉得不顺畅，他再改，所以要互相探讨的。

采访人：您的唱腔是怎样来定的呢？

毕春芳：我一路走过来，我觉得脱离不了三个方面。先是学，有人说我的唱腔当中有范瑞娟的因素，有尹桂芳的因素，是因为我学老传统，打基础最要紧。学了以后要消化，不能生搬硬套。如果硬是把她们的唱腔搬过来，我会唱得不舒服，所以我要化成我自己的东西。最后再自己创造，根据人物、唱腔、音乐的形象，每个人物不同、性格不同，唱腔也要不同。有时候听听人家专家讲课，要因情生腔。这就是我脱离不了的三个方面：第一是学习，第二是要化成自己的东西，第三还要创造。

采访人：您印象最深的《王老虎抢亲》，当年到全国各地演出都是很红的，对剧团的盈利也有很大帮助吧？

毕春芳： 当年的制作费比较便宜，所以收益蛮高的。这个故事是个大喜剧，我们剧团大喜剧也演，大悲剧也演。戚雅仙善于悲剧，但是她不单单善于悲剧，她也演喜剧的，像《王老虎抢亲》中她演王秀英，如果我主演《林冲》，她就演张贞娘。

采访人： 您俩的艺术风格其实是相反的，搭档了这么多年，搭出了两个这么经典的流派出来。这是长期合作的成果吧？

毕春芳： 长期合作有好处。说到流派，那是观众、专家总结出来的。从前没有录像，收音机放出去，同样一个《梁祝》，这个是戚雅仙、毕春芳唱的，这个是越剧院两个老大姐唱的，人家就区分出来了。我们合作剧团多少年来形成了我们自己的风格、特色，特别是我们的音乐好像和人家有些不同。《梁祝》也好，《白蛇》也好，都是我们的老戏，一样两句唱腔，我们的唱法和其他人的唱法就不一样。

采访人： 整个风格就不一样，音乐一起来就可以听出来。编导音美的长期合作也很重要，编剧、导演可以根据演员的特色来编剧本，这点相当重要。您说呢？

毕春芳： 编剧、导演对我们也比较熟悉了。比如我善于喜剧也是编剧、导演总结出来的，他们认为我在台上很放松、适应性很强，就帮我写喜剧。我和老戚的《玉蜻蜓》，后来要到美国去演出，让我和金采风排，金采风的唱腔、表演和戚雅仙是两样的，我就要去适应，怎么配合好一点。我那个时候年纪轻，胆子比较大，总想要探索、试验，一直到后来重返舞台，我也仍旧要探索。《三笑》复排过了，《白蛇》复排过了，要写新戏的时候，编剧愿意写一个《光绪皇帝》，问我敢演吗，我说我会演的。有人劝我，老戏复排下，这么大年纪了，《光绪皇帝》很难演的，是硬戏，不讨好。我说失败是成功之母，不要紧，试试看。导演也动了一些脑筋，在舞台上搞意识流让大家唱唱，而且也有一点历史意义。慈禧保守，光绪皇帝要革新，虽然革新100天，不成功就失败，但是他总是想着革新，说明旧时也有人要革新。我1964年演了一个

《红色医生》剧照

《红色医生》,1984年要复排时,又有人来劝我了,你不怕牌子坍掉,20年前演的《红色医生》,现在五十多岁再演可以吗?这个时候,电台来采访我,我说我不怕坍牌子,我再试试看,《红色医生》提倡医生要为人民服务,是有意义的,我还是上,再试试再演演看。复排时,唱词改了又改,20句唱词现在还觉得很完整。他们业余的参加大奖赛都拿这个戏出来演,有个小姑娘还得了奖。后来老戏新演,又排了一个《卖油郎》,我演一个小贩,挑个担子,标准小生要发挥自己的特长。我说我皇帝也要演,小商人也要演,结果《卖油郎》倒也是观众很喜闻乐见的。20世纪80年代演出市场受到的冲击没有现在这么厉害,以前我们不用担心票子的出售情况,总归有人排队的。1989年我到浙江去,人家凭户口簿买票的。以前演《梁祝》的时候,人家是隔天排队的,这个是老话,现在的情况不同了。

采访人:听说当年演《梁祝》,还有一个小插曲,您能说说吗?

毕春芳:那时台上演的都是《千军万马》,这样一直演下去,生意不好。后来,我们得到了上级的首肯,允许有一个剧团来演《梁祝》。我们演《梁祝》时,排队的人很多。因为我们是公私合营,剧团收益要我们自己做出来的,没有收入,工资就发不出来。当然公私合营也有好处,人家拿我们没有办法。《梁祝》在观众中的印象是越来越深了。

采访人:现代戏中,除了《红色医生》,您觉得还有什么戏对自己影响蛮深的？

毕春芳：影响最深的还是《红色医生》，而且为了这个戏，我们还到甘南藏族自治州去体验生活了，也是自己剧团拿出钱去的，那里离西藏不到一点，兰州再下去一点的地方。这个地方的藏民生活很艰苦，李贡也是在那里的，他自己报名去支援藏族地区。戚雅仙和我，还有编、导、舞、音、美，再带两个小青年，炊事员也带去了，大概去了二十多天。

采访人：怎么会想到排这个戏的呢？

毕春芳：因为有社会意义。当年市委宣传部通知上海所有的医生都要看这部戏，所以我碰到很多医生都看过《红色医生》。那时候演农村戏，动员农村干部来看；如果是工厂戏，动员工人来看；老师戏，动员老师来看。我还到上海军医大学里去体验过生活呢。

（采访：徐佳睿　整理：田虹、张亚敏）

我小时候做梦也想学戏
——李忠萍口述

李忠萍,1927年生于上海。从小对尹桂芳、陆锦花的演出相当钦慕,16岁进同乐戏院"忠孝班"科班学艺,师从男班艺人马潮水、谢碧云,同科学艺的还有郑忠梅、戴忠桂、王忠蝉等"忠字辈"艺徒。1948年进入少壮越剧团任二肩花旦,之后逐渐擢升为头肩,与陆锦花搭档演出了《海角遗恨》《千夫所指》《怒海沉舟》等剧目。从新中国建立直至"文革",她一直是少壮越剧团的主要演员之一,相继演出了《她上了圈套》《百花台》《铁弓缘》《秋海棠》《孟丽君》《谭记儿》《四进士》《谢瑶环》等一大批剧目。"文革"后在黄浦区文化馆组织业余演出,演了《劈山救母》《凤凰戏乌鸦》《曹雪芹》等剧后退出舞台。

采访人:您是什么时候开始学戏的?

李忠萍:我从16岁开始学戏的,因为看尹桂芳老师和陆锦花老师的戏看着迷了,做梦也想学戏。当时周桂芳是我隔壁邻居,她是拜张桂凤为师的,在外地演出。她爸爸到上海来买服装的时候,一看到我，她妈妈就帮忙给我介绍，我唱了一段，她爸爸说明天就跟我去下。当时剧场都是在外地演出，我爸爸不肯，就骗我说他们学生收紧了，不要我了。后来施银花、屠杏花、赵瑞花这班老艺人在同乐大戏院演出，我看见门口有个报名处，可是怕难为情不敢报名，就让周桂芳的妈妈陪我去报名。我去考，一考就录取了，学了一个月就登台了。演出一年以后，两个老师和老板闹矛盾，我们这个科班就解散了。

采访人：在这个科班里面，教你们的老师都是施银花等老艺人吗？

李忠萍：马潮水老师教我们戏，那个时候教戏倒是武功老师教得多，因为另外的是请京剧老师来教我们的，学了以后要出来演出时，我们有三十多个学生。少壮剧团让我演出，我很开心，陆锦花我很迷的，我也不要工资，只要让我演出就行。

采访人：那个时候还是1947年左右，少壮剧团刚刚成立的时候吧？

李忠萍：对的。一开始我演的时候，我是做二肩花旦，做了半年以后，陆锦花就让我和她搭档了，搭档演出《同林鸟》《怒海沉舟》和《千夫所指》这个现代剧。因为陆锦花一年里面起码要演一到两本现代戏，我也蛮喜欢演现代戏的。《千夫所指》中，我是演特务。

采访人：后来您就参加了浙江越剧团，那是什么时候？

李忠萍：后来浙江越剧团邀我参加。因为少壮剧团是集体所有制，私营的，浙江越剧团是国营的，我就去了。浙江越剧团有两个团，其中一个团是专门演现代剧的，我蛮喜欢演现代剧的。这之前还遇到丁赛君复出，和丁赛君碰头，她说要成立剧团，让我去跟她搭档。我说我是少壮剧团培养出来的，要问陆锦花她肯不肯，一说给陆锦花听，陆锦花打电话给丁赛君："你干吗要把我们花旦挖去，李忠萍我不放。"当时筱月英做二肩，我做头肩，她说："我有两个花旦，你实在要，我把筱月英放给你。"所以她们后来成立了天鹅越艺社，后来我要进浙江越剧团了，陆锦花放我了。

采访人：您是不是后来又回少壮剧团了？

李忠萍：我离开后，张云霞进少壮剧团了。因为陆锦花和张云霞闹矛盾，所以陆锦花就离开了，张云霞做了半年，自己也走了。少壮剧团当时一直在国联大戏院演出，主要演员是和前台订合同的，国联大戏院的经理和少壮剧团说："你们去喊李忠萍回来，我们跟你们订合同。"他们来跟我说："你是少壮剧团培养出来的，你不回来，我们合同敲不定，国联大戏院就不能做了，要到别的地方去做了。"我想我毕竟是少壮剧团培养的，就又回到少壮剧团了。

采访人：这时候，头肩花旦就是您了吧？那么小生是谁？就是庞天华吗？

李忠萍：对的，这段时间我担任团长，大家一起做，陆锦花不在小生就是庞天华了。后来张云霞又回来了，她回来后，我主动把团长让给她做。当时演出有日夜两场，还要到昆曲老师、戏剧学院学习。金采风、吕瑞英、我，主要演员一个星期一到两次要去学习的，学习《白蛇传》，学昆曲，还要学武功什么的。因为我身体吃不消，演日夜场还要开会，她回来正好，行政工作方面她比我能干。

采访人：您是"忠字班"的，介绍一下您的科班好吗？

李忠萍：我们学戏的时候，"忠字班"的老板是谁呢？现在说起来就是搞建筑行业的老板，他下面有两个老师，有一个是负责我们的舞美设计的。我们每天早

李忠萍、魏梅照、庞天华主演《四进士》戏单

上练功,练好功,听老师唱,请琴师拉胡琴,我们学了一个月就都登台了。我现在回想起来,这个办法倒是蛮好,边学边演出进步得快。后来我们有两个小生、两个花旦,一个小生唱范派,一个小生唱尹派,我唱傅派。观众形成两派,有的喜欢唱范派的,有的喜欢唱尹派的。我们端午节不是要演《白蛇传》吗?要求两个小生、两个花旦都登台。当时老板的母亲也蛮喜欢看我们的戏的,其实她喜欢看我的。我不擅于接待人,人家来,我又不认识,只管自己看书。还有一个花旦呢,有人收她做了干女儿,当时是蛮好的,送她两个手镯、一个钻戒、一件大衣。她把一个手镯借给了老师,因为老师比较困难,这个老师是负责人,这样一来,老师说话她不听了。结果变成我一个人演出,她不演出。我们那个时候边学边排边演,也演过《秋海棠》,我那时年纪轻,十多岁演《秋海棠》。那个时候,尹桂芳老师在九星大戏院演《秋海棠》,我们在同乐大戏院演《秋海棠》,捧尹桂芳老师的一个阿姨来看我们的戏,觉得我们也不错。

采访人: "忠字班"一共多少人?在你们科班里,您唱傅派,还有人唱范派、尹派,这是老师为你们指定的吗?

李忠萍: 一共将近四十个学生,后来淘汰了几个,剩三十多个。当时袁雪芬老师预备把我们吸收到雪声剧团,她来参观过的,结果我们两个先生不肯。我们先生靠这个赚钱的,我们卖票子的钱都是他们的,连草纸、肥皂都不发给我们。后来我们起来斗争了,父母提出来谈判,才总算给我们月钱,每个月10元,发给我们肥皂、草纸。学什么派都是自己喜欢自己学的。

采访人: 当时一共准备开几届?

李忠萍: 我们先生预备开四届:忠、孝、节、义。"忠字班"办好,"孝字班"也办了,但"孝字班"没有几个人。后来没有人了,所以"节""义"两个班就不办了,"忠字班"人最多。

采访人: 当时教你们的有哪些老师?

李忠萍：一个是马潮水老师，这个是老戏师傅，一个武功老师是京剧演员。我们那个时候竞争性很强的，一醒过来凌晨三点就起来练功了，日夜两场还要做戏，排戏都是晚上排的。我们有一个人写剧本，一个人搞舞美设计、服装，服装都是公家的。后来我们开始自己做服装，自己演出。我们当时实行军事化管理，被子一个方向，像部队里一样，早上大家演出。我们父母不能来看我们，只能像探监牢一样的，一扇门挖一个洞，家里从洞里送小菜过来，我们和外界是隔绝的。当时我们学戏的时候，外界有地痞流氓，所以不能出去的，这是我们科班的规矩。我们是在同乐大戏院上面学习，下面是施银花、赵瑞花、屠杏花这些老艺人在演出。我们四个姐姐都很聪明的，会说"老师，我上厕所去了"，结果都在厕所里看戏；我从来不去的，所以我们老师说我很老实，学不太出的，不会偷戏。后来我倒也学出来了。

采访人："忠字班"后来还出了哪些人？

李忠萍：我们科班有老生郑忠梅。王忠婵是小生，唱范派的。她身体不好，生了病。其实袁雪芬老师蛮培养她的，当时没有其他小生，有一个小生比她矮，她人高，和袁雪芬老师配配对蛮好的，演过《劈山救母》。这个时候金采风也刚刚培养出来。

采访人：您有没有想过离开少壮剧团？

李忠萍：徐玉兰老师曾经到少壮剧团来看我的戏，一度想把我转过去的。我喜欢陆锦花，和她在一起演戏很开心，陆锦花对我也不错，现在看起来她为人很正派、耿直，不捧有钱人，认干娘什么也不喜欢的，我也不喜欢。她在台上做戏，会带戏，我和她搭档，无形当中会被她的感情带出来，这是一方面。另外一方面，她对我是蛮关心的，那个时候我年纪小，只有19、20岁，有时候她回去了，让我睡在她家里。我学戏的时候，我父亲不许我学，说我的性格脾气做医生好，想培养我读大学、学医，不要学戏，学戏要被人看不起。可是我喜欢戏。我想培养到读大学要几年？我一直在后娘家里不是寄人篱下吗？我学戏可以自己赚钱、自力更生。后来和陆锦花一起演戏,我也不计较工资,你们给我多少钱就多少钱,我赚来钱都拿来做服装,陆锦花出去一场戏,她换一套我也要换一套。当时我只有18张票子的抽成,6角一张票子,10张6元,我是18张,这样分的。陆锦花这个时候四十多张。我心蛮平的,因为我也刚刚学成,而且我是她培养出来的,在一起演戏我蛮开心的。再说我父亲又不要我的钱,有些艺人蛮苦恼的,赚来钱都要养家糊口,我不用养家的,赚来的钱就做服装。

采访人: 您从小就喜欢越剧吗?

李忠萍: 当时我其实喜欢沪剧,想去考沪剧的,但是我怕难为情,沪剧里都是男同志,它是男女合演的,和男同志一起演戏很难为情。我想越剧小生都是女的扮的,就去考越剧了。我们在国联大戏院,是从米高梅舞厅走进去的,在国泰隔壁,朝马路的,后面是太平门。六月暑天里没有空调,只有电风扇,门开着,国泰里面的演员一直到我们后台来看戏,太平门后面站了很多人,都看得到台上的。他们是沪剧的场子,有一次有个花旦脚摔坏了,不能登台了,剧团怎么办?我还开玩笑,我说我来给你们演好吗?因为我喜欢现代剧,他们也看过我的现代剧。

采访人: 您真的去演沪剧的话,是您平时自己学的唱腔吗?

李忠萍: 我也会唱的。那个时候我迷谁呢?丁是娥、石筱英、邵滨孙。那时候我们一个星期有半场戏可以休息,我就去看沪剧,

李忠萍戏装照

看他们的戏。那时丁是娥在淮海剧场,她在演出,我到后台看她化妆。丁是娥演的戏我都看过的,《风流女窃》她演男人也很好的,戴一顶鸭舌帽,我也喜欢。

采访人:您一直和陆锦花老师搭档吗?

李忠萍:我出科班就进少壮剧团,也可以说是陆锦花老师培养了我,我和她搭档的演出有《同林鸟》《海角遗恨》《怒海沉舟》。因为陆锦花老师有一个特色,一年里面起码要演一到两本现代戏,所以我们这个剧团常演的现代戏很多。特别像《夫妇之道》《千夫所指》,我在里面演女特务,反派角色我也演。我的戏路还算蛮宽的,那时演《战斗的青春》,我和张云霞是AB角,她演许凤我演张大娘,虽然我演老旦,但是也得到了好评。

采访人:《碧玉簪》中,您是演李夫人对吗?

李忠萍:对的,但是我在科班里是演李秀英的。科班里,《碧玉簪》《沉香扇》都是老戏师傅教的。我演《碧玉簪》里的李夫人,是因为陆锦花老师蛮喜欢开拓新的戏,所以编剧、导演编导了挺多不同的戏。后来我和庞天华搭档演出,我演的妲己不是妖里妖气,像狐狸精下凡一样的。我和庞天华也演了好几本现代剧,有《龙马精神》《她上了圈套》等。

采访人:《她上了圈套》这个戏里面,庞天华是演一个小流氓吧?

李忠萍:对,庞天华饰流氓金有康,我演的赵彩弟出身是工厂里的女工,当时这个戏也蛮轰动的。我和庞天华演的戏也比较多,有《谢瑶环》《谭记儿》等。《谭记儿》是看了张君秋老师演的京剧《谭记儿》后,我们移植过来的;《谢瑶环》是田汉先生的剧本,这个戏的唱腔方面还是蛮别致的,也动了脑筋。我演谭记儿,张小巧演一个坏蛋,其他演员还有庞天华、魏梅照等。

采访人:能说说《陈璧娘》这个戏吗?

李忠萍:虽然这么多年了,但是我对这个戏还是念念不忘。我蛮喜欢这个戏的,因为这个戏有女兵巡哨,作为演员能够有发挥余地。另外它有武打场面,我就可以打,最后要牺牲,我又有一大段唱功。所以我对《陈璧娘》这个戏是很喜欢的。我们还演过《秦香莲》,魏梅照饰包公,亲审陈世美。《百花台》是我和张小巧合作的,她演的是彩旦。

采访人：这些戏里哪一场或者哪一个戏,您觉得印象较深?

李忠萍：《三审林爱玉》这个戏,戏中要三次升堂,我们第一次推出来就直接升堂了,第二次升堂要用技巧,要用武功的,这个时候因为张云霞不是科班出身,就我会武功,所以我们AB角演《三审林爱玉》。

采访人：我记得当时少壮剧团里面,有些戏是张云霞主演的,有些戏是您主演的,你们的AB角演出是怎么样的?

李忠萍：当时大多都是她演的,她回团以后,我们两个人工资一样,团长让给她做了。演戏AB制,我一个人要演两个角色,比如说《孟丽君》她是A角,我是B角；另外还有一个角色我是A角,另一个花旦要做B角。后来我实在吃不消,不愿意做AB制了,宁可做配角,但因为张云霞一直生病,大多数还是我演出。我们以前实行三三制,三个月下乡、三个月下俱乐部、三个月巡回演出、三个月在剧场里,一般下俱乐部、下乡和巡回演出都是我去演出的,她主要在剧场里演出。

采访人：你们剧团那个时候去过多少地方?

李忠萍：去过很多地方,但好像都没有出江苏、浙江,没有到过北京。每年有三个月在外面跑,巡回演出,我们到苏州、杭州、南京都去演出的,然后再回来三个月是下俱乐部,各个区有俱乐部。

采访人：俱乐部的演出条件和剧场里的演出条件一样吗? 有歇夏吗?

李忠萍：不一样的,俱乐部条件差,布景、舞台都很小的。票价总归比剧场的低一点,档次两样的。和陆锦花演出的时候歇夏最早了,因为她身体不太好,不喜欢夏天演戏,端午节以后天要热起来了,就不演

《哪吒》中的李忠萍和陆锦花

出了。秋天呢，要到风凉了再演出。这中间一段时间不是空了吗？剧团怎么办？剧团还是要演出的，就另外请演员来补充演出。有时陆锦花到香港去，就请老艺人来演出，有屠杏花、王杏花这些老艺人。我也参加演出的。我在科班里的时候，施银花还在，在同乐大戏院下面演出，我看过的，还有支兰芳等人。

采访人： 那歇夏之后有没有到其他剧团去演出？

李忠萍： 后来我运气好，陆锦花不演出了休息了，正好武汉越剧团的小生金雅楼以前是少壮剧团里唱二肩的，我们都认识。她就把我请到武汉越剧团去演出，演了大概一个月。他们局长很喜欢我，要挽留我在武汉。我是近视眼，看招待的川剧，我在七排就看不清了，局长就把第三排让给我坐。但武汉很热，又没有空调，电风扇也解决不了问题。有一年我去了，电风扇一个晚上开到天亮，我睡不好，就回来了，而且我是歇夏期间去的，剧团本身休息，我就演出了两次。武汉给我很高的报酬，我去一次就是1 000元。在武汉生意好得不得了，武汉观众很喜欢看越剧的。他们请我演出的地方，相当于上海的人民大舞台，很大的。

我只要把上海演出的戏带过去，到那边再给他们排一排，演出的生意就好得不得了。我的武汉朋友说，自己的两个亲戚都很喜欢看我的戏。《李香君》这个戏，有位医生很喜欢，他知道我演李香君，就送给我一把扇子，我不舍得用，把扇子珍藏着。

采访人： 以前少壮剧团基本上在什么剧场演出？

李忠萍： 国联大戏院是我们的本家，在南京路大新公司对面，旁边是米高梅舞厅，我们演出剧场还有丽都大剧院。后来我们演出基本都在丽都大戏院，丽都前面是国联，国联前面是皇后大戏院。在皇后演出是1949年前了，那里有一个电台，演出散场了，我们脸也不擦直接跑到电台里，人家点唱，我们一边擦脸一边唱。晚上唱好一档节目回来，然后睡觉。当时演员都睡在剧团里的，因为没有时间从家里来回，我们当时是每天演出日夜两场，下午一场、晚上一场。

采访人： 日夜两场演出，那排戏怎么办呢？

李忠萍： 排戏在晚上排，夜戏散场后，排到凌晨两三点。我在黄浦区文化馆演出的时候，那些演员白天上班，晚上演出，散场排戏，凌晨一两点回去。馆长觉得我们的精神蛮可贵的。我有个小姐妹，她父亲是开干食糖果厂的，有次在他们家，她妈妈就劝我说，唱戏是年轻饭，还是快点转业，不要做了。

采访人： 一年365天基本上每天都有事情？

李忠萍： 一个星期休息半天，比如说我们这个剧场每逢星期四休息，或者每逢星期二休息，休息的时候可以自由活动。我会看沪剧，看丁是娥的戏，看好散场到剧团里吃饭、化妆，化好妆演出。我们那个时候根本不玩的，哪来时间玩。空下来就要看戏、学习，还要上课。老师在戏剧学院开班，我们要去上课、学习；有时候要到老师家里去学习，比如说星期三空了，我们上午就到老师家里排戏，或者学习身段。我因为在家里受过挫折，受到后娘的虐待，所以我是出名的悲旦，做到苦戏，我眼泪就出来了，但是小时候做戏不懂的，我一唱就要哭,哭戏哭到散场。

采访人:少壮剧团当时多少时间换一个戏?

李忠萍:这个要看具体情况的。生意好做的,时间长一点,生意不好,马上要换戏。我们有些戏不知道要复演多少遍。那个时候为了生活赚钱,生意不好、赚不到钱,生活就成问题了。

采访人:那个时候,自负盈亏的民营剧团演员拿的工资要比国家剧团的高,生意肯定都很好的,是吧?

李忠萍:生意好了,我们的收成就多了,可能我工资100元就发200元了,生意好了多演,生意不好就少演,摸白板就是没有钱,白做。后来我们效益好转了,医药费也可以报销30%,本来没有的。

采访人:1956年变成公私合营了,和以前的私营有什么区别吗?什么时候开始有基金的?

李忠萍:我们还是一样的,自负盈亏。生意好了,留一部分,另一部分分掉。比如过年了,大家多分一点钱,是这样的。基金也是我们自己赚出来的,把赚的钱留出来一部分作为基金。

采访人:少壮剧团的演出阵容中有哪些人?当时的编、导、音、美还有谁?

李忠萍:主要是我们五个人,我、张云霞、庞天华、魏梅照、张小巧。导演是穆尼,舞美设计仲美。邢月芳老师和我关系很好,经常来指导。

采访人:以前的唱腔是演员自己设计的,是吗?

李忠萍:唱腔都是演员自己设计好的,作曲就是记腔记下来,再给演员配器。不管是私人还是小剧团,主要演员都是自己设计唱腔和唱段。也有一些演员的唱腔是作曲作的,如果老演员不识谱的话,就蛮苦的,学起来比较麻烦,只能派识谱的人教。我读过书,谱子都认识的,一学就会了。所以我后来代演别人的戏,一个晚上不睡觉,就唱背,第二天就唱出来了。

采访人：如果说有的唱腔，您不用原来的，自己设计的话，接得上吗？

李忠萍：接得上的。但我唱谁的角色，必须要唱她的，因为定腔、定板定好了，曲谱都印好了。否则，胡琴什么的搭不上。我后来就唱袁派，不唱傅派了，再后来，我自己也没有派了。

采访人：原来在科班里，没有定腔定板的，这个怎么合呢？

李忠萍：怎么合就要看拉胡琴人的本事了，一把琵琶，一把胡琴，就可以托起来。比如说，我清板扔下来，琵琶托上来了。越剧曲谱上的唱基本上是蛮单调的，有些人眼睛闭着也可以弹琵琶，因为他熟悉越剧的调门了，熟悉了就可以了。现在就难了，都要定腔定谱，不能唱错，以前没有字幕的，随便你唱。

采访人：剧场里的字幕是怎么打出来的？

李忠萍：拿个剧本，唱词都定好了，就写唱句、打字幕。在前台一个机器就打出来了，灯片、磁带一点点移过去，玻璃写好卷一卷，一点点放过去，像放幻灯片一样的。

采访人：你们演出的时候，您即兴设计唱腔的话，拉胡琴的也有本事托的吗？

李忠萍：有本事的，因为我总归不会太出格，而且如果让他托的话，总归要跟他练两遍吧？他就有数了，可以托上去了。

李忠萍写给观众的话

（采访：徐佳睿　整理：田虹、张亚敏）

在芳华,我曾经一次又一次地救场
——李金凤口述

李金凤,1935年出生于上海。1944年在上海进应展鹏科班学戏,工花旦,师傅为男班演员鲍金龙。1947年起,搭班在上海、苏州、杭州、宁波等地演出。1950年参加芳华越剧团。艺术上得到尹桂芳的提携。1955年,尹桂芳与她搭档主演《宝玉与黛玉》,由她扮演的林黛玉获得成功,广受好评,成为越剧界引人注目的后起之秀。此后,她成了剧团经常与尹桂芳合作演出的主要演员。

采访人:您从什么时候开始学戏的?

李金凤:我九岁就开始学戏了,那是1944年。那时倒也并非是家里穷去学戏,确实是出于对越剧的喜爱。进的是应展鹏科班,我师父叫鲍金龙。在科班里我年龄最小,着重练搁腿、下腰等,所以基本功还是练得很多的。

采访人:袁雪芬老师和傅全香老师那个时候都是四季春科班的吗?和您同一个师父?

李金凤：1962年才知道，原来袁雪芬、傅全香是和我们一个师父，她俩热情地认我为小师妹，但我从没叫过她们师姐，因为她们是老前辈，对她们我仍以长辈称呼。

采访人：您是怎么进芳华越剧团的？

李金凤：我学戏以后，中间停过一年多，从13岁开始，我又出来了，到剧团里面演出。能够正规演出是1950年以后。我有两个机会，一个机会就是到华东越剧实验剧团，就是现在的上海越剧院。那个时候是袁雪芬到我们剧团里来看戏，前台一个老先生跟我说，袁雪芬看中我了，她到前台问了我的名字。袁雪芬这个时候在拍《相思树》，让我过去，我就到文华影片公司去看了，他们跟我谈，问我是不是愿意进华东实验剧团？我说好的，这时候我也比较小，她说你的地址写好，我写好了。他们问我要不要告诉我父母？我说不要告诉，我可以作主的，就这样决定下来了。我后来接到了通知，通知也比较简短，说我年龄尚小，让我到新大沽路，自己带好被子去报到。我路也不认识，怎么去呢？最后没有去报到。不久张茵托人找到我，说现在以尹桂芳为首的芳华越剧团成立了，你愿意参加吗？我刚看过芳华剧刊，一听到尹桂芳的名字，我就说我喜欢的，后来就进了芳华。所以两个机会，我错过了华东越剧实验剧团，进了芳华越剧团。

采访人：如果您进了华东越剧实验剧团，有这么多人，可能会被埋没。您是这么看的吗？

李金凤：我没有这样想，不要说当时还年小，即使现在我也不会想得很复杂。再说当时范、傅的东山越艺社还没进华东实验剧团，芳华越剧团在金都大戏院演出，范瑞娟、傅全香剧团在丽都大戏院，她们常来金都看望芳华剧团以及看戏，我们也去丽都，双方相互观摩。我没进华东是事出偶然，进芳华也许是天意……

采访人：能谈谈进芳华越剧团后的情况吗？听说你常顶戏。

李金凤：芳华的首演剧目在金都大戏院，演《玉蜻蜓》。第二部戏是《凤凰楼》，我和徐天红演祖孙二代，他演爷爷，我演孙女。虽只有一场戏，但给观众留下了较深的印象。这时就有观众对我表示喜欢，并说在《玉蜻蜓》中演芳兰时就注意我了。一位名交际花施丹萍叫尹桂芳介绍我，尹桂芳让我叫她施阿姨，施丹萍说："这个小姑娘将来是块材料。"施丹萍后来和我有过一段交往。

我当时没戏时常在台边看戏，《浪荡子》里尹桂芳的叹钟点，我都能背出一点至五点。旦角的戏我也都看得很熟。一天演交际花的张云霞突然满脸包了白纱布，因皮肤病发炎，医生要她休息一星期，但剧不能因一个病假而停演。不知是谁的主意，剧团让我来顶演，他们不想想，我一个刚进剧团不久的16岁姑娘，怎能担此重任，但我也只得接受。当天张云霞还是演出的，第二天就要顶演。陈鹏导演说给我排戏，我说："不要排了，我都会了。"这样回答我多不懂事，但交际花一角我确已看得滚瓜烂熟了。上演后不但没出差错，效果也很好。此事也传到在丽都大戏院演出的东山越艺社，他们也很关注地问是谁顶演的，有人回答是一位嘴小小的花旦（就是指我）。去理发店做发型的时候，理发师一见我就翘起大拇指，说："了不起，你是代演的，也演得这样好，你将来一定会出山的。"

其他我还代演过《西厢记》的崔莺莺、《沉香扇》的蔡兰英、《玉蜻蜓》中的志贞。

采访人：您是怎样和尹桂芬老师合作的？

李金凤：1951年，芳华从金都大戏院搬至丽都剧场演出的第一部戏是《伏虎儿女》，此时两位旦角发生了突然事件，剧团只能在青年演员中培养。我当时是演女二号，戏都排妥了，在对面金城影院看电影时，突然看到字幕上打出"李金凤请出"，原来是剧务急着找我，让我顶《伏虎儿女》女主角。更换我演女主角时离戏剧开演已没几天，对我而言是既困难又紧张，更何况与我搭档的是十大红星之一的"越剧皇帝"。无论年龄、地位、资历、名望我们都相差巨大，大家都知道观众对和尹桂芳搭档的女花旦非常挑剔,接受此任务,确有畏惧,但由于当时时间紧迫,剧团和我都别无选择。也许是初生牛犊不怕虎,我没考虑种种不利因素,一心投入排戏。戏上演后,尚属顺利,观众仍对我掌声欢迎,我想这要得益于我六月戏的演出。

采访人:什么叫六月戏?

李金凤:过去剧团的主角,每年夏天歇夏一两个月,此时青年演员就有当主演锻炼的机会,这就叫六月戏。1950年,在丽都剧场演出的东山越艺社,范、傅两位老师休息,六、七月份由丁赛君、吕瑞英、金采风演出的《小梁祝》反响热烈。1951年夏天,由戴忠桂、尹小芳和我演出的六月戏《长相思》等也非常轰动,观众掌声雷鸣,经常是满堂彩。一位乐队同志说:"金凤不要吃饭了,菜(彩)也吃饱了。"由于我在六月戏中打下了观众基础,所以和尹桂芳团长合作《伏虎儿女》时没有因为巨大的差距造成障碍,观众仍然给予我热烈的掌声和鼓励。接着我又演了《相思果》《新房子》两部大戏。

采访人:听说1951年底还演了大反串?

李金凤:当时有不少剧团在年底封箱时,会举行一次大反串和观众同乐。芳华反串的剧目是《相思果》,尹桂芳反串花旦,徐天红演什么忘了,我因肾病请了病假没有参加。据说,原本安排我和茅胜奎对调,让我演大花脸,而大花脸演我的农村小姑娘。我想如果让我演大花脸实在是接受不了,也肯定演不好,而演大花脸的茅胜奎演我的乡村小姑娘倒是大获"成功",他先在戏台里面叫"弟弟、弟弟",然后一出场,引得整个剧场的观众哄堂大笑。那次大反串也是唯一的一次,之后再没有演过,这也是剧团在过年前和观众同乐吧。

采访人:芳华越剧团一共演过多少剧目?能谈谈观众最欢迎的那些剧目吗?

李金凤:我没有仔细统计,粗粗地回忆了一下,大大小小剧目有上百部吧,20世纪50年代在上海配合政治形势,排了不少现代戏,如《新

在《宝玉与黛玉》中饰黛玉

房子》《跟踪追击》《东海怒涛》《真假神仙》《红花村》等。受欢迎的剧目应该从《宝玉与黛玉》开始,可以说芳华从1950年成立以来《宝玉与黛玉》是最轰动的剧目之一,票房也是超记录的,从年初一开始,日夜两场,连演100天,之后也是连演连满,演出近半年。接着去北京、天津、济南巡回演出,特别是在北京约四十天,票板一放就满,都说一票难求。为了满足观众的需求,只得在有四千个座位的露天劳动剧场加演四场。《宝玉与黛玉》不仅在卖座上轰动,在艺术上也得到文艺界普遍的高度赞扬。当时在上海各剧团、包括上海越剧院的演员都来观看,一次遇到张桂凤,她对我演的黛玉很认可。王文娟也来看戏,因为她到后台来了,所以我印象较深。

在北京座谈会上,各剧种代表对我团的剧目、对尹桂芳团长和我都纷纷夸奖。常香玉剧社的代表发言说:"《宝玉与黛玉》《屈原》两部戏,我们剧社都看过,芳华越剧团的天才是值得我们学习的。剧社里全都在谈论李金凤同志,看她年龄还很年轻,怎么戏就演得这样好……"

另外,《宝玉与黛玉》的成功,编剧冯允庄功不可没。冯允庄是20世纪40年代和张爱玲齐名的作家,笔名苏青。她按小说《红楼梦》原著的精神编写剧本时又另有发挥,如第一场,黛玉送宝玉一个香袋,宝玉见了爱不释手,恳求林妹妹再做一个配成对。在《焚稿》一场戏中,她把泄密和焚稿连在一起。一开场雪雁告诉紫鹃,宝二爷要成亲了,新娘是宝姑娘。紫鹃吃惊,随即想起林姑娘,这可要她的命了!这时黛玉拿着针线盒出来,因为宝玉几次三番恳求她再做个香袋,紫鹃就劝她昨夜已经做到三更天,你这是拼自己的命,而黛玉却说对宝玉有愧,所以今夜一定要赶制好。紫鹃看她还真心痴情地为宝玉做香袋,既愤而不平,又为姑娘的痴心而不值,心里难过得要哭,又克制着,而黛玉却不断地责备自己性子也不太好,今后定要改一改。因为观众和紫鹃都知道宝玉即将成亲,所以对于黛玉的自责,观众和紫鹃同样难过伤心。当黛玉说"永不和他再争吵,好妹妹你说对不对"时,紫鹃再也克制不住哭出声来,逃进黑屋,而观众还没看到焚稿也都哭了起来。《洞房惊变》一场,宝玉看到新娘不是林妹妹,得知林妹妹病了,他跪在老祖宗面前似泣似诉地恳求,让他和林妹妹在一起,活着可以一起治病,死了就可同坟。这些台词非常感人肺腑。以上这些处理,戏剧性极强,感染力极浓。《宝玉哭灵》尹团长表演得肝肠寸断,观众场里也是一片哭声。《宝玉与黛玉》剧场里没有掌声,观众都是全神贯注沉浸在剧情里,这就是《宝玉与黛玉》的成功。

采访人:《宝玉与黛玉》还拍过一部连环画?

李金凤: 那是在天津巡回演出时,由天津美术学院拍摄的。我们拍得很辛苦,因为是在夜戏散场后才开始拍的。例如,在演出时,我《焚稿》演毕,就可休息了,但这部连环画从第一场拍起,我《焚稿》的淡妆就得补妆,在演出期间必须完成,所以拍得很紧张。不过,这部连环画总算给芳华留下了一些资料。在50年代不知哪个部门出过一幅年画,里面都是《宝玉与黛玉》的剧照,是彩色的,印刷很有质量,美琪大剧院放电视中间插广告,就是用这幅年画,效果极佳。

1962年,我们在上海再次排《红楼梦》,请了各部门专家,还有导演黄祖模、作曲刘如曾等人。音乐、舞美、灯光、服装、唱腔等都精心创作。一位青年乐队演奏员说:"《焚稿》一场,灯光柔和,烟雾袅袅,意境很美。"《焚稿》的音乐也使我醉意浓浓,我躺在榻上,在优美的音乐声中,既在戏中也很享受。观众和中央电台对我们的音乐和唱腔给予高度

《宝玉与黛玉》剧照

评价,有些老观众在赞赏我们的《红楼梦》时,还为编剧冯允庄在《宝玉与黛玉》中独具匠心的内容未能融入《红楼梦》而惋惜,但《红楼梦》又多了两条音乐优雅、唱腔好听的好评。《红楼梦》在上海演出期间,听到福建前线要备战,我团又急着赶往福州了,所以此剧在上海演出时间不长。

采访人: 你们的《屈原》《信陵君》两出戏观众的口碑也很高,能谈谈吗?

李金凤:《屈原》《信陵君》都是表现历史题材,主角都是英雄人物,也是剧团的重点保留剧目。尹团长艺术精湛,人物的表演从不雷同,演屈原是浩气凛然、高风亮节的气质。记得在福建慰问部队,白天演小戏《风雪摆渡》,是一部现代戏,她演个胸无点墨、幼稚无知的小三子,晚上却是个气度非凡的政治家屈原,两个角色反差之大,简直判若两人,而她演得却是得心应手,实在令人折服。《信陵君》的表演是刚正不屈,无论造型、唱腔都是另一种风度。剧团对《信陵君》的排演也很重视,请来上海戏剧学院的专家,布景、服装、头饰、造型等都由他们设计,例如我演的如姬夫人的造型,他们连发髻、凤钗等都带来借我用。所以我如姬夫人的形象和以前都有不同,这是我唯一的一次造型。《信

1957年《信陵君》剧照（李金凤饰如姬，尹桂芳饰信陵君）

陵君》也是在福建前线慰问时不可缺少的一个剧目。

采访人：您觉得《拜月亭》这个戏怎么样？

李金凤：《拜月亭》有点喜剧色彩，此剧是从别的剧种搬来的。战乱期间，男主角走失了妹妹，女主角和母亲失散，两个人相遇，一场重头戏就是《踏伞》，演出时剧场效果很好，笑声不断。两人结为夫妻，中间有父亲反对、拆散，最后以大团圆结束，此剧电台保留着录音。刚到福州不久，就有上海人民广播电台来信说，上海观众要听听芳华的声音，于是我们录制了专场《踏伞》。我收到上海观众一封信，她说，在校园的广播里听到我们的《踏伞》，放的录音音质很好，电台经常播放。

采访人：当时在上海，除了《宝玉与黛玉》和以上剧目，还有什么戏是比较轰动的？

李金凤：那就是《秦楼月》了，也是很成功的，卖座率也很高，满座连连。该剧虽也写才子佳人，但有其特别意义。尹团长演男主角吕贯，我演陈素素。当吕贯出游时看到墙上一首诗词，感到此女子有才气，就前去拜望，才知是青楼女子，但对其一见钟情，相恋、相爱、相知，看到陈素素是个出淤泥而不染的可敬之女，从此，就认定她为终身伴侣。而陈素素也是值得吕贯爱慕的，她虽在青楼，但洁身自爱，不畏强暴，以死反抗，被吕贯好友太守相救。吕贯中状元后，不攀龙附凤，不羡锦袍玉带，四处寻找素素，非她不娶。

　　这里我要谈谈《秦楼月》最后一场的精彩表演，而我也要讨个功。当时的处理是吕贯找到太守家里，太守劝他另娶千金，由太守做媒将他义妹许配给他，吕贯再三推托，最后叫出素素，团圆结束。我到编剧陈曼的家里，建议：太守说媒，见吕贯坚决不从，另设一计，强行让吕贯和他义妹拜堂，给他披上新衣。当吕贯被强拉入洞房，房门被倒锁出不去，脱掉披着的新衣，对朋友的好心不领其情，反生怒意，对坐着的新娘不屑一顾，丫鬟的相劝也遭到他厌烦的斥责。而素素虽盖着红头巾，却深感吕贯对自己的一片真情。吕贯此时心意茫茫，想起初识素素是由一首诗词相恋，就情不自禁地念起了词"香红歇，青山一闭，无年月"，此时陈素素自己掀起红盖头，接着念词的重复句，"无年月……"吕贯听到下面的诗句，先自愣住片刻，猛回头，当他看到眼前的新娘竟是自己朝思暮想、寻寻觅觅的心上人素素时，他的表情先是不敢相信，继而异常激动，吃惊到天动地摇，欣喜到极致，也兴奋得沸腾了。黄炎培先生观剧后，即在《解放日报》《文汇报》致题诗两首。黄炎培先生的两首诗更为《秦楼月》锦上添花，之后的卖座更踊跃，观众更轰动。至今看过《秦楼月》的老观众，还念念不忘，对《秦楼月》赞不绝口。这部戏到福建后也相当红，无论剧场演出，还是到部队慰问都是重头戏，不亚于在上海引起轰动的《宝玉与黛玉》。

　　采访人：你们是为什么去福建的？

　　李金凤：当时我全身心投入演戏、排戏的繁忙中，行政事务从不过问。当得知剧团要去福建，而且从决定到出发仅十天时间，在外界有许多声音，他们认为芳华是个大型剧团，拥有庞大的观众基础，去福建是个失策之举，特别是广大的观众也反响强烈。而我们还是离开了繁华的大都市，到了福州。那是1959年，在当时福州竟连个火车站也没有，是一个草棚棚，令我们吃惊！但福州领导给我们安排的住房条件还是很好的，一部分在山上，我就住在山上。另有一部分在市内青年会，有住宿有排演，里面的室内游泳池我们也可享用。

由于到福建后属国家体制，在福州就不必天天演出。在上海时，每天日夜两场，排新戏必须在早上或日夜两场之间，很辛苦。在福州排戏有充裕时间，这些条件有利于保证演出质量以及演员消除疲劳。

采访人： 你们常常去前线慰问解放军？

李金凤： 在福建我们也到全省各地区巡回演出。慰问前线三军是重点任务，剧团在慰问部队工作上做得非常出色，而解放军和高级将领也都爱看芳华的演出，每当官兵立功受奖要开表彰大会时，部队都提出要芳华来演。听到此消息，我们真是既激动，又感到光荣。从1959年至1966年，这八年中我们走遍了前线各个阵地和岛屿，深受前线三军的欢迎，得到省党、政、军的高度赞扬。这也是芳华越剧团史上不可磨灭的辉煌篇章。

采访人： 你们离开上海三年，直到1962年回沪演了《盘妻索妻》又掀起一次高潮。

李金凤： 所以1962年的《盘妻索妻》《红楼梦》无论是舞美、灯光、音乐、唱腔等，我认为都比以前所演剧目更完美、完整。《盘妻索妻》的唱腔得到观众普遍的赞扬。《红楼梦》由于福建备战，在上海演出时间不长，但有磁带，有电台录音播放，所以观众对《红楼梦》唱腔的好评也很广泛。《盘妻索妻》在1962年演出后就有许多剧团搬演，五十多年了，近期仍

《盘妻索妻》中李金凤饰谢云霞

有众多剧团竞相争演,观众的评价是:尹桂芳、李金凤的经典版《盘妻索妻》久演不衰、百听不厌。

采访人: 再次成立芳华剧团是哪一年?当时是怎么样的情况?

李金凤: 由于剧团被砸烂以后,团内人员都分散了,有的回老家,有的演员排了七个小戏,在业务上剧团还是建不起来,老同志都很着急。尹团长去福州开政协会时,老同志们围住尹团长诉苦,希望尹团长出面把李金凤请回来。同志们也纷纷给我写信,有的说像《龙江颂》盼水一样盼到了福州,结果剧团也没一个团部,借了农村一个生产队的几间房做宿舍,没厕所,需要时只得到露天厕所去方便,当时砸烂得不留一针一线,芳华已是一片砾堆了。当时还想请尹团长的一个弟子和我搭档,但他说身体不好,不能来演,但剧团还是决定复排《盘妻索妻》,排戏时尹团长也坐镇替主角梁玉书辅导。福建媒体也为我宣传,以"文革后李金凤重返舞台"为题,作为新闻全天滚动播放。重排的《盘妻索妻》上演后,外界反映是李金凤压得了台。无论在福州还是全省

"文革"后重建芳华越剧团,老同志们难得团聚
(右起谢小仙、袁少珊、李金凤、尹桂芳、赵金麟、谢秀芳、邢桂芬、茅胜奎)

巡回演出均满座，特别是在厦门，剧团还没到，18场演出的票子一售而空，前台向尹团长请求再加演四场，但我们从排戏到演出连续几个月实在太累了，最后决定加演两场。尹团长一直不甘心苦心经营的"芳华"这块牌子在"文革"中被砸烂，现在剧团再次成立，也站稳了脚跟，"芳华"这块光辉的牌子总算又树起来了。老同志茅胜奎说，金凤你这次做了两件好事，一是把剧团建立起来了，二是你为了大家放弃了保留工资的补发，我是不会忘记你的。厦门演出后稍作休息，我们准备回上海演出。尹团长虽已不能上舞台，但她仍然是"芳华"的栋梁。在对外宣传上，尹团长是艺术指导，复排的《盘妻索妻》排名以我为主。

（采访：徐佳睿　整理：田虹、张亚敏）

那时,我一直跟着施银花
——李蓉芳口述

李蓉芳,1929年出生,9岁进上海沪光社学戏,拜石善庆为师,工花旦。11岁进施银花剧团做小花旦,在上海浙东大戏院演出,又去沈家门、宁波等地做戏。15岁回上海进一峰剧团,主要在皇宫剧场、新光剧场演出,演出剧目为《梁祝》《孟丽君》《王昭君》《借红灯》《盘夫索夫》《珍珠塔》《秦香莲》《三看御妹》等。1949年后参加了晨光越剧团,与陈艳秋合作在上海皇宫剧场、宁波剧场、长江剧场演出,还新编主演了《碧血花》《双玉蝉》《天女花》《一缕麻》《孟姜女》。其中,《孟姜女》一戏在1951年拍摄成电影连环画出版。1954年进上海虹口区飞鸣越剧团与陆锦娟合作,先后主演了《凄凉辽宫月》《游地府》《灵堂成亲》《玉蜻蜓》《团圆之后》《日出》《椰林怒火》等两百本大戏。1957年参加了"全国地方戏曲研究学习班"。1959年2月演出《智审泥神》受到全市表扬,并灌了唱片。同年,被飞鸣越剧团评为全市"三八红旗手",参加群英会。"文革"后组建虹口区越剧团时,第一批归队,主演了《山河恋》《狸猫换太子》《云中落绣鞋》等剧目直至退休。

采访人：您是几岁开始学戏的？

李蓉芳：我是9岁开始学戏。为什么这么早学戏呢？因为爸爸妈妈生了12个小孩，想想两个小姑娘还是去学戏吧。我们是在上海学戏的，老师到我们这里来，我们家里开了一个小小的洗衣作坊，两个师傅来洗衣服时说，这两个小姑娘倒蛮好玩的，问能不能到他们这里去学戏？我姐姐这个时候11岁，我9岁。想想越剧蛮好的，自己也蛮喜欢，就去学了，每个月8元学费，两个人16元，两姐妹一起去学了。我姐姐起的艺名叫小筱丹桂，我叫小芙蓉。

采访人：那是什么科班？是谁创办的？

李蓉芳：上海的沪光社，那个时候很小，弄了一个房子给我们小朋友早上练练嗓、练练功，下午排排戏，也有将近20个学员了。一共五个老师，有的老师拉胡琴，有的老师教花旦，有的老师敲鼓板，有的老师教老生。这些老师是绍兴戏里面专门在剧团带小小科班的，他们也喜欢越剧。那时候我们想想又没有场子，就去唱堂会。我从小就跟着我老师唱唱堂会，学了一个多月就会唱了，演《盘夫索夫》里的飘香，演得倒也蛮好，结果就到场子里去演出，跟着我师父也两三年了。这个时候我十一二岁了，施银花剧团让我去做小花旦，在浙东大戏院。

采访人：这个时候施银花是和屠杏花搭档吗？

李蓉芳：她已经和屠杏花分开了。在浙东大戏院演出，生意很好，有几个拿手戏出来，同行都要来看的，施银花的拿手戏是《方玉娘哭塔》《盘夫索夫》，支兰芳等人都来看的。施银花那时算是好花旦，我一直在她身边，她也蛮喜欢我，让我好好学，那时生意也很好，我跟着施银花老师两年多。我也不舍得走，在她这里可以学到东西，因为她肯教我，我学到了一点唱腔和动作。她对我很好的，吃饭什么都要带我去，因为我们吃大锅饭很苦。施老师对我好，我也很高兴。我记得到15岁的时候，因为人大了，我就跳出去做头牌花旦了，这个时候姜一峰剧团在大新公司。

采访人：您跟施银花搭档的两年里，小生没有换过吗？班底有没有换过？

李蓉芳：班底没怎么换过，那时和屠杏花已经分开了，施银花将近30岁了，当时算年纪大的。但她的生意还是很好，因为她是老牌子。越剧团里面把施银花看得很高的，因为施银花的艺术是很好的，特别是她的《方玉娘哭塔》和《刁刘氏》，在越剧界是有名的。

采访人：您是15岁到一峰剧团做头肩的？

李蓉芳：对，这个时候唱头肩一个月25元。在一峰剧团做了蛮多日子，后来又有人叫我到皇宫剧场，在四马路那里。那时小生是吴剑芳，老生是钱鑫培，小花旦是屠笑飞，他们都在浙江，让我改名字，那个时候我已经17岁了，就改名为李蓉芳。

采访人：您原来就姓李吗？

李蓉芳：我姓潘，原来叫潘秀英，他们说潘有潘金莲不好听，就改成了李蓉芳，说蛮雅的。

采访人：什么时候到沪光剧团的？

李蓉芳：在皇宫剧场里面演出了一段时间，后来科班师父他们自己成立剧团了，要挑好演员，我又是他们的学生，就让我去了，成立了沪光剧团。想想老师来请了，我应该要去的，这个时候就请陈艳秋做小生了，陈艳秋也是老小生，后来她参加了芳华剧团。

采访人：哪出戏让您记忆犹新？

李蓉芳：我记得那时候到苏州、无锡演出，在无锡大光明演出《阮玲玉自杀》，我对这个戏记忆犹新。天这么热，要主演本人睡玻璃棺材，玻璃棺材扶起来，头上还顶了一个100支光的电灯泡，女人来哭灵睡着，睡了二十多分钟，人都要休克了，热得不得了，电风扇打着也吃不消。结果等大幕一落，人已经快要昏过去了，赶紧扇子、毛巾一起用上，晚上还是坚持演出。后来又来到苏州、无锡、南京、芜湖演出，到芜湖演出时间蛮长的，我们演了很多戏，古装戏也演了很多。

与陈艳秋一起演出《白娘娘》

采访人：在上海长江剧场演出过什么剧目？

李蓉芳：老师带我们去苏州、无锡，再后来又回到上海来了。在上海长江剧场演出《孟姜女》，演出情况很好。它的剧情很曲折，观众看了很感动，就有人来找我们拍连环画，也就是小人书，《孟姜女》连出三版。

采访人：连环画《孟姜女》是怎么拍的？

李蓉芳：演出的时候，他们不会拍的；要停下来的时候，一张拍好再拍一张。平台、小桥流水、花园什么的都是搭在台上的，台下没有观众。现在是进步了，台上演出时可以拍，那个时候不行，一定要停下来，清早就开始拍，拍到吃午饭，拍完赶夜场。后来我们到皇后大戏院演出《碧血花》，生意也很好的。后来又要拍《碧血花》的连环画，那个时候不懂，想着拍连环画要停场子的，还是场子要紧，就拒绝了。因为演员吃不消，要拍一个早上，午场要演出，晚场要演出，所以《碧血花》没有

《孟姜女》电影连环画封面

拍,就拍了《孟姜女》。

采访人：抗美援朝的时候你们一直是在晨光越剧团演出吗?

李蓉芳：对的,那时到芜湖生意很好,一个场子一千多个座位。后来抗美援朝了,要捐献飞机大炮。这个时候大家都开会,领导动员,我们团里开会决定要演十天抗美援朝的戏,希望票房多一点,戏改得好一点,一个人演三场,早场、午场、夜场,演员一天到晚在舞台上,不发工资,钱都捐献买飞机大炮。后来十天演出结束,演出收入交上去了,领导开会总结收入,我们是第二名。这个时候,当地的文化局对我们很好,坚决要留我们下来,因为我们剧团没有固定的地方,是流动的。他们让我们留在芜湖越剧团。那时陈艳秋是正团长,我是副团长,于是我们团里开会,动员大家。但大家都是上海的演员,放不下上海,家属、父母都在上海,在芜湖感觉路太远,结果大家还是都回上海了。

采访人：晨光剧团后来就解散了吗?

李蓉芳：解散了,那时候大家都不想留在芜湖,都要回上海来。大家各奔东西,我和陈艳秋两个人一起进的张湘卿剧团。那个时候,都是哪里的工资高就去哪里。

采访人：在张湘卿剧团您做了多久?

李蓉芳：是1951、1952年的时候,捐好飞机大炮以后,晨光剧团解散,回到上海,我就参加了张湘卿剧团,那个时候张湘卿自己成立剧团的。后来我又被派到无锡、苏州、杭州,跑来跑去。这个剧团我做了一

在芜湖演出《杨乃武与小白菜》

年左右,张湘卿是小生。

采访人: 您什么时候参加的飞鸣剧团?剧团一共有多少人?

李蓉芳: 我是1954年参加飞鸣剧团的,那时我已经在外面做了一年,他们成立一年以后,我再参加的。那个时候私营剧团不能开了,因为流动性太大,排不出好戏。陆锦娟在虹口区成立飞鸣剧团。进去一共有七个人,我们几个原来有《啼笑因缘》等很多戏都可以带过去的。进去时有两个小花旦,何笑笑以前在晨光剧团里是二牌小花旦,到飞鸣剧团后,做头牌了。进了飞鸣剧团,我就没有换过剧团了,不能换了。竺水招剧团叫我去,杭州市也叫我去,但都去不了。我就待在飞鸣剧团,排了不少戏。

参加1959年上海市戏剧会演剧目《智审泥神》

采访人：1957年，您参加了全国地方戏曲研究班回来，创作了什么戏？

李蓉芳：对，我们剧团集体创作了《智审泥神》。排了《智审泥神》，说的是反官僚主义，这个也录过唱片的。还有《琵琶记》《霓虹灯下的哨兵》《啼笑因缘》。

采访人：《智审泥神》具体讲什么呢？

李蓉芳：《智审泥神》中，刘玉娘是卖花的女人，她的丈夫李德昌被弟弟谋杀，然后冤枉是刘玉娘杀的，结果刘玉娘就被押到法场里了。后来案子重审，从一个泥人的线索中层层追查，发现证人，证人把情况说了出来，看到是弟弟走到庙里把哥哥毒死，就这样，把这个弟弟抓出来，放了无辜的刘玉娘。《智审泥神》演出下来，我们全体就获得了"三八妇女红旗手"称号。

采访人：这个戏的演出阵容是什么样的？

李蓉芳：我演刘玉娘，陆锦娟饰李德昌，胡凤英饰张鼎，沈爱莲饰王府尹，何笑笑饰李文道。它是飞鸣越剧团的保留剧目，当时作为配合反官僚主义、教育干部谨慎审案的剧目，指定为全区干部做专场演出。1960年春节，该剧参加了上海市各界人民春节慰问团赴南汇大团驻沪部队进行慰问演出。之后还到中国唱片社灌了唱片。这个戏的唱腔、表演都得过奖。因为有上海越剧院的老师来辅导，精工细作，在

《智审泥神》演员表

部队里演出也获得一致好评。演了很久,大概有几个月。这个戏是全市得奖的。

采访人:哪几场里面的唱比较好?

李蓉芳:又打又唱是"公堂受刑"这一场戏,蛮有看头的。再有就是在法场上,儿子只有11岁,来探望娘,这场戏中,叫天天不应、叫地地不灵,刘玉娘和儿子生离死别的戏份,很感动人。

采访人:您能谈谈《啼笑因缘》这个戏吗?

李蓉芳:《啼笑因缘》这个戏是从晨光剧团带过来的,那时候在晨光剧团就演这个戏,用以前的本子,后来再改编,带到了飞鸣剧团。这个戏比较成熟,传统的《啼笑因缘》是路头戏,后来编成本子,再整理,到飞鸣又整理过了。李惠康是我们的编剧,后来也让他改的,这个戏在上海蛮轰动的,曾在人民广场的中央大戏院连演了45场。《啼笑因缘》是飞鸣剧团的代表作,我们的经典之作。我演了何丽娜、沈凤喜两个角色,一个是阔小姐、一个是卖唱人,两个完全不同的性格。最后一场观众记得最清楚,凤喜已经不行了,这边刚下场,那边何丽娜就到了,马上又出场,他们奇怪怎么变出来的,一会儿工夫,发痴的人变成了大小姐,连看五场也没有看出来。直到现在还有观众来问。

采访人:您演过的古装戏和时装戏都有哪些呢?

李蓉芳:古装戏有《三请樊梨花》,生意很好。这个时候,我们还不知道大家都在演出革命戏。这个戏是有教育意义的,是爱国主义的戏。现代戏演出的同时,古装戏还是可以演的。还有比如《昭君出塞》,越剧界都要演的,《梁祝》就更不用说了。时装戏有《啼笑因缘》《霓虹灯下的哨兵》,新中国成立30周年时我们三个剧团在万体馆演出。

采访人:什么时候飞鸣剧团变成虹口越剧团的?

李蓉芳:"文革"后要重新建团了,飞鸣剧团就变成虹口越剧团了。这个时候,我、何笑笑等几个人先成立剧团,区级剧团中我们第一个成立,大家跑文化局,说我们要成立剧团。第一个戏就是《狸猫换太子》,后来很多人都来取经:你们怎么成立起来的?你们东西都没有了,剧团里面的东西都送光了,怎么办起来的?好的东西拿出来用,不好的东西添,局里支援我们,这个时候就成立起虹口越剧团了。虹口越剧团基本上是飞鸣剧团的班底。

采访人:后来您怎么离开虹口越剧团的?

李蓉芳:后来我儿子读书毕业了,我就退休了,由儿子顶替。因为湖州市越剧团阵容不够强,让我帮他们建团,我就去了,演出了《孟丽君》《双玉蝉》《一缕麻》等几个戏。这个时候到了五星剧场,几位老大姐都来的,小白玉梅、钱妙花、屠杏花她们都来了,带她们剧团的人做了一年。

(采访:徐佳睿　整理:田虹、张亚敏)

我是从跑龙套，一点点唱出来的
——余彩琴口述

余彩琴，1923年出生于浙江嵊县黄泽镇。1933年进黄泽浙新舞台科班学戏，工花旦，业师为男班艺人黄福生，启蒙戏为《倪凤煽茶》。半年后串红台，在宁波、余姚等地演出。1937年到上海，演出于永乐戏院。"八一三"淞沪抗战后，避难回到宁波演出，先后与赵瑞花、魏素云、商芳臣等越剧名伶合作。1938年6月再次到沪，参加施银花、屠杏花领衔的第一舞台任二肩旦，在时装戏《雷雨》中扮演四凤。1941年6月至1944年4月演出于龙门、皇后、红宝等剧场，先后与赵瑞花、王水花、徐玉兰、尹桂芳、竺水招、邢竹琴、李艳芳等名角合作，均任二肩旦。1944年7月到大来剧场任头肩旦，与张桂莲搭档，演出了《秋水伊人》《死里逃生》等新戏。1945年至1949年，参加了全香、丹桂、玉兰等越剧团演出。20世纪50年代初期，曾在文宣、复兴、合众等剧团短期演出，曾任群立越艺社（艺训班）社长、天明越剧团团长。1954年参加华东越剧实验剧团，后转入上海越剧院，在《碧玉簪》中饰演李夫人、《唐知县审诰命》中饰诰命夫人、《追鱼》中饰金夫人、《杨八姐盗刀》中饰萧太后。

余彩琴：我叫余彩琴，1923年阴历十月十八日、阳历11月25日生。我的家乡在浙江嵊县，我跟范瑞娟、李艳芳是一个村庄的，浙江嵊县黄泽镇，小村庄，不重视女孩子。我与妹妹一起做养媳妇。家里不算穷，我爸爸是自己杀猪开肉店的，女儿多，我只有一个哥哥，姐姐妹妹都有的。我当时只有11岁，为什么要去学戏呢？村庄上没有工厂也没有出路，我读了一年书，觉得女孩子不是很受重视，但我看人家唱戏的坐轿子，穿很好看的旗袍，我就跟爸爸说我要去学戏。爸爸不同意，他说从前的戏子和婊子是在社会最下层的，被人看不起，家里也不是很穷养不起我，干嘛要去学戏？我说我一定要去学，所以是我11岁时主动要去学越剧的。

采访人：你们是怎么跟着师傅去学戏的？

余彩琴：那时候我们村庄上的房子很大，地主想，挂一块牌子，叫几个小姑娘来学戏，又可以演出，不是可以赚钱吗？然后他请了老师，家里比较穷的小姑娘去磕磕头就有饭吃了。师父很少的，就一两个，都是一些家里穷的小姑娘去学戏，家里有钱的地主小姐不会去学的。去学的话磕个头就算拜师了，但是要保证学戏三年不能回家。学戏先练基本功，两个手放在地上，脚在墙头上，点完一炷香才能下来，基本功翻跟头什么的都是集体做。1933年5月我进黄泽浙新舞台科班学戏，主要学花旦，师父是男班艺人黄福生，启蒙戏为《倪凤煽茶》。师父有一个唱小花脸的、一个文的、一个武的。后来老板半年不发钱，就给我们吃点东西，其他没有什么，穿得也一般。

采访人：那您是怎么样一点点唱出名声来的？

余彩琴：到上海就我一个人，很苦的，我就自己看着学，看人家唱，在王明珠剧团里面做班底，跑跑龙套，一点点唱出来。后来和日本人打仗，"八一三"淞沪抗战的时候逃回乡下去了，再到宁波乡下去演出了一次，后来又回到上海。以前都是唱路头戏，没有剧本的，自己自由发挥随便唱，但也很锻炼人。

采访人：回到上海后您参加了什么剧团？

余彩琴：是人家介绍我到银杏剧团我才又到上海来的，施银花、屠杏花是头牌，老生是钱秀灵。我算二肩花旦，支兰芳算三肩，她代施银花的班，大家一起出道了。因为以前要演三场，早上有时候也要演，日夜两场是肯定的，有人做堂会什么的晚上也要演的，头牌累了，就让我们演，我们是二肩三肩就要顶上去。和施银花搭档大概有两三年时间。

采访人：你们有固定的搭档、固定的剧团吗？

余彩琴：没有的，我们后来跳来跳去，哪里工资高就去哪里。我们那个时候赚来的工资，都给服装生意拿去了，一套服装只要绣花就很贵，但不做比不过人家怎么办？所以赚的钱差不多都花在服装上了。

采访人：除了和施银花搭档，还有其他人吗？

余彩琴：后来就一直在上海演戏，和姚水娟搭了一段时间，跟赵瑞花也搭过。我和赵瑞花在宁波做过搭档，之后她也到上海来了，我们又搭档演了一段时间。以前几个名牌都搭过的，先是和"三花一娟"都搭档演出过，和王杏花搭档演出的时间最少，和施银花搭档的时间最长，后来和筱丹桂也做过搭档，还有一个小生叫张桂莲。

采访人：您和施银花她们搭档的时候，您觉得哪几个戏演得最好呢？

余彩琴：保留剧目《盘夫索夫》，最早花旦比小生吃香，比如"三花一娟"。1939年春，在上海四马路大中华剧场，演出了现代越剧《雷雨》，施银花主演，在这个戏里我演四凤，这是越剧里面第一个时装戏。

采访人：您到大来剧场也演过戏？

余彩琴：是的，大来剧场主演最早是马樟花和袁雪芬，老板是袁雪芬的娘舅。袁雪芬学戏没有吃过苦头，我们学戏师父要打我们，她不会被打，因为老板是娘舅。从前说"三花"不及"一娟"，"一娟"不及"一丹"。演出说明书上印着马樟花、袁雪芬，反过来袁雪芬、马樟花，双头牌。马樟花人漂亮，唱得也好，而且样样第一：戴钻戒她第一个，穿皮大衣她第一个，穿婚纱结婚她也是第一个。

采访人：您是从什么时候开始进芳华剧团的？

余彩琴：1947年尹桂芳唱《浪荡子》，我在里面演一个交际花，焦月娥演女流氓。台上做个交际花，走在马路上，人家看到我就指着我说这个交际花，被人家这样一说我就很难为情，我在台下不做交际花的，而且我那个时候还没有结婚，交际花害人。当时这个《浪荡子》非常红，是尹桂芳唱得好。

采访人：解放前您有一段时间就不唱戏了？

余彩琴：1949年我到绍兴去结婚，就不唱了，做少奶奶去了。我先生是开轮船的，汽车、洋房都有了，在南京路顶了一座公寓。以前这里是外国人住的，解放前有公寓的很少，不是像以前的亭子间，它是一列的，上去就是平的一间一间的花园公寓。那是在解放前买的，花了十几根金条，顶下来就是给我们住。

采访人：您是怎么参加华东越剧实验剧团的呢？

余彩琴：结婚后希望生活有些保障，就想再出来工作。因为我和玉兰剧团是老关系，所以就去找徐玉兰，他们一说我就进去了。是二团的团长批准我进去的，她了解我的，也不用考试。这个时候演出派角色一般是导演定的，后来我在越剧院派给我演出的角色就比较少。做演员其实最苦的是没有戏给你演，不上台不演出心里很难过的。

采访人：那有没有想过从越剧院出来到其他剧团？

余彩琴：从越剧院出来到其他集体的剧团，是没有保障的，有时演出多收入就高，但这个月演出好，下个月就不一定好的。那时芳华剧团要去福建，我不想去，所以就没有去芳华。芳华剧团是集体的剧团，越剧院当时给的工资是200元，算是蛮高的了，还有医疗保险什么的，福利待遇蛮好的。芳华剧团除了收入高一点其他都没有保障的。

采访人：您在越剧院参加了第一版《红楼梦》的排演？

余彩琴：是的，我演的是王熙凤，周宝奎演老祖宗，陈兰芳演薛宝钗。那个时候已经在排《红楼梦》了，但是还没有演出。我那时是花旦，属于正旦一类，但不是老旦，也不是彩旦，彩旦是小花脸演的，比老旦年纪要轻一点，比青衣年纪大一点。

采访人：在台上表演会不会出些小事故，你们是怎么处理的？

余彩琴：有的，出事故当然有，是免不了的。一会儿头套掉下来了，一会儿扇子掉了，经常会有一些小事故，我们都想办法隐藏掉了，外行人和观众不一定能看出来的。如果你不是故意犯错误也不会罚你，你自己也不愿意发生这样的事情。

采访人：以前小生和花旦都有些怎么样的粉丝？

余彩琴：唱小生的演员，男的追求很少的，女观众喜欢，特别是那种姨太太喜欢，男的总归是追求花旦的多。演小生的演员，头发剃得很短，女人味不够，台上唱起来姿势也不优雅了，有些动作

在《红楼梦》中饰演王熙凤

《红楼梦》演员表

要学得粗一些,台上这样,下台也要学的。

采访人: 您和张桂凤做过搭档吗?

余彩琴: 张桂凤当时在一团,她来客串演出,样样会演,不是很重要的角色她也肯演。因为是串演,所以搭得非常少,但是她演得很好,而且小角色她也都肯演,为人不错,不欺负人。

采访人: 您在淮阴的剧团也待过一段时间?

余彩琴: 是的,在淮阴没有定腔定板,演的是路头戏,但也演得一般,毕竟在淮阴他们演的是江淮戏,那里的水平和上海剧团的水平实在相差太大。

采访人: 您在剧团里演什么角色?

余彩琴: 那时候在淮阴演出,我在剧团里面花旦、小生、老生都演过。我们团的团长是演小生的,她请了好几个花旦,后来要分团到乡下去演出,小生只有她一个人,走不开,于是我就去演小生。有一次,一个老生生病了,让我去代替演出,对我来说这是非常困难的,但也被逼上梁山,去替演了老生。所以,花旦、小生、老生我统统演过。

采访人: 您在淮阴一直演戏吗?还做过其他什么工作吗?

余彩琴: 我在当地还做过老师,一直到退休。那时,当地两个领导还算照顾我,把我分配到小学里去管图书,但我不喜欢看书,小学里待着没事情做,我向校长提了一个意见,办一个幼儿班,我可以24小时在学校里带带孩子。后来,老师的小孩都到幼儿班来了,我照顾他们,人家小学生放学了我就留下来陪他们玩玩,这班

余彩琴戏装照

老师都对我蛮好,还把我评为先进工作者,就这样过了很多年。

采访人: 您后来怎么又回到越剧院的?

余彩琴: 我是在淮阴当地的小学退休的,回到上海后再落实政策,退休以后再恢复,关系就到越剧院去了。

采访人: 您退休回到上海以后和越剧界还有什么接触吗?

余彩琴: 接触少了,二十多年不碰头了,就和焦月娥关系好一点,一直到现在都有联系。新中国成立前和她关系也很好,从前喊她小鬼,她辈分比我们小,现在不能叫她小鬼了,叫老焦了。我有些事情要去问她的,因为她有文化。虽然她只比我小一岁,但她学戏学得晚,辈分就比我们小。

(采访:徐佳睿　整理:田　虹)

小花脸这个行当是我的广阔天地
——张小巧口述

张小巧,原名张琴珠,1926年出生,浙江嵊县人。1937年入嵊县马堂村科班,拜毛头师傅为师,专攻丑角。第一年串红台演出,在《碧玉簪》中饰王夫人。1939年至1946年间,与金雅楼、张桂凤等人合作,长年巡演在杭、嘉、湖一带。1950年3月进少壮越剧团,是剧团的四柱头之一。在半个多世纪中,参加了上百台大型古装戏、现代剧的演出,在丑角艺术上独树一帜。1984年以来,五次应邀赴港参加香港市政局举办的"中国戏剧节"的演出。1989年随中国越剧艺术团赴美演出。在表演上反对脸谱化,摒弃庸俗的插科打诨或脱离人物个性、一味追求噱头的低级趣味。代表作有《双狮宝图》(饰张友义)、《春草》(饰胡知府)、《碧玉簪》(饰王夫人)、《珍珠塔》(饰方朵花)等。1990年,上海电视台将她的艺术生涯摄录成电视艺术片《挑梁小丑》。

采访人:张老师,请您先介绍一下自己,为什么会去学戏的呢?
张小巧:我姓张,叫张小巧,我的原名叫张琴珠。张小巧这个名字还是我12岁学戏时,人家帮我起的。那时我在《碧玉簪》里演王夫人,他们说我小也蛮小,巧也蛮巧,演起来蛮活络的,小小巧巧的,所以我的名字就叫张小巧。我12岁的时候家境贫困,看到一些大姐姐们在演戏,觉得演戏蛮好,可以赚钱,对家里有所帮助,所以我跟妈妈说我想去学戏。那个时候不叫越剧,叫小歌班。起先我大哥包括我妈妈都不同意我去学戏,因为戏子总归被人家看不起的。但是由于家境问题,我爸爸在我五岁的时候就去世了,在这种环境之下,妈妈只好让我去学戏了。

采访人: 您还记得您的师父叫什么吗?

张小巧: 我的师父叫毛头师傅,乡下都是这样的名字。那时我年纪小,只有12岁,在科班里只学了一年半,日本人就打进来了,那时有人叫我去,我就跟他们去了。

采访人: 您当时进的是什么科班?演了一些什么戏?

张小巧: 学戏就是在马堂村的一个科班,我在这个科班里演的第一个角色就是《碧玉簪》里面的王夫人。那时我也不知道这个王夫人是什么行当,师父叫我演什么我就演什么,后来才知道这个叫小花脸。那时候师父教一句我唱一句,这样一来学了几个戏,一个是《碧玉簪》,一个是《双连笔》,还有《王华买父》,都是小丑的传统戏。我从小记忆比较深刻的就是演小丑的传统戏。我在《碧玉簪》里演王夫人,在《王华买父》中演王华,演的都是丑角,演戏的时候心里也觉得蛮开心的,没有说演的是丑角,心里就有什么想法。

采访人: 您是如何把握《王华买父》和《碧玉簪》这两个戏中的角色的?

张小巧:《王华买父》是讲有个叫王华的人,从小就没了父母,他老实厚道,家里比较穷,靠做做小事生活。有一天,他在街上把83岁的老父买回来,因为家里穷,那么他怎么养活这个老父亲呢?他就把自己的一对儿子卖给人家,来养这个老父亲。王华就是这样一个心地善良的好人,所以观众也是蛮喜欢的。

人家说婆媳之间总有矛盾,但是《碧玉簪》里面这个婆婆对媳妇非常好。她觉得家里的媳妇十里红妆嫁过来,对他们家又这么好,而且她儿子不像样,所以她对媳妇非常好,在旧社会这是非常好的道德品质。因为我演的这几个人物,道德品质都非常好,所以我在杭嘉湖一带演戏,人家都很喜欢我。那里的老太太、小孩子蛮喜欢看丑角行当,因为讨人喜欢得不得了。有个老太太80岁了,开了一家中药店,她说你人怎么这么矮小,我说我也不知道,然后她总是送衣服给我穿,还送红参给我吃,说吃了以后人会长高,我到现在都不会忘记她对我的好。我在苏州演出,她还带了一家老小到苏州来看我。

采访人:您还演过其他什么传统戏?

张小巧:还有一个是《红蛇传》,现在失传了,原来我在杭嘉湖一带演过。这个戏时间比较长了,我只记得它是大戏,叫路头戏,就是你喜欢怎么唱就怎么唱,只要意思唱得对。《王小二过年》我也演过,"王小二过年,一年不如一年",就是讲他穷,这个是小戏,没有成型。《梁山伯与祝英台》以前也演的,我做四九也蛮好玩的。那时候经常去杭州演出,因为在乡下演出,一方面苦,另一方面可能今天演,明天就散了,就不能演了。后来人家带我去杭嘉湖一带演出,演的全部是路头戏。我主要演哪些戏呢?一个是《双狮宝图》,另一个是《碧玉簪》,还有《秦香莲》里面我演范重华。

在《杨贵妃》中饰杨国忠

采访人：以前的丑角观众其实很多的，喜欢您的人也很多吧，您和观众的互动是不是非常好？

张小巧：真的很多，所以我感到蛮开心的。讲一个搞笑的事，我演《王华买父》的时候已经有点钱了，去买了一个金戒指戴着，我演的是王华，王华家里穷得要死，连儿子都卖掉的时候，观众都在台下喊：你去卖儿子干什么？手上戴着金戒指呢。所以我说演员离不开观众，观众就讲了你卖儿子干什么，你的手里不是有个戒指吗？那个时候我的脸都红起来了，真是闹笑话了，从此我在演戏穿戴上面就非常注意了。

采访人：观众有没有给您的表演提出过什么意见？

张小巧：以前的丑角行当都没有文化，有糟粕的一面。自己没有文化，就只能说一些让台下的观众哈哈笑的事情，有些有文化的观众就提出意见来了，这个我到现在都不会忘记。在《孟丽君》里面，底层的小人物，两个佣人吵架，一般的观众哈哈一笑就过去了，但是也有一部分观众说你们两个人一直吵下去烦死了。被人家这样讲了以后蛮难为情的，所以我想演戏不能脱离观众，观众的点评直接教育了我们，这点让我永远记住了。

采访人：您是什么时候到上海来的？

张小巧：有一个阿姨和我讲，假如在上海开班了就叫我去，从这个时候起我就想到上海去。有一次她真的写信给我叫我到上海，她说大概4月份正式成立，叫我过来。那我就跟老板提出来，他却不让我走，我再三说我要到上海去，一直哭，那个老板的堂兄说："这个小姑娘哭得要死，她又不肯做了，那你也不要强弄了，就让她去吧。"幸亏他帮忙，老板说再做三个月就让我去上海。本来是1947年3月要来，结果推迟到6月才到上海。

采访人：初到上海，您遇到过什么困难吗？

张小巧：到了上海以后，就在小的戏院演出，后来到同乐大戏院演出，这是我第一次接触剧本。我知道自己文化水平低，只读过三个月的书，到了上海以后，我就拼命学习，一个是看话剧，一个是看电影，还看上海的越剧，到处看戏学习。我看徐玉兰大姐、周宝奎大姐、贾灵凤大姐她们的戏。因为我文化水平低，导演叫我饰演一个恶婆婆，当时演员有筱桂芳等，是在同乐大戏院演出。我排戏怕难为情，不敢做出来，于是导演马上拒绝我，说我不能担任这个角色，叫我不要演了，他说不能排下去了。我想想就哭了，好不容易到上海，现在却立不住脚，又要回乡下去了。当时阿姨也叫我回乡下，她说你在上海没有认识的人，怎么在上海演出？我说，阿姨，谢谢你，我既然来了就让我再试试。我那时真的连住的地方都没有，后来是在阁楼里面睡的，过的就是这样非常艰苦的生活。我非常感谢筱桂芳，她很帮我讲话，她对导演说我是乡下人，刚刚到上海来，怕难为情，再给我个机会。导演就和老板讲了，老板说看过我的戏，让我再排一下，如果排得不好再撤回来。导演也没有办法，那个时候导演也要拿老板的钱的，这样就让我又排了一下。然后看了我的彩排后导演进来了，有一点尴尬的样子，又有一点笑眯眯，说看不出你嘛，这样就算通过了。就这样我留下来了。我想想我的文化水平实在太低，那个时候在同乐大戏院演出我有一个小房间，我就在里面写毛笔字、读书，我的文化就是这样学出来的。

采访人：您是什么时候进少壮剧团的？

张小巧：我是1950年的3月到少壮剧团的。大概是在春节的时候，少壮剧团来看我的戏，他们的编导人员都来了。他们看了我演的戏，就叫我进少壮剧团了。1950年的下半年一直到后来就没有换过地方。

采访人：您那时候演戏对于丑角这个行当有没有想法？

张小巧：那时少壮剧团大多在国泰大戏院演出，我是有很多戏可以演的，但是我总觉得许多丑角传统戏没有了，而且有些人好像对丑角这个行当有一些轻视。我那个时候小，刚刚形成自己的人生观,已经有点想法了,人家这样的眼光,我就觉得有一点不舒服。有一次中央调查团来调查,我还很天真地写了一封信,那个时候已经有一点文化了,就写了一封信来谈我们小丑的苦闷。有什么话要和党讲,我是讲心里话,我蛮苦闷的,好像有一些人看不起这个行当,也没有戏演。但是你说学一行爱一行,既然学了就要爱它,就要好好地演。我并不觉得这个行当苦,只有没戏了才叫苦,一个演员就要演戏,如果没有戏演怎么能称为演员?有些人演戏不真实,不锻炼怎么会演得好呢?那没有戏演怎么锻炼呢?我就觉得丑角主演的戏还是太少了。

采访人:您能不能讲讲1960年演出的《双狮宝图》?

张小巧:1960年排了《双狮宝图》,我在乡下的时候一直演这个戏,那时再重排《双狮宝图》,演出了一个多月。因为生意好得不得了,文化局就来看我们演什么戏,看见我们的演出一直是客满,生意非常好。这个戏后来又到好多地方演出,我到大众剧场、瑞金剧场都是演这个戏,还去慰问解放军,他们很喜欢看这个戏。

采访人:1960年演出《双狮宝图》的时候,是不是经过很多的整理和加工?演员主要有哪些人?

张小巧:整理得不多,有一个老戏师傅整理了一下,一开始没有剧本,就那么演出了。《双狮宝图》也是大戏,但是服装都是根据老的一套来,就是我在乡下演出时的那一套。那时候的小生是庞天华,花旦是李忠萍。

在《双狮宝图》中饰演张友义

采访人：1980年又对这个戏进行了改编？为什么？

张小巧：1960年的时候因为没有改革，也没有这个戏的剧本，所以这个戏粗糙得很。1980年，重归文艺舞台的时候要再演这个戏。那个时候我下决心了，我和作者商量重新改编。这个改编就大了，在各方面都有改变，包括服装方面的改变，我都有对照的，以前是什么样的服装，现在是什么样的服装，还包括道具方面、行头色彩方面，全部和编导人员商量改变了。

采访人：改编之后，这个戏的反响怎么样？

张小巧：演出之前我很担心，领导决定我演出这个戏，我想观众没有人要看怎么办？领导讲张小巧你放心，我们知道你那个时候演出都是客满的，所以要重演这个戏，我们用钢筋铁棍支撑你的腰，你上去好了。这样我才放心。在放票的时候，你知道我有多担心吗？我叫我的老爱人去看看，有没有人买票，我的老爱人说你不要急，你这样急，戏也上不去的。我说你去看看，他两点钟去看的，在大众剧场，他说已经有二十几个人在排队了，这样我就有了安慰。结果一个礼拜放票，《双狮宝图》票子放出来以后全部客满，我这一个礼拜就放心了，可以好好地演戏了。第二个礼拜又放票了，又全部客满，我想我也对得起领导了，这两个礼拜总算不是没有人来看。就这样，一个月全部客满，我就放心了。后来要到中国大戏院演出，也是客满，连加座票也全部卖光。因为这个戏毕竟是蛮好玩的，观众看了嘻嘻哈哈，而且观众大多是青年和小孩。特别是在中国大戏院的演出，以前观众是女孩子多，我那个戏里面的观众倒是男青年多，我看了以后蛮欣慰的。还有外国人来看我的戏，有一个外国人跑来要求我跟他拍一张合照。

采访人：外界是怎样评价您演的这个角色的？

张小巧：不管是内行还是外行，都写了好多文章来评价我演的丑角。1998年，我在美国待了七个月，我女儿在美国，她拿回来一张《世界日报》。我女儿说我的大名在《世界日报》上面,我想1989年我在美国演出过的,大概他们认识我。她就给我看,这篇文章就是讲越剧的,《世界日报》都为越剧可惜,它说什么呢? 讲越剧的剧目萎缩,如果这样发展下去观众会越来越少。这篇文章提到了我的《双狮宝图》,还有张桂凤、周宝奎等人以及她们演的戏,文章说以前这些人的戏演得都很好,但现在这样发展下去就让人担心了。

采访人:丑角这个行当有很多角色,能说说您是怎么演这些角色的吗?

张小巧:从我们越剧小歌班开始一直发展到后来,对于越剧丑角行当来说,从前讲起来是大百搭。因为不管男男女女,老老少少,从帝王将相到叫花子,到三姑六婆样样要演。丑角行当样样都演,但是这个里面也有区别,区别是什么呢? 有长衫丑、短衫丑、童丑,等等。比如像《双狮宝图》中的张友义是个标准的长衫丑,还有《沉香扇》中的蔡德庆,但是这些长衫丑又各有不同。《双狮宝图》中这个长衫丑很有正义感,又有很多幽默,但是丑角演员演出就要有一定的丑角特色,有丑角的表演方法,不是像小生那样的表演方法。

采访人:长衫丑和短衫丑的区别是什么? 是不是就是穿长衫的都是长衫丑?

张小巧:这个要看,穿长衫的多了。比如说像《双狮宝图》中的长衫丑张友义,他是一个正直又不失幽默和风趣的人,非常有正义感,忠奸分明。这样一个人物在几次的编辑修改以后,表演也好,动作也好,包括舞台上面的服装都和过去不同。我在1960年演这个戏,当时我是根据传统的表演方法,也是用传统的衣着来演出,服装都是传统的样子。在经过学习,听取一些意见以后,1982年我对这个戏进行了比较大的改动,比如化妆、动作。为什么我要改动作? 因为1962年我在上海戏剧学院学习,听了一些老师们的介绍,一个演员形和声都要合起来。所以我把面谱改变了,就是那个"白鼻子",不能那样硬邦邦的一块，我要把它融化掉，既像"白鼻子"又不像"白鼻子"。为什么要这样做呢？因为张友义是非常好的一个正面人物，如果一出场，外貌就给人一种旧的形象，就会影响他人物性格的表达，无形中给观众带来这是个坏人的感觉，所以我把这个形象淡化了。但是表演是不是可以全部改变？不可以。如果表演也全变了，那小生也可以演，因此要保留小丑的形象，表演不能全部改变。另外我也听了老师们的反映，他们在1960年看了我的演出，说了两句话"似丑非丑，似生非生"。那个时候在表演方法上还没有达到这个程度，是他们提醒了我，所以1982年我就根据他们的这两句话来摸索，淡化了这个"白鼻子"，然后在表演上又将一些比较老的东西改了。

采访人：以前的长衫丑在表演上面有什么特色？

张小巧：以前的传统里有一些比较低级趣味的东西，比如说探监牢的一场戏，台词不大好，另外表演都是程式化，内在感情极少。

采访人：我们不单单说《双狮宝图》，就长衫丑而言，表演方式有什么不同呢？

张小巧：《沉香扇》中的蔡德庆这个长衫丑就是完全另外一个人物，是一个喜欢玩、不愿意读书的人，人物性格就要根据剧本分析。这个表演方法和张友义就要区分开来，是两种风格。从《双狮宝图》来说，还是蛮全面的，唱、做、念、动作各方面都比较丰富。这个戏我总认为我和编剧两个人是动了一些脑筋的，我们从帽子到服装都改了，具体讲起来有很多。有些动作我向其他剧种学习，比如说川剧里面有一个动作——袖子一翻，我觉得这个动作真的好就向它学习。在这个戏里面我一举一动要有一个真实感，要用感情去表演。张友义虽然是丑角，但是他忠奸分明，你不能用丑角程式化的方法来表演，要联系剧本。那么像蔡德庆这个丑角，是放荡的，演起来也蛮轻松的，他和张友义完全是不同的，不管是性格，还是表演方法都完全是两样的，具体问题具体对待。所以我认为要看身份，要看人物的性格。

采访人：能再讲讲短衫丑的表演吗？

张小巧：短衫丑我演过《王华买父》，这个戏在乡下一直演的。这个戏里人物的立足点在哪里，要体会，要掌握清楚。还有《狸猫换太子》中的范仲华，他也是一个短衫丑。本来他是一个地保，心肠非常好，他看见李太后在桥头没有饭吃，就把她带回家，对她非常孝顺，好像前世李太后就是他的妈妈。过去我们老戏里面，范仲华看见这个李太后蛮漂亮的，会头痛，然后带回家孝顺，像自己妈妈一样对待，头也就不痛了，这是迷信成分，那么我们就把头痛这一段去掉了。李太后的眼睛是瞎的，领回家后，没有办法吃饭，每日三餐要喂她吃，所以范仲华是一个孝顺的人，要通过具体的表演动作来表现的。后来叫他去请包公，包公问他是做什么事情的，他也老实讲了，他讨饭给妈妈吃，但有时会去偷一点菜拿回去给妈妈吃。包公就要他吃三个月的官司，他说我家里有一个白发的老娘，头发白的，眼睛瞎的，全靠我三餐讨回去给她吃，假如我不讨饭回去给她吃，她要饿死了，所以可不可以晚上吃官司，白天去讨饭给我妈妈吃。包公一听范仲华也是一个孝子，就不让他吃官司了，还给了他十两银子。回去以后跟妈妈讲了，她说你哪里来的银子，他说是包青天给我的。妈妈说你是偷来的，范仲华说不是偷的，真是包大人给我的，人家都叫他包青天。李太后一听马上要他去把包公请来，

张小巧戏装照

她说她有天大的冤枉，还开出条件，来的时候不能骑马坐轿。范仲华听了吓死了，妈妈你这样不是要杀我的头吗？她说你不去就是不孝，那么他只好去请包公。请包公这里有一段唱，这段曲子跳跃性蛮强的，用的都是短促音，动作再配合起来，这种形式是比较适合短衫丑唱的。这也是我和作曲两个人一起商量，为范仲华这个人物而创作的一段唱腔。短衫丑的化妆也是脸上有一点白的，这是小花脸的一个标志，总归是要有一些白的。

采访人： 张老师您能再说说官带丑吗？

张小巧： 《盘夫索夫》中的赵文华是官带丑，不过这个戏我不太演的，因为我人比较矮小，这个戏不太适合我演。官带丑我演过《春草闯堂》中的知府，这个原本是莆仙戏，我们是根据莆仙戏的剧本移植改编的。那个时候张云霞老师和我讲我们两个人要不要演这个戏，我人矮小，怕不行，有一点担心。后来我去看了莆仙戏的《春草》，我对张云霞老师说喜欢就排吧。但是我看了莆仙戏的《春草闯堂》后还是有点担心的，为什么呢？因为莆仙戏的技巧很多。然后我又去看了京剧，他们的基本功很好，还看了一个昆剧，以及上海越剧院郑采君的《假婿乘龙》。我和张云霞老师两个人看了以后，都有各自的想法，我们就讨论怎么演比较好。我知道自己的缺点，我说我们的基本功不能和她们比，那么怎么办呢？就要做一些改变，我不照她们的。我演的是一个知府，在服装上面进行改变，她们穿的官服很长，感觉不符知府的身份，我就要求重新设计，把官服的长度改到靴子上面，这样走起来好走，表演起来也方便。至于一些技巧，我不能做就用别的办法来表演。比如说，他们走矮步、上轿，我当时年纪也大了，这些动作没有办法去做，那么只好看自己的本事了，我就用自己可以做的动作来做，稍微不同，但就这样根据自己的想法来做。这个知府的形象，我给他的造型完全是两样的，我用大肚子使这个知府看上去大腹便便，走不动路。大肚子的装扮就是衣服里面包了一块东西，看上去大腹便便，我想两个官在一起一定要有区别，不然的话就没有意思了。形象改变以后表演上也要相配，因为肚子大的人走路的时候肚子在前面，走路的样子是趴手趴脚的，我就用鸭子身走路。总之一句话，要有不同的想法和表演方法。胡知府在断案的时候，想想这个也不能判，那个也不能判，怕得罪这个，

在《春草》中饰胡知府

又怕得罪那个，这时看到圣旨做靠山，那就是一个转身，摆开架子耍威风，表演上面就要放开胆子。我还想表演上用什么办法有幽默感呢？就装肚子痛，因为他肚子大，表演效果很好。观众对此还特地写了一篇文章，这也鼓励了我，根据不同的角色、不同的剧情、不同的形象来分别表演官带丑、短衫丑、长衫丑。

采访人：越剧官带丑、短衫丑、长衫丑这些丑角您是不是都演了？

张小巧：丑行的分类有好多，很多角色我都碰到过。我认为一个演员就要演戏，没有戏给他演就不是演员。所以我演的角色实在太多了，而且我不觉得这个行当是被人家看不起的，我只知道演戏，没有戏给我演我就不舒服。

采访人：虽然您是学丑角的，但是演的很多角色都不是丑角。

张小巧：我不是单纯的丑角。我觉得剧团有几种做法是非常好的，其中一个就是给演员开辟戏路，扩大演戏的区域，不是说丑角就一定是丑角，这个角色一定是丑角来演，所以我样样都演过了。演员就要演戏，演得好样样都可以演，不一定要囿于一个角色。我们剧团就是谁都可以演，信任你就把这个角色给你演。但是从外界来说好像觉得你总归是丑角，有些人会轻视丑角演员，这也使有些青年演员难过，不肯演丑角这个行当。做小丑是样样都要会，样样都要演，所以演戏的路子

在《春草》中饰胡知府（左一）

就比较开阔。我现在已经心满意足了，有这么多的人关心我，想到我，我知足常乐。

采访人： 您觉得丑角这个行当应该怎么传承下去？

张小巧： 那个时候演《双狮宝图》，大家都喜欢学。1982年之后我收了很多的学生，都是看了这个戏后想要演这个行当的。后来戏冷了，又不想做这个行当了。所以我那个时候也有一点灰心，我想，做这个行当要不怕委屈，要有决心，没有决心怎么学？我演了一辈子的丑角，而且也觉得自己没有闯出一条更好的路子来。但是，总结一句话，小花脸这个行当是我的广阔天地，得天独厚。青年人也千万不要灰心，不要怕委屈，要有决心一定可以演好丑角的戏。

（采访：徐佳睿　整理：田　虹）

我要让观众喜欢我的唱

——张国华口述

张国华,1937年出生,江苏吴县人。中国戏剧家协会会员、中国戏曲表演学会理事、上海戏曲音乐协会理事。1954年考入华东戏曲研究院越剧演员训练班(上海市戏曲学校越剧班前身),习老生。由越剧前辈竹芳森、周剑鹤、项彩莲等老师启蒙,京剧及昆剧"传字辈"老师进行武功和身段训练,毕业后进入上海越剧院,为男女合演剧团的主要演员。

采访人: 张老师,您是什么时候开始学戏的?

张国华: 我学戏是从虚岁18岁开始的,那是1954年11月,在周恩来总理的关怀下,上海办了一个越剧演员训练班,招60个男女演员,回想起来当时国家是蛮困难的时候,百废待兴,新中国成立初期嘛。当时生源来自三个地方,首先是上海,要求60个演员中,40个男演员,20个女演员。当时上海报名的人非常多,好几千人,千里挑一,但只招到了20个男生,20个女生。再到绍兴招了四名后又到苏州来招。我是苏州人,看到报纸上招生,当时我是一张白纸,一点不懂的,报名二考后就录取了,苏州录取了16人,这才凑满60人。

那时集训地在华山路1448号,原来只有一栋房子,现在我几次去看,这个学校已经成为一片华山绿地了。当时的师资力量非常强,相当于一对一,一个老师一个学生,有文化老师、政治老师、业务老师,业务老师又分武功老师(教授把子功、毯子功)和身段老师(昆曲的"传字辈"老师),又有教唱越剧的专业老师,还有干部队伍配有政治、生活辅导员。我们很幸运,这些老师业务水平非常高,政治素质非常好。

采访人: 当时国家还是非常困难的,你们生活学习的条件怎么样?

张国华: 我们练功的地方就是一个大草棚,下面是泥巴地,当中铺两条木板,卡在泥巴里。吃饭也是在一个大草棚,草棚是食堂,又是练功房(包括身段课)。还有一幢两层楼的小平房,下面是文化教室,上面是寝室。这个时候有两个班(昆曲班60人、越剧班60人)一共120人,双人床很拥挤。

采访人: 教你们的有哪些老师?练功苦不苦?

张国华: 越剧老师有雪声剧团的项采莲、吕云甫、魏凤娟老师,著名男演员竹芳森和周剑鹤等前辈男班老师,还有昆曲"传字辈"老师。

华山路1448号上海市戏曲学校老校址

我们受到这些老师的影响很大，特别是"传字辈"老师，他们是国宝，从全国各地找回来传授昆曲的，可是教我们越剧班，像对待自己昆曲班的同学一样，全心全意教我们，从最基本的启蒙开始，严格要求。这些老师上课时候非常严格，生活当中非常随和，真像家长一样。特别是我们的领导班子（包括一些武功老师）都是南下干部，政治觉悟比较高。他们对我们的要求也比较严，但是生活中又是像对待自己的子女一样，对我们既严格又亲切，所以我们戏校的老师我是永远不会忘记的。正是这些老师培养了我们，把我们从一张白纸开始逐步引导，成为一个懂得戏曲的演员，老师们花了多少心血呀。

　　越剧班招生要求是12—15周岁，我是16周岁，超了1岁。练功可想而知，很难，因为年纪越小腰腿越软，比较容易出得来功，年纪大的人比较累。但是这些老师真的好，有一个教腰腿功的老师跟我讲："张国华，你只要肯练，老师一定帮你。"那个时候校方有要求，压腿下巴要碰到脚尖，下腰手要抓到脚跟，这个是真不容易。当时我的腰和腿很硬的，老师每天给我加班练。为了把腰练得软一点，我朝天睡在老师大腿上，老师一只手按腿一只手按肩膀，两头硬按。还有膝盖顶膝盖，硬拗下去。练腿功更是如此，痛不堪言，一边流泪一边照样练。尽管很苦，但是老师这样对你，自己还有什么理由不好好练？所以小时候尽管我年纪最大，但是我还是能够达到老师的要求。特别是翻跟头，小时候我很喜欢翻跟头的，小青年嘛，我是戏校第一个翻"长跟头"的人。在戏校吃了很多苦头，人家六点半起床，我五点半到六点之间就起床了。我们那个时候叫练私功，在水门汀上每天练，练到脚也肿了，走路一拐一拐的还要坚持。在老师的严格要求和亲切关怀下，加上自己的刻苦努力，毕业时我完全达到校方的要求。身训课是由昆曲"传字辈"老师严格训练。男生由沈传芷、女生由朱传茗等老师亲授，从台步、圆场开始，到扇子功、水袖功等基本动作。昆曲的身段既美又规范，所以当时老师要求每一个动作一定要达到他们的要求。

采访人：这些老师是特别招进来教你们这些学生的吗？

张国华：如果不招我们这些学生，他们是不做老师的，如魏凤娟老师来教我们时不到三十岁，还在舞台上与袁雪芬老师搭档演出。作为演员是多么想在舞台上多创造一些人物，这是自己的切身事业，一下子让他们离开舞台到戏校教学生，进入一个新的领域，当时的思想斗争是很厉害的。我听两个老师讲，当时他们都不太愿意。后来袁雪芬院长找他们谈话，和他们讲道理，讲培养接班人的重要性，然后一些老师就放弃了自己熟悉的演出舞台，转到上海戏曲学校的传艺讲台，做业务老师，教我们唱腔、表演。

采访人：能谈谈男女合演吗？

张国华：越剧男女合演是新中国成立以后的新生事物。越剧刚诞生的时候全部是男演员，没有女演员的。直到1923年，有一个戏馆老板曾经也是男演员，他受到京剧"髦儿戏"的影响（京剧原来也全部是男演员，后来培养了一批小女孩，俗称"髦儿戏"）得到启发，回到浙江也去招了一班女孩子教她们唱戏，施银花这一批就是第一个女子科班。但是那个时候男班还是非常有名，非常有观众的。到后来30年代女班逐步兴起，男班由于年龄的关系又没有继续培养接班人，所以女班逐渐代替了男班，这是解放以前。解放战争的时候我听说浙江四明山区革命根据地有一个部队搞了一个男女合演的越剧队，因为在浙江喜欢看越剧的人多，所以演一些反映现实生活的现代戏给老百姓看，但是时间不长。

直到1946年，周恩来在上海看袁雪芬主演的《凄凉辽宫月》，散戏后看到观众非常热烈涌向前台看演员，自己也被感染，想不到地方戏曲有这么多这么热情的观众。后来他就指示上海地下党，要关心这个剧种。此后，一些搞电影话剧的同志（包括部分地下党员）参加到各个越剧团担任编导。1949年全国解放以后，周总理向袁雪芬提出男女合演这个问题。因为越剧原来是全女班，题材比较单一，主要是才子佳人，新中国成立后总是要反映一些现实生活的东西，有些题材女子越剧就比较困难。他从时代的发展，从越剧剧种的发展考虑，向袁雪芬院长提出来要搞男女合演。到1952年全国会演，他又向袁雪芬、范瑞娟、傅全香等老师提出这个问题。1953年在上海，周总理看到男班老艺人竹芳森与吕瑞英演出的《箍桶记》，觉得竹老师唱得非常好，再次提出要搞男女合演。在总理的一再关怀下，当时上海就办了一个越剧演员训练班。这个演员训练班隶属于华东戏曲研究院，就是上海戏曲学校的前身，有昆曲演员训练班和越剧演员训练班两个班。昆曲演员训练班比我们早半年，他们是1954年的春天成立的，蔡正仁等这批人都是我们的老同学。1954年11月开办了越剧演员训练班。

采访人：越剧演员训练班的学员后来发展怎么样？

张国华：60个学员到毕业的时候不到60个，中间淘汰了一些。我们戏曲学校不是什么人只要进来将来就一定能做演员的，如果嗓子变声变坏了就要被淘汰。1958年毕业后绝大部分同学就被分配到上海越剧院（除了个别几个输送到嘉兴越剧团、浙江越剧团）。实习一年，到1959年6月1日上海越剧院实验剧团成立了。为什么放"实验"两个字呢？男女合演要解决一个声腔问题——男女对唱和男演员的唱腔问题。我们是50年代招的一批男演员，到60年代又培养了一批，这是我们越剧院自己办的训练班，叫上海越剧院学馆，在原来大新公司顶楼，后来迁到石门路去了。"文革"前招了五个班，三个是女子越剧班，小生、老生都是女的，另外两个是男女合演班。在"文革"后期又招了一个男女合演班。因为男演员有变声的问题，所以这批学员大部分是中学毕业生，嗓子基本上都变好了的。男女合演招了以上几批，等到"文革"结束以后，第一批基本上都退休了。现在活跃在舞台上的是"文革"后期学馆招收的一批男演员，如赵志刚、许杰、张承好等这些中流砥柱。不管怎么样，经过我们半个世纪几代人的努力，男女合演从观众不要看、喝倒彩到现在非常喜欢看，并且有鲜花、掌声，还形成了一个基本的观众群,这条道路走了五十多年,是漫长的道路,也是比较艰巨的道路。其中第一代实验剧团的男女演员是作出了开创性的贡献的。

采访人: 您作为第一代男演员,遇到过什么样的困难?

张国华: 作为第一代男演员,甜酸苦辣我都尝过的,特别是初创艰难的时期。此前在20世纪50年代初,越剧院从嵊县农村招了几位男青年,速成培养,还与王文娟老师搭档排演了现代剧《技术员来了》等,由于观众不承认而很快"下台"。我们当时演出也碰到这个问题。我记得快毕业的实习演出中,一个小生唱《盘夫》,一上台一开口观众就笑,有个别观众还起哄,大家都议论,怎么是男的？这对我们这些男演员打击很大。因为观众长期看女演员已养成习惯,男演员在越剧舞台上站住脚是多么困难!

在实验剧团的时候演出的剧目比较丰富,因为我们搞男女合演主要的目的是扩大题材,有些女子越剧不适合的戏,让男女合演来补充,比如说历史剧,还有一些武戏、现代戏。有些女子越剧过去也演过,但是女的演男的总是有一定的局限性。当时我们实验剧团戏路比较开阔,我是学老生的。照理来说越剧界老生属于主要配角,小生、花旦是主角,但我借了男女合演的"光",因为我们团演的历史戏大都是带胡子的英雄人物、帝王将相,都由老生演,包括此后的现代戏《夺印》《杨立贝》都是我主演的,所以我也比较幸运。张桂凤老师是越剧界公认的泰斗级老生演员,几次在我面前说:"我张桂凤演了一辈子老生戏,总共加起来也没你演的老生戏多,硬碰硬五台大戏都是由你主演的老生戏……"

采访人: 您毕业以后演了一些什么戏? 那时候演出是不是很辛苦?

张国华: 我毕业以后到了越剧院,成立学馆,实习一年,领导决定把我们放到浙江"为家乡人民汇报演出",去感受越剧发源地的越剧文化。所以1958年我去了绍兴、嵊州、新昌,最后到杭州、宁波,去了三个月,"上山下乡"演出。1958年正值"大跃进",边劳动、边演出、边创作、边排练。当时是带了几台戏去演出的,像大型剧目《八虎闯幽州》《追鱼》《穆桂英大破洪州》。中途一个团又分了两个队——"乘风队"和"破浪队",到下面演出,最后回到上海都变"农民"了,身上被晒得很黑,穿着草帽、草鞋、短裤、汗衫,扛着扁担。为山区农民演出,我们很艰苦,去从来没有剧团到过的地方,四明山区,深山冷岙,我们进去时背着行头、生活用品、伙房用具、自己的铺盖。我那个时候年纪稍微大一点,身体好,重担总是我们几个人挑。还经常要翻山越岭,山高到什么程度?早上起来脚下都是云雾,在云海里。老百姓看到我们剧团的到来开心极了,说:"解放以后从没有剧团到山区里面演出,从来没有看到过越剧。"那个时候又没有什么招待所,也没有正规剧场,只能在庙台演出,草场上搭起来的台,真的叫草台班,舞台很小很小。我印象最深的一次在绍兴第一个点演《追鱼》,前面我演假包公,后面换演水族,结果台太小,我居然翻到了台下,闹了个大笑话,下面乐队的人又把我托到台上,舞台真的很小。这种条件下我们照样演出,而且那个时候农村没有电灯,用的是汽油灯,两个灯打足气后挂在上面照明。今天晚上演好,把台拆掉,铺盖打好以后,马上去第二个点演出。有一次在嵊县演出后晚上连夜赶路,第二天到新昌已是天亮了,大家一夜未睡,也不觉得苦。

采访人: 主要是你们实验剧团下乡演出吗?

张国华: 主要是实验剧团。那个时候下乡演出有指标的,越剧院的下乡演出指标基本上都是由我们实验剧团完成。一团、二团不太下乡的,他们去的一般都是大城市,沈阳、哈尔滨、杭州、宁波、南京这些地方;我们年纪轻,也应该到基层去锻炼,"上山下乡"的任务就交给我们。当时上海郊县奉贤、南汇、崇明、川沙等十个县的每个重要镇村都基本上跑遍了。这对我们大有好处:第一,培养我们艰苦朴素的精神;第二,演出不计条件深入基层,不管怎么困难我们都可以演。当时我们还在浙江三个月的演出期间编排了一些当地先进人物的戏,也是培养创作能力。

采访人: 这些戏贴近生活,群众看到肯定很喜欢吧?

张国华: 写他们的戏当然喜欢了。有一个嵊县董大妈,她是养猪模范,当时我们知道这个消息以后就去排演。我们下生活,住在她家里,早上和她孙子孙女一起背着箩筐上山割草、喂猪。时间很紧,从剧本写出来到采访排练演出只用了七天时间。我演董大妈的丈夫董大伯,董大伯思想比较保守,董大妈思想比较开通。当时我还做值星(值日班长),几点起床、几点吃早饭、几点练功、下午几点起来排戏、晚上几点吃饭演出、几点熄灯,都要吹哨子的。当时我是这样一个角色,一点时间都不能拖,一拖团里面就乱了。又要排戏,又要担任这个工作,虽然我那个时候是小青年,20岁左右,年轻力强,但到后来也吃不消弄得失眠,我现在失眠的毛病,就是从那个时候开始的。睡不好记性就差,居然在演出中突然忘记台词,那个时候确实比较艰苦。一些去过四明山的老同学回忆,那时还是很美好的,尽管艰苦,可得到了锻炼,日后碰到更艰苦、更困难、条件更差的地方我们都能演,受益匪浅。

采访人: 你们是什么时候正式建团的?排了哪些戏呢?

张国华: 1959年6月1日正式建团,排了很多戏,以历史戏、现代戏为主,传统戏我们也排的,比如《西厢记》《红楼梦》《打金枝》《盘夫索夫》这种传统老戏和经典剧目,但主要还是排历史剧,如《金山战鼓》《碧血扬州》,还有现代剧,如《夺印》《亮眼哥》《杨立贝》《霓虹灯下的哨兵》等。实验剧团成立后不久,由于大家齐心协力,一心扑在事业上,人人立志搞行当建设,并提出人人能演主角,人人能演跑龙套,故而每个人都钻研业务,寻师访友形成团风,加之演员年轻亮丽,朝气蓬勃,舞台上整体性强,所以逐渐得到观众认可、赞许,并形成了一大批喜看男女合演越剧的观众群(知识分子、大中学生居多)。实验剧团被称为上海三大青年剧团之一(另外两个是上海青年话剧团和青年京昆剧团),主要演员有刘觉、史济华和我,但我们只能算是代表之一而已。能挑重担的男女主演还有一大批呢!后来还形成了一批喜欢看男女合演戏的观众,现在说起来都是粉丝,经常收到他们的来信。这些观众都是有文化的,我就收到过很多在校大学生的来信,印象比较深的是一个法语系的学生写给我的信,说看了我主演的《夺印》很感动,给我写信的有几位还是女同学,当时收到信后我们立刻交给领导。

采访人: 那个时候你们会考虑个人婚姻问题吗?

张国华: 这个时候我们不能随便谈恋爱的,我们老院长袁雪芬提倡希望男女演员先立业后成家,30岁以前多考虑事业,一心扑在事业上,不要过早谈恋爱。戏校的时候也是这样的,不准谈恋爱,谁谈恋爱就开除谁,当然现在来看做得稍微有点偏激,但是也有好处,一个青年演员,特别是女演员过早谈恋爱、生小孩,可能就做不成演员了。所以像我们这批人很听话的,都是30岁以后结婚的,包括我们这批女演员。晚结婚有晚结婚的好处,心全扑在事业上,一心不二用,现在我发现我们一些青年演员结婚就太早了些,当然也不能限制人家,青春年华,现在有好几个青年演员,娃娃都有了。认认真真演出,每场戏都要全神贯注,台上来不得半点虚假的东西,演技是另外一回事,认真的态度是很重要的问题,对观众要尊重这点我觉得也是中国戏曲很好的传统,青年人今后应该要继承的。特别是以袁雪芬老院长为首的这些老艺术家,到后台演出和在排练场排戏的时候都全神贯注投入到创作中,非常认真。

采访人: 您和老院长袁雪芬一起演出的第一个戏就是《秋瑾》?

张国华: 对,1959年,我和实验剧团老院长袁雪芬一起演出的第一个戏《秋瑾》,老院长演秋瑾,我演山阴知县李宗岳,第一次和老前辈一起合作。这个时候还有丁赛君老师、魏凤娟老师。导演是戏剧学院的老教授,我们老院长单单一个秋瑾的第一个出场就设计了七个方案给导演挑选。这个时候我觉得很奇怪,心想要准备七个出场干嘛?我当时觉得出场就出场了,想得很简单。后来才懂得,人物第一个出场给观众的第一印象是最重要的,这件事让我一生受益。后面我还跟王文娟老师一起演了《忠魂曲》《孟丽君》,跟傅全香老师一起演《江姐》,与金采风、吕瑞英大姐的合作时间更长了,她们到后台演出非常安静,一边化妆一边思考人物、考虑戏。演出的时候后台一点嘈杂的声音也没有,必要的讲话也是轻声细语,大家都密切关注舞台上的一举一动。所以她们可以成为艺术家,不是随随便便得到这个称号的,要全身心扑在上面的。

采访人:实验剧团那时候在哪里演戏的?

张国华:开始我们实验剧团演出的时候观众也不是很多,所以我们大的剧场进不去,大世界、大新公司剧场、丽都大戏院是我们实验剧团的基本场子,后来又到长江剧场、大众剧场,最后也能进入大舞台演出。

采访人:为什么那时候观众不太喜欢听男演员唱?

张国华:冷静下来想想,有两个问题。第一,观众审美习惯是女子越剧。跑出来一个男角也是要求女的,开口就是女人声音,这是观众习惯思维,几十年看下来了,已经养成一种定式了,所以对男演员有排斥的感觉。第二,主要原因是男演员的唱没有过关,男演员的唱腔不好听,说得通俗一点,不强调润腔,比较实比较硬,所以观众听上去不是最好听。再加上男女对唱,过去女子越剧男角女角一个调门,我们现在男女合演有一个声腔问题,也是一个必须解决的大问题。开始也是在摸索阶段,为什么叫实验越剧团?就是在实验,用各种各样的方法在摸索。开始的时候肯定是不怎么样的,没有经验,唱得也不好听,所以观众不要听,不愿看男女合演,这是完全正常的现象,这也逼着我们男演员在演唱韵味和演唱技巧上要加倍努力,迅速提高,才能改变观众的欣赏习惯。

采访人：后来男女合演逐渐被观众接受和喜欢，你们是怎么改进的？

张国华：演出的剧目是打一仗进一步，怎么进一步呢？总结。每个戏下来都要总结，为什么这个戏观众喜欢看？这段唱观众喜欢听？什么原因这段唱腔观众不要听？这两句对唱观众倒没有什么反感，那两句对唱观众反应这么大？每个戏演下来广泛听取意见，我们都要研究、分析、总结，并且每个月开一场团内演唱会。因为我们在戏校学的东西还比较少，到了越剧院以后一些老师都在边上，可以学老师一些好的代表性唱段。一月一个目标，比如说我们男演员要学徐玉兰老师的《哭祖庙》一段，女演员要唱傅全香老师《梁祝》这段唱腔，一个月后，每人都要学会唱好，在演唱会上每人都要上台演唱，然后大家议论提意见。什么目的呢？就是让大家尽快提高演唱水平。学习老师怎么用唱腔来塑造人物，运腔怎么进行，特别是重点句子重点字眼的唱腔怎么组织，为什么要这样组织。每个月搞一次演唱会，提高蛮快的。

采访人：您也是这个演唱会的组织者之一？

张国华：是的，当时我为什么会成为组织者之一呢？我们越剧院有一个唱片资料室，资料室里面有近千张唱片，数百个剧种的著名演员的代表性唱腔，真是一个宝库。我在唱片室里面待了三年多。那个时代录像带也没有的，只有唱片，唱片有粗纹唱片和密纹唱片，60年代粗纹多密纹少。50年代还有钢丝录音，机器很重，声音都是不太好的，全是些从越剧老艺人嘴里抢救记录下来的老戏、老腔、老调。我在唱片室里面每月选两段给大家听，当时好像坚持了几年，效果很好。

采访人：当时搞男女合演您有没有动摇过？

张国华：1962年的时候，我们团里面的男演员有不少打了退团转业报告，不想唱戏了，因为观众不是很欢迎，看不到前途。有的想唱昆曲，有的想唱京戏。当时我倒是没有动摇，为什么没有动摇呢？我相信两点：第一，我相信搞男女合演是时代的需要，是越剧改革的需要；第二，我在唱片室里听了那么多唱片，千余张唱片近百个剧种，都是各剧种艺术家的精华唱腔，启发很大。越剧四大老生的唱腔里面全有，如张桂凤老师的《二堂放子》，吴小楼老师的《父子争先》，商芳臣老师的《文天祥》，徐天红老师的《明月重圆夜》等。当时我想我们男演员要改变观众的习惯必须要唱好，首先要唱出越剧韵味，唱腔要过关，这点很重要。吟哦调、正调、四工调、尺调，各个时期的名演员的唱腔全部有的，这个对我的影响是极大的。我看到了希望，特别是看到沪剧的王盘声、黄梅戏的王少舫、锡剧的王彬彬、评剧的马泰等老师，觉得他们是我的榜样。我认真听他们的唱片，学他们的唱，如王盘声的《志超读信》、王少舫的《天仙配》、王彬彬的《珍珠塔》、马泰的《金沙江畔》，我向他们学习，坚定了我唱越剧的信心。我思忖为什么同样是男演员，沪剧王盘声唱得这么好，并拥有那么多观众，为什么我就不能唱好？这让我坚定了信念，我说不但要让观众从不习惯到习惯，还要让观众喜欢我的唱，当时暗自下了决心。

我在唱片室里待了三年，我所有的业余时间都投入在里面，这个时候不谈恋爱，只要有空，特别是星期六、星期天，就待在唱片室，这是我听、学的大好时间。所有一千多张唱片我全部听过，别的地方剧种，比如湖南花鼓戏我也听过，豫剧、秦腔也听过，京剧听得比较多，特别是周信芳院长的戏，重点当然是本剧种。老腔老调需要打基础，这里面很多唱片我都听过。男班正调没有几张唱片，我也反复听，四工调，施银花等"三花一娟"的唱片我听得最多，因为她们味道特别浓。就是因为听了这些唱片，所以我老调的基础打得是比较深的，老腔老调、男腔男调、女腔女调、尺调时期等流派腔更不用说，百听不厌，并刻苦学唱腔、唱法，特别是丰富多彩、美不胜收的小腔，更是我学习的重点。

采访人：您是从唱片里抓住以前老前辈们唱的特点的吗？

张国华：是的，琢磨我们男演员应该怎样唱。为什么过去观众不

吴小楼老师给张国华说戏

要听？因为唱不讲究，特别是到尾声部分很草率，一段唱腔最后一句其实最要紧了，张桂凤老师的"绍腔越唱"是张派特色腔之一，也是我学习的重点。张老师年轻时曾拜绍剧名家为师，打下了扎实的绍剧演唱技巧的基本功，她不但移植了《二堂放子》（绍剧为《二堂训子》），还把绍剧不少优美而阳刚的旋律融化在她的唱腔中，并做到水乳交融，毫无痕迹，加之越剧的唱法，更显得刚柔并济。我是非常尊敬和崇拜张老师的表演和唱腔的。她那张《二堂放子》唱片，我在唱片室听了不知多少遍。为了听一个小腔，翻来覆去，甚至把唱片都听坏了！第二天只得去买了一张补上。所以说，张老师对我的影响是深远的，她的特征小腔已融化在我的不少唱腔之中。

我不仅仅学老师们的唱腔，还学他们的唱法。其中有一段小变调，是吴小楼老师经常用的特别腔，在唱腔里面自动转调，D调或者转C调或反之，根据情绪的需要自己在唱腔里面转，不用乐队转。我很多戏都用，并且对我们解决男女对唱问题也是一种很好的方法。我前面唱尺调腔，根据情绪需要，当然也看戏和人物，转到弦下腔，然后女声接上来，绝对自然。所以这个小变调我印象非常深，对我今后的唱腔有很大的影响。在很多戏里面我都用，比如《汉文皇后》，国舅犯法杀还是不杀，情绪斗争很激烈，我用的是小变调；还有庆祝香港回归，1997年我和钱惠丽一起演的《家祭》，林则徐的后代到林则徐塑像前去告慰先祖，香港回归中国了，然后林则徐的塑像"活"起来了，"唱"起来了，有两大段唱腔中亦用上了小变调。

商芳臣老师学过京剧，现代戏也唱过，所以在她的唱腔里用了很多京剧的元素。范瑞娟老师也关心我的唱，她说我的唱味道很好，但是舞台上不要和人家拼高音，要扬长避短，台下要取长补短，可多听听京剧老生的唱法。所以我听了很多京剧的唱片，这些唱片对我日后形成自己的特色腔非常要紧。但吸收人家东西要为自己的角色服务，吸收的东西不能照搬，要消化、融化。所以有人对我说我的唱腔里有10个越剧流派的唱腔，有10个兄弟剧种的唱腔，开始我不以为然，认为是说笑，后经分析确实如此，但是听不出明显痕迹。戚雅仙老师曾经也认真地对我说："张国华，我第一个承认的男演员就是你！"在唱方面我确确实实花了毕生的精力，因为我知道男演员的唱太重要了，一个戏曲演员，尤其是我们越剧男演员，能够在舞台上站得住，唱太关键！唱腔好了，观众喜欢听了，加之在塑造人物、刻画人物方面同样下了功夫，观众就喜欢你了。

我在想，要唱好越剧，你必须要打好扎实的越剧基础，然后要学习借鉴，丰富自己。组织唱腔的时候，只能借鉴某些唱腔的因子，绝对不能照搬。所以我对自己提出几个要求：第一，组织唱腔的时候，万变不离其宗。随便唱什么曲调，总是要像越剧，越剧本体的东西不能丢掉。第二，每个戏要有新腔，这是我对自己提的要求，每段新腔要能够达到灌唱片的水平，这也是我对自己的高要求。尽管非常难，但是我要朝这

在《二堂放子》中饰刘彦昌

个方向努力,这是前辈们为我树立的榜样。水腔少一点,要能塑造出人物的音乐形象,唱腔是重要手段,最主要的手段。唱腔不仅仅是唱,还有内心情感的流露、刻画。戏曲演员首先就靠唱,"唱、做、念、打"把唱排第一位有它的道理,所以我确确实实在几十年实践中非常重视唱。组织唱腔我不太喜欢一锤定音,必须多研究、推敲、听各方面意见,反复琢磨修改。现在剧本发下来作曲做唱腔,做好唱腔演员唱,这是西洋歌剧的创作方法,我认为有违中国戏曲传统,越剧演员自己组织唱腔才会出现百花齐放的众多越剧流派腔。

采访人: 您觉得设计好唱腔让演员唱这种方法好吗?

张国华: 我不赞成这种方法,我赞成演员自己搞唱腔,我一直和赵志刚说,第一稿一定要你自己弄。为什么要这样?演员对自己这个人物相对最了解,因为演员是深入角色的,作曲是整个音乐、配器、主旋律都要考虑,还要考虑到每一个人物,其他人哪有那么多精力,哪有那么多时间深入到人物的内心深处去?演员自己最了解,长处在哪里,短处在哪里,最好的音区在哪一块,最能发挥自己音色的地方在哪里,包括演员的气质。当然可以请教作曲调整修改,为什么一定要作曲搞唱腔呢?所以我的方法是第一稿必须自己弄,然后再听作曲的意见,不单听作曲的意见,还要听导演、同台演出的演员、乐队等各方面意见。作曲金良一直跟我提意见:"张国华你的唱腔可以定下来了吗?不然我配器要来不及了。"我说我通过排练不断在体会、深入,唱腔不断在修改。哪有什么一锤定音的东西?戏曲唱腔不是歌剧。当然,目前演员在这方面亦要刻苦努力,平时要多积累,不然,如何能自己设计音乐形象?

采访人: 您觉得应该怎样学习和吸收兄弟剧种的精髓?

张国华: 如果自己本体有些东西不能体现,就必须要学习借鉴兄弟剧种的东西,特殊情节的需要,也要用一些兄弟剧种的东西。塑造人物是必要的,不是为了变化而变化。所以为什么有位乐队同志说,张国华你的唱腔听上去是这个人物;有些观众讲,张国华你的唱腔特色比较明显。我所谓的特色不是照搬流派唱腔,而是根据自己的嗓音条件,根据自己对人物的理解,在越剧传统的基础上吸收兄弟剧种的东西,吸收越剧本行和各行当的东西为我服务所形成的,就是鲁迅说的"拿来主义",所以在这些方面我是深有体会的。这就是为什么有些作曲,他们都对我的唱腔有评价,20世纪90年代初称我为"男张派"。所以说,借鉴的目的是为了塑造人物之需,必须要融化在越剧本体的唱腔里,才显得自然妥当。

《疯人院之恋》剧照

采访人：您的唱腔是很有特色的，能举一些例子吗？

张国华：比如说《状元打更》中我演一个老丞相，为了救国救民上山去讨救兵，由于时间紧迫，星夜赶路时有一段唱，唱中有念，念中有唱。我在念白中用了较多麒派的节奏、力度，采用苍劲的形体表演，唱亦吸收、融化了麒派的某些旋律。到香港去演出时，有一个京剧名票友，听出了"麒味"，戏称我为"越剧麒派老生"。情感需要用进越剧旋律之中才显得妥当、自然，才能给人留下深刻印象。"文化大革命"以后，我有一年半时间到上海图书馆音像录音资料室里面听唱片，获益颇丰。所以说，没有积累就没有创造，有些优美的旋律是很自然地跳出来的，组织是组织不出来的。我举个例子，把沪剧和越剧袁派唱腔组织在一句唱腔里绝对妥帖、自然，这种相互渗透也是很正常的事情。"何来当街骂圣聪"这一句，前面半句基本上是沪剧，后面有点袁派的味道了，也不全是袁派，"何来当街"的"街"咬字上稍微调整一下，前面三个字都是沪剧旋律。我稍微加点顿音，用袁派的唱腔接上去正好，有意想不到的效果。

过去四工腔，不管生旦净丑全都唱，当今四工腔基本上只有小花旦和《盘夫》这一类传统骨子戏里唱，其他行当基本不唱。我觉得四工腔蛮好，简约、柔美，非常好听。老生能否也唱呢？我就一直在想，结果有一次机会来了，《傲蕾·一兰》一剧中我演傲蕾·一兰的爹，是游牧民族，性格比较豪爽、热情。在迎接远方客人时，有四句唱腔，我就大胆试用四工腔，旋律基本是原腔，但我在唱法上做了些调整变化，在尾音稍微改动了一下，加了一些顿音、休止等装饰音，味道顿然变了，而且充分反映了主人公的热情好客，并展示了对自己祖国大好河山的自豪和热爱，开朗好客的性格也得到了充分展示。

采访人：您还借鉴过评弹、莲花落等曲艺唱腔？

张国华：我特别喜欢丽调，但低音其实相当难唱，气息要控制好。评弹大师徐丽仙嗓音条件不好，有时候会出现一点破音，但是唱丽调倒必须要有这种味道。我记得她独创的特低腔很好听，尽管腔很低很低，但听上去味道很浓很浓。我非常钦佩她的创腔能力和演唱风格，我在戏里面亦有所借鉴。比如说《三夫人》中我演的韩世忠听到岳飞被害后，痛心疾首，唱到"只落得风波亭前魂销魄散"时，"散"字根据情绪需要我设计借用了低腔来表达，体现韩世忠沉痛和悲愤之心情。这个时候情绪我觉得是蛮好的，偶尔用之，并且用得较恰当。吸收融化绍兴莲花落的唱腔那就更加自然了，它是绍兴评弹，等于是说唱形式的，但是和越剧的咬字基本上一样的，我在生活小戏里面很多唱腔都用上了。还有湖南花鼓戏，年轻时我曾学唱过《刘海砍樵》，三四十年以后在《忠魂曲》中毛委员的唱腔中用上了。有一场《板仓别》毛泽东和杨开慧聚少离多，刚刚回来待了一个晚上，第二天天一亮就要分离上井冈山去了。我在毛泽东的唱腔里融入了一些湖南花鼓戏，人物的乡土味道就出来了，效果不错。

采访人： 对越剧男腔起调您是不是也进行了探索？

张国华： 对的，起调是越剧的特色腔之一，它深受广大观众喜爱。

在《三夫人》中饰韩世忠

在《忠魂曲》中饰演毛泽东

我想男腔当中也应该有，所以有几个戏的起调都是我加上去的，原来剧本里没有。第一次用是和王文娟老师一起演播的广播剧《艺术魂》。我和傅全香老师在电视剧《人比黄花瘦》中有一段夫妻对唱，也加了起调，得到了傅老师的肯定。《忠魂曲》中毛委员与杨开慧惜别时亦加了起调。但是毛泽东是革命领袖，这种起调能唱吗？我试试看，唱不能过于柔美，不能太软，故尾部做了些改动。好的东西一定要积累，四工腔也好，起调也好，帽子腔也好，都是我们越剧传统的东西，不能丢掉，男腔里面也要体现。所以在实践当中首先不是照搬兄弟剧种的东西，而应根据人物的需要，首先考虑我们越剧家底里面的东西，若有什么不足再从兄弟剧种当中借鉴。

采访人：这些唱腔都是靠平时慢慢积累的吧？

张国华：是的，作为一个戏曲演员要多积累唱腔。只有平时听多了，慢慢积累了，在创腔时才会自然地流淌出来，这些腔有意识是弄不出来的。我在《天鹅宴》里面吸收的某些歌剧旋律也是非常自然的，观众听不出来。在描写鲁迅青年时候到日本去留学的折子戏《仙台行》中，我演藤野先生，为了塑造一位日本老师形象，我就加了日本小调抒发喜悦的心情。我这是受了张桂凤老师《祥林嫂》一剧中的卫老赖用绍兴高调来反映情绪的启发。日本小调我又不会，我就请教别人教了我一首很简单的日本曲子，边哼边唱，味道就出来了，找到了日本人那

在《仙台行》中饰演藤野先生

种感觉。所以各种各样我都学的,只要用得到,只要自己能够想得到的,我需要的能用都用进去。但是一次不要太多,偶尔少量地用,这个戏用点,那个戏用点。我戏排得比较多,塑造的人物也多种多样,因此,在音乐素材的选择运用上比较慎重,不能给人有杂的感觉。

采访人:您知道别人对您的唱腔特色是怎样评价的吗?

张国华:浙江戏曲作曲家陈国良先生给我写了八个字,"自然、深沉、新意、柔美"。所谓"自然",包括演唱发声、音曲、音色的运用,不矫揉造作,符合男声生理发声特点。"深沉"从人物感情体现有深度,演唱情绪、韵味到位,唱腔结构布局严谨,抒情性强,悦耳动听。作曲家刘如曾先生曾对我说:"你唱的是张派,是你张国华的张派。"著名越剧唱腔设计陈钧亦主动对我的唱腔进行分析解剖,并称为"男张派"。

采访人:您知道现在对男女合演有些什么看法吗?

张国华:绝大部分观众不但接受肯定了男女合演,还看好其发展。特别是改革开放以后,由吕瑞英、金采风和张桂凤老师及史济华、刘觉和我这些演员领排,演了近十台有质量的剧目,像《祥林嫂》(恢复剧目)、《凄凉辽宫月》、《汉文皇后》、《忠魂曲》、《三月春潮》、《鲁迅在广州》等传统戏、历史剧、现代戏都有。那时的男女合演是成熟期,我们这一代男演员正当四十岁左右,亦懂得创造人物和设计唱腔了,加上吕瑞英、金采风等老师的参与,那时的男女合演应该说很受专家和观众的肯定和欢迎。特别是在戏曲舞台上出现毛泽东、周恩来、鲁迅等形象是很不容易的,尤其《忠魂曲》是毛主席的形象第一次在戏曲舞台上出现。记得那时沪剧老艺术家邵滨孙老师看了之后第二天碰到我,激动地握住我的手说:"国华,你把主席形象树立在上海戏曲舞台上,真不容易呀!"1985年后我和史济华调去以赵志刚为首的青年剧团,更是明确为了培养男女合演接班人。当然也有些人还说男女合演不好,那是每个人的习惯问题,不能强求。对于男女对唱问题,著名越剧作曲家顾振遐充分肯定,"解决了,没有问题"。实际上我们男女对唱从很早开始观众就承认了,1963年的《杨立贝》一剧中的父女对唱,《十一郎》的男女对唱,赵志刚、金采风和我三个人在《汉文皇后》中的三重唱,观众还拍手鼓掌呢!这说明什么问题呢?说明对唱问题基本上解决了,无非三种方法,同腔同调、同腔异调、同调异腔,就这三种方法,全国戏曲都是一样。

采访人: 有戏曲特征的唱腔谱子记不下来,您觉得要怎么学?

张国华: 对的,戏曲特征的唱腔谱子很难记全,而且韵味都在这种地方体现。过去没有录音机时,是靠老师口授心教,跟老师一句一腔地学。现在有了录音机,可以跟着听,但要自己去琢磨,这个唱腔老师为什么这样组织,为什么要加休止和附点,目的无非是塑造人物的音乐形象。我一直要求学生,每天要花两小时在唱腔上,要做到曲不离口,琢磨研究才行。

采访人: 您认为青年演员应该怎么继承和发扬传统戏曲?

张国华: 要培养"挑担子"的演员,就是挑起越剧事业的担子。我们袁雪芬老院长这句话说得我印象很深,有的演员是很好的演员,但是他只想自己,想不到事业。过去越剧之所以进步,是以老院长为首的一代人,把事业的担子牢牢挑在肩上,而不是只想到自己演戏。只想到自己的名和利是不行的,我们老师多次跟我们强调这个,希望我们中青年演员能够接这个班。青年演员赵志刚近几年无论从节目选择还是从他做团长和艺术总监所担负的责任,真正像一个领军人物一样,带领男女合演的事业跨向一个新的高度。这点我确实是蛮欣慰的,作为老一代男演员,我认为新一代的男女演员很多地方已经超过我们了,特别是观众群,面更加广了,包括原来喜欢看女子越剧的观众也喜欢看赵志刚的戏。我和他一起出去演出心里最清楚观众的反应了,特别是到北京去演出,那么多观众喜欢赵志刚的唱,喜欢赵志刚的戏。我希望今后多出几个赵志刚。但是现在我总觉得培养人才是当务之急,十个十个培养,十个里面能出几个?日后能不能组成一台戏?这是根本问题。没有接班人,就没这个剧种。过去说男演员没有人看,其实不是这样的,你只要有好的剧目好的演员,观众同样喜欢。难道女子越剧现在没有危机吗?所以很多问题我们要一分为二来看,男女合演和女子越剧要并存,要发挥各自的特长,相互取长补短,两朵花并放,这是很有道理的。

有些人说男女合演是计划经济的产物,我非常不同意。20世纪50年代男女合演的一些戏,三分之二以上是我们男女合演得的奖,这些都是专家评出来的。有些问题还是要客观全面地来看待。我们女子越剧固然是江南的奇葩,又有大量的观众群,我也非常喜欢。越剧能够兴旺发达,女子越剧功劳是首位的。但第一代男女演员塑造的各类艺术形象,也不能被忽视和抹杀,在越剧艺术人物长廊里这些难忘的艺术形象都是在男女合演的舞台上塑造的。经过半个多世纪实践,几代人的艰苦努力,男女合演的观众最终不是也越来越多了么?塑造人物是越剧的传统,男演员必须要在这方面更努力,唱就更重要了,男演员的唱必须过关,要让观众喜欢听,爱听!

(采访:徐佳睿　整理:田　虹)

要学会创造人物

——周宝奎口述

周宝奎,原名周彩娥,1920年出生,2016年去世。浙江嵊县人。越剧老旦表演艺术家,在越剧界有"老旦王"之誉。在《碧玉簪》中饰陆氏,以略带夸张诙谐的表演,成功地塑造了一个好婆婆的形象。她那段"手心手背都是肉"的唱腔,轻松风趣,深受观众喜爱。曾在舞台剧和电影《红楼梦》中饰贾母,《祥林嫂》中饰祥林娘,《追鱼》中饰金夫人,均获好评。善于根据不同的人物设计唱腔,塑造多种人物而不雷同。从平民百姓出身的陆氏到豪门贵族的贾母,从《珍珠塔》中势利的方朵花到《孟丽君》中高贵至尊的国太,都演得神态各异,给人留下深刻的印象。

采访人: 请您先做个简单的自我介绍。

周宝奎: 我叫周宝奎,1920年生,1931年去科班学戏。我生在浙江嵊县长乐,我是开元人。爸爸是农民,种田的时候种田,到农闲时也会织布。因为我爸爸有一个坏习惯,把织布织好卖了的钱都赌光了,所以家里是很困难的,吃了上顿没下顿。我有哥哥和弟弟,家里只有我一个女儿,照理来说如果家里富裕一点我一个女儿也不会出来唱戏,但实在没办法生活,我只能去唱戏了。这个时候筱丹桂也是家里困难,她从小是童养媳,他们家里以前的佣人也蛮善良,知道筱丹桂在做童养媳蛮苦的,就把她领出来学戏了,所以我们几个中比较出名的就有筱丹桂,还有商芳臣、贾灵凤和张湘卿。

我原来叫周彩娥,不叫周宝奎,周宝奎是老师起的,因为京剧有个李多奎老师,给我起名周宝奎,意思就是要我像京剧老师李多奎一样,我怎么像得了呢?我们11岁学戏,到15岁满师,一边学戏一边已经被带出来到处演出了。

采访人: 科班的同学也是因为家里生活困难才来学戏的吗?

周宝奎: 生活大多数都困难,不困难人家不会来学戏,因为当时学戏是被人家看不起的。只有商芳臣家里条件比较好,为什么说比较好呢?小姑娘都爱打扮打扮的,其他人都没有胭脂花粉,唯独商芳臣有。商芳臣又叫商雅卿,她家里可能富裕一点,因为她有化妆品,她平时有点看不起人家,我们看到她也捉弄她,把她的粉倒掉,小的时候大家都蛮捣蛋的,但是我们的老师很有规矩。

采访人: 您这个科班叫什么?规矩严格吗?

周宝奎: 我们的舞台叫高升舞台,我们老板规矩蛮严的,每一个小姑娘她都管得蛮好。吃饭什么都是集体行动,连上厕所也要领牌子。我们没事情也去领,到厕所坐着玩,因为实在太苦了,师父要打的。吃饭也给你盛好,盛多少就只能吃多少,没有多吃的。早上吃粥,晚上也吃粥,中午有顿饭。我们早上要练功,练功有武戏老师,跑圆场时想小便都不让你下来。我们老板规矩严,谁犯错误大家都要打,那个时候筱丹桂的个性比较倔强,她想我没错为什么也要我受罚,所以让她起来她不起来。因为打她的时候要拉辫子,她发起火来拿剪刀把辫子剪掉。1947年筱丹桂自杀也是因为她个性的特点。她小的时候就是蛮倔强的，人是蛮好的，也很用功，但是个性很倔强，觉得没错为什么要我跪。但规矩对大家都是一样的，好了一起表扬，不好一起打，所以说老板管得很严。因为老师管得比较好，高升舞台也出名了，演员出来好几个人，比如一个科班，人家科班出来一个两个，我们就有筱丹桂、商芳臣，还有贾灵凤，贾灵凤演小丑就是一只鼎①了，唱得好，扮相好，做功又好。科班里规矩严也大有好处，我们都要出去演出，老师一边教一边赚钱，买了很多田，到后来变成了地主。我们到杭州去演出，在杭州小剧场，我们前面演出一段武戏，后面演文戏，每到一个剧场我们都要打武戏，大家都上去打。观众都来看我们，觉得小姑娘做戏做得好，所以我们高升舞台蛮出名的。晚上回来排队领饭吃，家里饭都给你盛好了，一张长桌，都给你热好，但是不能多吃的，就是这么一碗，吃什么都限定的。虽然科班规矩蛮严的，但是老师还是很爱护我们的，比如有人要来请谁去吃饭，我们老师说要请吃饭可以，要去大家一起去，大家一起吃。

采访人：在科班里你们主要学些什么？练功辛苦吗？

周宝奎：我们在科班里样样要学，武戏都要学，还要翻跟头，扎台扎在河里，一个跟头翻上去下面的水都看得见，吓也吓死了。当时大家的胆子都小，但没办法都要打，武戏也要打，翻跟头也要翻，每一个学生都要学，所以我们的功底是从小打好的，有武功基础。比方说十八般武艺，样样都要学，拿刀怎么拿、拿枪怎么拿、拿双拐怎么拿，样样要学，大刀、双刀老师都教你，每个学生都要学。学到后来怎么精通靠自己，总之这些武艺人人要学，只要有一样武器给我们，我们拿起来就有数，老师也说十八般武艺样样要会，精通在于自己。所以我们到了其他地方做客师，满师后做客师，样样东西都拿得起来。大家都要趴一字马，所以一定要有武功，个个有武功。我们的武戏老师样样都教，二郎腿跷跷，棒子拿拿，我们小的时候都蛮捣蛋的，也蛮滑稽的，老师来了头马上

---

① 一只鼎：上海方言，形容顶级的、最出色的。

顶起来,也蛮苦的。我曾经逃过一次,脱了鞋子赤脚逃,逃到半山被他们追到了,有一个他们放掉了,我被拉回来了,那个时候我知道老师为什么把我拉回来,因为我嗓子好。拉回来就要受罚,大家有西瓜吃我没有,西瓜也是给我的,但是我吃不到,用一根绳子吊着西瓜,放在我面前,大家吃我吃不到。

采访人:你进科班后老师怎么让您演老旦的?

周宝奎:我在科班里的时候样样要演,连《李逵大闹忠义堂》中的李逵我也做过。像《铁公鸡》《三打白骨精》这种武戏,都是京剧里的东西。在科班里老生演得多,说白多的戏,就要我去演,因为我说白比较清楚。像《秦香莲》里的王延龄也要我演的,就是因为说白比较多。那时我老旦、老生、小丑等角色样样要演,其他人也要演,哪怕报子、探子这些角色都要演的。我喉咙好,老师说你唱老旦名字改成周宝奎,他要我将来变成李多奎,这是老师对我的希望。把名字改成周宝奎后,就主要演老旦了,但这时候还没有满师,有些戏老生还是要给我演。我们老师经常跟人家剧团的说,我只能演老旦不能演老生,但人家要派我演也没有办法,当然我也可以演。像王延龄我笃定会演,还有一些皇帝要封官的,因为我嗓子比较清楚,也让我演。到了玉兰剧团我老生也经常演,但我说我三姑六婆不演,正式的老旦我演,其他什么媒婆彩旦的也不演。

采访人:您觉得好人和坏人应该怎么演?

周宝奎:那时我和陆锦花两个人演《方卿见姑娘》,反面人物和正面人物我不想脸谱化,因为我

周宝奎戏装照

觉得好人和坏人脸部应该看不出，用做出来的事情定好坏，让我装腔作势我就不太会了。我认为表演不能表面化，应该是看角色的行为，听他的语言，用语言表现好人坏人，这个是我的宗旨。所以我演方朵花，人家说我不够势利，这也是一个缺点，我始终认为好人和坏人是表现在表演当中的，不应该脸谱化。

采访人：您是怎么到姚水娟剧团的？

周宝奎：科班满师后，姚水娟剧团就来请我了。当时只有我和商芳臣两个人在科班一边学戏一边演出，他们在旁边观察，看谁演得好。我满师后他们就请我了。那时收到了30元，要买衣服，还有安家费。然后我到了宁波，和姚水娟搭档，后来抗日战争爆发，又逃难回去，回到嵊县，施银花剧团又来请了，我就到施银花剧团去了。她在上海，所以1938年我也到了上海。这个时候的剧场是在四马路的小花园——太原剧场，还有茶楼，没有正式的大剧场演出。

采访人：那您后来怎么又到丹桂剧团了？

周宝奎：那时到上海是和施银花一起，跟她搭档没几年，日本鬼子进入租界，冲掉了我们的太原剧场，施银花剧团就没了，散了。1941年，我被筱丹桂剧团请了过去。那时候谁演得好就挖谁过去，老板眼睛看得到的，比如说你收入是50元，她加你钱，你就被他请去了。我如果到他这个剧团，人家再来请，加你钱仍旧可以跳走的。老板都在看，哪个演员好就挖哪个演员，于是我就到了丹桂剧团。日本人冲击租界的时候，把剧团封锁了，演员都在里面。当时张春帆在虹口有一家小的纺织厂，筱丹桂就到张春帆家里了，后来我再看到她，她已经住在北京西路的浙东剧场对面的房子，已经和张春帆同居在一起了。我们住在剧团里面，以前的老板是这样的，把米都买好，你在里面演出就有饭吃，但是不能出去，铁丝网已经封掉了，我们年纪轻可以钻进钻出。

采访人：在丹桂剧团演出的待遇好吗？

周宝奎：日本人封锁后就不演出了，停了一段时间，我们仍旧在剧团里面,在里面有饭吃的。后来封锁撤掉了,我们就到天宫剧场演出,演着演着抗日战争胜利了,徐玉兰进了丹桂剧团。在天宫剧场演出时,里面演出外面听得到的,通过广播能播出去,剧团声誉也一天一天好起来了。天宫和国泰隔一条马路,靠近中百公司。天宫剧场是人家的,丹桂剧团的老板是张春帆。我们工资是向张春帆拿的,我工资不够要加了,他会加一点。后来徐玉兰演戏声誉好了,名气要超过筱丹桂了,但徐玉兰的工资和筱丹桂的工资不一样,筱丹桂多,徐玉兰少,徐玉兰要求和筱丹桂一样,张春帆没有答应,徐玉兰就离开了。

采访人: 筱丹桂和老板张春帆的关系怎么样?丹桂剧团怎么变为玉兰剧团的?

周宝奎: 我们看看他们蛮好,但是内情怎么样我们不知道,每个人都各管各的,大家都做自己的工作。筱丹桂不太说话,不声不响的,但是演戏还是很合得来的,导演有冷山、吴琛、石景山,影视界里的人也到越剧界来了,编导演人马都变强了,所以这个时候生意蛮好的。我们有一个戏叫《秦淮月》,讲南京秦淮河一个妓院的故事,筱丹桂在里面演的一个角色要跳舞的,这个时候就产生了筱丹桂和冷山的事情。那时我们想起来,因为她每次都要跳舞从台上跳下去,冷山在旁边总要搀她一把,一个戏要演几个月,他们之间可能就产生了一种暧昧的感觉,筱丹桂后来出事情也出在冷山这件事上。那时徐玉兰不演了,拆档了,就到龙门剧院成立玉兰剧团。筱丹桂因此缺搭档,就在家休息,大概和冷山私底下看电影有接触了。有一天张春帆到后台来,有一个干娘坐在后台,他也坐在后台和干娘在说话,我们管我们演戏。等我们夜戏散场了,大家回去,这个干娘也走了,张春帆也回到自己家里,筱丹桂也看完电影回来了。一回来张春帆问她你去看电影了?和谁?她说和干妈。但干妈刚在后台跟张春帆讲话,张春帆就怀疑了,你到底和谁去看电影了?和干妈?筱丹桂在追问下就说了是和冷山,筱丹桂不知道干妈在后台看戏,情况真是错综复杂。她想讲谁都可以,可偏偏说干妈,后来才说出来冷山。这个事情因为我在演戏当时我也不知道,我们有一个导演吴琛了解这个情况,张春帆就和他们开车到冷山家,说晚上有剧本要商量,把冷山叫来,两个人就对质,电影票谁买的?冷山也不好,他说筱丹桂买的电影票。其实筱丹桂没有买过,是冷山买的,我是这么觉得的,为什么这么想呢?因为张春帆和筱丹桂在吵架,我们在演戏也不知道,有一天筱丹桂到剧场来叫我,她说她和张春帆两个人在吵架,让我到她家里去一次,去劝劝他。我说什么事情?她说自己和冷山看电影,张春帆打冷山,牙齿也打下来了。我说张春帆怎么能打他?筱丹桂说了一句话:"这个下流胚也是该打。"她这样说,那就说明这张电影票是冷山买的,他冤枉筱丹桂。我当时正在演《杨乃武与小白菜》,我说我在演戏,等我演好戏跟你一起去。完了后我跟她去,跟到浙东大戏院,他们的房子布景是一间一间搭开来的。我上去看到张春帆,我说什么事情吵架?他说看电影。我说看电影有什么关系?看一场两场,又不是什么了不起的事情。筱丹桂买来年糕、糁饭、豆浆让张春帆吃,张春帆不吃,我说看一两场电影有什么了不起,有什么好吵架的。张春帆说他到剧场里去人家都拍他背,说他当乌龟。我说看电影无所谓的,看几场也没有关系,不要吵了。我说好就回去了,过了几天就出事情了。等我们戏演好赶到医院,筱丹桂已经没了。后来玉兰剧团从龙门大戏院转到国泰大戏院,我们这个班底也变成玉兰剧团了。

采访人: 成立玉兰剧团后的票房好吗?

周宝奎: 变成玉兰剧团后就一直演,演到明星大戏院,后来演到长江剧场。筱丹桂死了之后张春帆也完蛋了,没有能力管我们。我们成立了姐妹班,编导的班底蛮强的,徐玉兰也蛮能干的,承担起这么一个剧团。我们变成姐妹班后,没有后台老板了,卖的钱根据票子的多少分,所以工资拿得多了。到了长江剧场生意特别好,一个戏有几个月可以演,服装又不用买,什么东西都不用弄,工资就比较高了,我们每个月有时候能拿到几百元了,那时几百元已经很高了。

采访人： 新中国成立后您演了些什么戏？

周宝奎： 那时演了《玉面狼》《信陵公子》，戏的内容也改了，剧场也改变了。有一个戏《夜夜春宵》，我演一个老农户，有几句唱词。我到后来才明白，这个戏本来和我一点也没有关系的，我想怎么有一个老农户，就是因为我嗓子好，给我加的戏。那个时候可以加唱的，上去唱两句，去探监，这两句唱词我好像还记得。这两句戏后来经常被青年演员上电视台清唱，因为我们青年演员不演出，就把老师精彩的唱段拿到电台唱。比如金采风也是唱电台唱出来的，她不是科班，是唱电台的。《荆轲刺秦王》《鸳鸯剑》这些都是解放以后的戏，生意非常好，每天客满。

采访人： 1952年您怎么到总政文工团去了呢？

周宝奎： 1952年我们参加总政文工团。总政文工团里的领导说，总政支部要成立一个越剧团，到上海来看，看来看去我们这个剧团最合适。徐玉兰和王文娟经过一番曲折答应了上北京总政文工团。贾灵凤身体不好就不去了，留在家里，在家就没经济能力了，而且她有心脏病身体不太好。在玉兰剧团演出时，她是长衫小丑，演得很好。那时不管她演不演出，每个月都有工资的，因为我们是姐妹班，生意好，我们甚至

周宝奎在《祥林嫂》中饰演祥林娘（左一）

一个戏可以演三个月,只要观众喜欢看,所以经济也是蛮宽裕的,她有病也还好过一些。后来我们到总政了,她到人家的剧团去演,演就有钱不演就没有钱,生活就有困难了。等我们从总政回来她已经病逝了,蛮可惜的。

我们到了总政文工团为部队演出。1953年到安东慰问孟泰老英雄,他是劳动模范,到了那里我们就听到朝鲜的炮声,白天非常亮,晚上也都是探照灯打过来。晚上在演出当中小道消息已经来了,里面演员都在窸窸窣窣地说,我们大概要到绍兴去了。当天夜戏完了要开会了,结果是要我们去抗美援朝。我们是总政支部文工团,过去就变成志愿军了,要待八个月,4月下旬过去的,到12月最冷的天我们才回来。板门店我们都去演出过,彭德怀将军我们也看到了。还有战俘我们也去做工作。获释回来的战士都被他们喷过毒剂,有手断的,有脚断的,有眼睛瞎致盲,回来的人都没有健全的,而我们还回去的战俘都是干干净净的,人民解放军的衣服穿穿,二郎腿跷跷,香烟抽抽。我们是人道主义,他们是真残酷。这种对比教育意义相当大,共产党的宽大政策在这里面体现出来了。

采访人:1954年回到上海后演了些什么戏?

周宝奎:1953年12月回到沈阳,这个时候东北蛮冷的。1954年慰问全国的人民解放军,到处去演出,从东到西,请的是华东实验剧团,就是现在的上海越剧院。到了上海越剧院我们被编到二团,袁雪芬是一团的领导人,也是当时越剧院的院长。我们是二团,当时还在延庆路,我们的领导是胡野擒,他是部队里的政委,后来成了越剧院的副院长。进了越剧院之后,因为我们这个团演出任务实在多,下农村、下工厂慰问都是我们二团,看见的首长比较多,金日成元帅来了是我们接待的,赫鲁晓夫来了也是我们接待的。外国人来了我们在大舞台演出,还有锦江饭店有个小剧场我们也经常去演出,接待外宾。那个时候外宾好像都要看越剧的。那时候好像一团不太演出的，都是二团去演出。一团政治学得非常好，我们二团就是学习政治的机会比较少。

采访人：您是怎样开始有意识地创作角色的？

周宝奎：进华东实验剧团以后一直在演，但是不会创造人物，只是按照剧本演。后来在越剧院学习的机会就比较多了，大家要学习怎样创造人物。像《红楼梦》里的老祖宗，这个角色演起来很难。因为有些戏可以到兄弟剧团借鉴，可老祖宗这个角色没有地方借鉴，怎么办呢？老祖宗是领袖人物，说一不二，有时却谈笑风生，她特有的那种气质，我要怎么演好她？越剧表演的是一种生活方式，比较有激情的，要用生活语言，又要有这种气质和这样的威严，同时又要谈笑风生，这么多人跪下来，老祖宗要挺得住。要是挺不住，你的场面就控制不住，所以演老祖宗对于我当时是十分困难的。怎么办呢？思前想后，还是要从生活中借鉴。我们团接待的任务比较多，我看到很多首长、贵宾他们的一举一动、一颦一笑，特别是陈毅市长这种笑，多么爽朗、豪爽，还有周总理那种亲切感，朝鲜金日成走路慢吞吞。因为我没有地方借鉴，只能借鉴生活，生活里的影像我都历历在目，像放电影一样在活动，我想着哪些地方可以借鉴，哪些气质可以借鉴，哪些气魄可以借鉴。老祖宗的人物就是要这样的气派，你很小气就不像老祖宗。这样的形象拿过来，再加上身上靴子穿好、垫高，我身体瘦小，所以里面穿一个胖袄，魁梧一点。所以，创造人物不但要形象，还要动态配上去，动态要有功底，如果你没有功底，穿着像老祖宗，走路却像小青年，这是不行的，说明你没有脚底功。老祖宗这样的气质，形象要立起来，走路必须要稳扎稳打，如果很轻飘根本不像老祖宗。所以要塑造形象，动态要配合起来，语气也要像老祖宗，不能像平时说话，要稳扎稳打。可见，创造人物不是一方面的事情，要多方面配合。

采访人：您是怎样把握《红楼梦》里老祖宗这个角色的？

周宝奎：老祖宗有四场戏，四段完全不同的感情。第一场是见外孙女,林黛玉要来了,老祖宗想起自己的女儿没有了,外孙女孤孤单单一个人,因为她想的是女儿年纪轻轻就没有了,她的情绪非常低落,但是老祖宗有老祖宗自己的身份,她总不见得是跌跌撞撞走出来吧?老祖宗出来有老祖宗的气派,但是她的情绪又比较低落,所以这两步台步其实是蛮难的。外孙女林黛玉好久没见了,脑子里想的都是她,在肢体上不太好表现出来,但面部表情要表现出想早点看到外孙女的心

在越剧电影《红楼梦》中饰贾母

情,所以要稳扎稳打。这个出场相当难,走不好失了身份,走得不能太快也不能太慢。快,毕竟上年纪了,也快不起来;慢,也不可能慢,因为老祖宗身体还蛮健康的,而且又想快点见到自己的外孙女。如果《红楼梦》这段戏前面合唱去掉,我这个是全剧第一段唱,也是老祖宗刚刚出来第一段唱。现在让我唱我已经不敢唱了,不像"手心手背都是肉"我还可以应付,因为我喉咙已经弯不过来了,年龄上去了,嗓子也不像以前那么顺畅了。为什么"手心手背都是肉"好唱?因为它短促,用呼吸衬托,如果完全靠音量来弯,我已经弯不动了,年龄大了。这段是中板,丝弦伴奏你要唱得比较切合,不失老祖宗的身份又有一种伤心,但老祖宗已经将外孙女接过来了,从今往后就住在这里,所以又不是十分难过的样子。这段唱嗓子要好,调色要弯得转,唱要唱得好听,把这个身份唱出来,又不失气派,也没有超出她的情绪,我认为我这段唱是可以的。

游园是快乐的,老祖宗谈笑风生,是她最开心的一段时间。她嘻

嘻哈哈，但又要注重老祖宗的身份。在游园过程中，老祖宗是在思考和观察的，她发现宝钗可以考虑，心里也在盘算，但是她也考虑黛玉，黛玉的性格和宝钗的性格不一样。黛玉有点孤僻，不来热热闹闹的地方，她独自一人葬花去了，喜欢热热闹闹的是薛宝钗和王熙凤。游园是老祖宗最愉快的时候，她也承认自己年轻的时候比王熙凤还要能干。

还有一场斥宝玉的戏，贾政打宝玉，老祖宗真的是怒发冲冠，因为宝玉是她的命根子，将来传宗接代全靠宝玉，这一点是毫无疑问的。贾政打儿子，老祖宗死活不顾冲出来了，怒斥贾政，这个地方可以看出老祖宗的威严。老祖宗发脾气了，众家丁跪下来，老祖宗要是挺不直的话就不行，你这个老祖宗在这一场中要挺得住。一个是念白，一个是身上的分量。你要是没有分量随随便便怎么顶得住呢？所以我觉得创造人物要有动态，动态要有气质的东西。你跪下来，全场跪下来，这样的气势，老祖宗要是垂头丧气这个场面怎么顶得住？骂贾政的时候语气分量重，贾政受不了了，"我一句话你受不了，那你这个棍子难道宝玉受得了吗？"这个是演员的感情，我去演这个人物，不是我在说话，而是人物在说话。宝玉来了，老祖宗看到心肝宝贝了，用行动来表示，马上扑上去，对贾政是这么严格，对宝玉是那么亲，这个全靠体会人物的感情，才能表达出来。演员演戏实在是难，其实相当于再创造，人物要你去创造，要创造得活灵活现，让观众相信是这么一个人物，谁演得好谁演得不好，观众眼睛看着耳朵听着。

最后王熙凤选出来的时候，这个时候老祖宗性格已经有点变了。因为这个时代父母之命媒妁之言是不可动摇的，自由恋爱是犯法的，她已经体会到宝玉和黛玉有私心了，这是不允许的。那时候婚姻是父母之命媒妁之言，怎么允许你自由恋爱？不可以，宝玉千求万求老祖宗都不会答应的，这一点是制度定的。所以宝玉求老祖宗，老祖宗大发雷霆，不可能答应。贾宝玉说，世界万物无所求，唯求与妹妹共死

在越剧电影《红楼梦》中饰贾母

生,老祖宗这个时候完全翻脸了,不允许。我有时候也在想,我想这个戏的结局,贾宝玉出走了,林黛玉死了,要是依他们的就好了,但是这是我想想的,制度不允许,制度是父母之命媒妁之言。老祖宗有点担心,心里有点捉摸不定,怕宝玉发脾气,怕林黛玉要走了,担心宝玉要是再这样吵怎么解决?没有办法的。所以老祖宗已经不考虑黛玉的感受了,这个时候外孙女毕竟是外孙女,孙子毕竟是孙子,深思熟虑还是在宝玉身上。

采访人:《贩马记》中李奇这个角色您是怎么处理的呢?

周宝奎:《贩马记》中的李奇为什么让我演,我自己也不明白,让我演我就去演了。李奇这个角色有借鉴,京剧里面有,他是在监牢里手拷拷着手,配好唱词,这种角色是比较好演的。

采访人:《碧玉簪》中阿林娘这个角色您是怎么创造的?

周宝奎:阿林娘有模仿,只要实事求是地演。本来丑角演唱的台词当中还有什么小菜场里跑一圈,唱螺丝肉、田螺肉这种,我觉得都是噱头,这种唱词都删掉不要,因为不切实际,丑化了阿林娘。演这个戏我曾经和导演争论过,有人提出阿林娘对李秀英这样好,因为李秀英家庭豪富,她这是拍马屁,我认为不能往那边创造,这样创造人物就起变化了,变虚伪了。阿林娘是一个正派的人,性格明朗、爽直,有点幽默,为人真诚,没有私心,她对媳妇像自己女儿一样。你看她的行为来分析她的人物,她用不着拍马屁,如果拍马屁这个婆婆就不值钱了。剧组里面讨论,他们认为阿林娘是拍马屁,这个媳妇有才有貌,我认为不能这样讲,最终导演同意我的看法,阿林娘对媳妇像对自己女儿,是媳妇又是女儿。

采访人:您觉得《碧玉簪》中的阿林娘这个角色好演吗?

周宝奎:《碧玉簪》中的人物比较好演,因为有可模仿的人物。过去《碧玉簪》中阿林娘是小丑角色演的,小丑明摆着是丑角,丑角必须要夸大,没有夸大不叫丑角。阿林娘这个角色后来给我演了,我不会演丑角,让我摆噱头我也不会,我看了剧本,这个阿林娘其实没有什么噱头的,是个实实在在、老老实实的好婆婆,不要去夸大她,也不要歪曲

周宝奎(右一)在《碧玉簪》中饰阿林娘陆氏

她，按照人物的性格来演，她个性爽朗、幽默、办事公正，我就按照这几个字来创造人物。很多姐姐妹妹演过《碧玉簪》，演过阿林娘，我看在眼里，她们的优点我学来，她们的缺点我避免，结果演成功了。在浙江一带凡是好婆婆都是阿林娘。我到那边去他们不叫我周宝奎，叫我阿林娘。这段唱是我自己设计创作的，因为我嗓子还是不错的，这段唱既不能唱慢板，又不能唱快板，太紧张，我这个是中板，加上节奏明朗，所以这段唱得到观众的认可，观众喜欢，直到现在"手心手背都是肉"的唱段大家都知道。这个是老调，不是新腔，但是这个老调要加上人物的感情和人物装饰，装饰不能夸大。这种带人物感情、适合自己呼吸的条件配上去，节奏明朗。大家虽然都会唱，但是他们唱的缺点在哪里呢？就是轻重缓急没有唱出来。好婆婆比较热情、恳切，要有这种感情放上去，如果不放这个感情，光是唱就不好听。唱里面也有窍门，大多数观众都会唱，都喜欢，但是有好和不足的地方，这个不足不能怪观众，因为他们毕竟不是演员，他们不懂，只知道唱，如果谁要学我都愿意教的。这段唱得到观众的认可，直到现在大家都说，越剧出名的是"天上掉下个林妹妹""手心手背都是肉""我会对你好的"这三段。这段唱词得到观众的认可我很开心。老老实实说，唱阿林娘并不十分困难，你只要不加油添醋，实实在在演，能演成功的。你要是添油加醋放噱头进来，这个人物就要被丑化了。

采访人：《孟丽君》里面的国太是一个很好的角色，您能谈一谈么？

周宝奎：这个角色我好像也没有地方模仿，只能按照剧本行事，根据剧本规定的情景来演。那个时候蛮困难的，因为我们的剧本照道理是一本剧本给了你，大家都可以参考。但这个剧本只有这一场戏，没有什么可以参考的，单片角色创造就很难。导演只交给我两张纸，前后都没有，戏应该前后篇都要给，知道剧中的人物关系，你的角色要达到的目的，这样就容易创造人物。国太是一个蛮能干的、掌握朝政大权的、性格又蛮倔强的人物，还好我没有演错。这个人物的创作我其

在《孟丽君》中饰国太

实不太满意,不过观众对我的评价还蛮高,其实我觉得还能演得更好。

采访人: 您认为青年演员应该怎样把戏演好?

周宝奎: 一个是要练功,念白要练,台步要练,拐杖怎么拿要练,眼神要练。出门、进门、关门、开门、旁白,这些东西老旦都要做的,首先功底要在科班里打好,功底如果没有练好你是站不住的。其次调子也要熟。我觉得对青年演员来说,他们人长得漂亮、嗓子好,但是内在还需要充实。青年演员创造人物模仿的多,老师演过的戏他们要模仿,但在塑造人物的时候必须要把自己内心的感受加以琢磨。比如说《贾宝玉哭灵》,"金玉良缘将我骗",这是多么伤心啊,这地方不能光是喊,你要把内心表达出来。演贾宝玉要有一种小青年的活泼,这种活泼要到小孩当中去体会,到同样年龄的孩子当中去体会。

(采访:徐佳睿 整理:田 虹)

只有小演员没有小角色

——郑采君口述

郑采君,1929年出生,浙江余姚人。1940年在上海进入科班"四友社",与陆锦花、吕瑞英等同科学戏,工小丑,开蒙戏为《仁义缘》,扮演长衫丑周惠吉。出科后,在上海及杭嘉湖一带演出。1950年下半年,进入东山越艺社任二肩小丑。1951年8月,参加国营华东越剧实验剧团,后改称为上海越剧院二团,长期与徐玉兰、王文娟合作配戏,成为二团主要丑角演员。扮演过《盘夫索夫》中的赵文华、《拾玉镯》中的刘媒婆、《做文章》中的徐之元、《北地王》中的巫婆、《朝阳沟》中的银环妈等人物。又在电影《碧玉簪》中饰孙媒婆,电视剧《西园记》中饰夏玉,录像片《瓜园曲》中饰蹄胖婶、《皇帝与村姑》中饰贾知县、《追鱼》中饰乌龟精、《长乐宫》中饰侯登。其表演生动有趣,在嬉笑怒骂中不失诙谐幽默,丑中显美。

采访人: 您是什么时候开始学戏的?为什么要去学戏?

郑采君: 我是1929年出生的,学戏是1940年,足岁只有10岁。

我生在无锡,爸爸在无锡工作,因为他考进上海铁路局,就到上海来了。在我记忆当中一年到头吃不到一顿白米饭,大多就吃卷心菜下面或者面疙瘩,没有油的,还吃山东人吃的羌饼、大饼油条、小米粥等,这样过日子的。过了一段时间我们的邻居要到西施公司看绍兴文戏,那个时候还不叫越剧,他们知道我们家里穷没钱看戏的,就带我一起去看。看了以后觉得花旦都像京剧一样是男师傅演的,服装穿红着绿,我小的时候觉得蛮好看的,已经有这样的印象。后来正好四友社要招生办一个科班,我们这个邻居又得到消息了,叫我快点去考。

采访人: 四友社是怎么样的?怎么教戏的?

郑采君: 四友社就是四个老师组织起来的,都是男的,花旦、老生、大花脸等这四个师傅合在一起,叫四友社。那个时候也不用考,你肯学就参加,学费也不收的。但是要写规书,三年半里面自己不能赚钱的,赚来的钱是属于老师的。进去以后在阁楼上学戏,地方不大,有两个煤气缸,对面有一个石灰店,我们在三层阁楼上学戏。我们有几十个人,以前叫师姐妹,现在叫同学。

采访人: 在四友社里排演过什么戏吗?

郑采君: 进去以后我们老师带我们排了一个大戏,叫《仁义缘》。因为我去的时候人小,长得也难看,鼻子塌,嘴巴翘,但人还算有点活络,所以老师给我定小花脸,演一个富家公子周惠吉。陆锦花是师姐,演一个穷秀才叫韩文才,还有一个师妹演一个有钱小姐,好像是赵小姐。本来这个婚姻是许配给穷人的,岳父大人要赖掉这门婚事,把女儿嫁给富家公子。

采访人: 那时候学戏苦不苦?

郑采君: 那个时候苦,去学校都是自己走去的。那时只有10岁,每天一早要走过淮海路,再走过南京路,南京路车子还蛮多的。学戏的地方是一个三层阁楼,没有地方睡的,早出晚归,每天学好戏走回来。下雨下雪天特别苦，头上没有雨伞，脚下没有雨鞋，怎么办？我只能把家里旧的被单剪成四块，往头上这样一兜。后来到先施公司给老师跑龙套，一双破的高靴是大人穿的，没有人要了，我就拿回来用布塞一塞，塞到自己的脚可以套进去，然后上面把带子弄牢，这样下雨下雪天就可以拿来当雨鞋，实际上也是锻炼身体，也有想练功的想法。

采访人： 那您为什么会选小丑这个行当？

郑采君： 后面要演出的时候也蛮有意思的，老师给我们化妆拍一个白鼻子，我不知道为什么特别喜欢，还有四个孩子是一个一个哭着过来的，他们喜欢唱花旦、小生，白鼻子一涂多难看。我想他们怎么会哭的啊，我是真的喜欢。学到后面人越来越少了，到后来没有几个人了。陆锦花师姐到袁雪芬、马樟花的剧团去了，留下我们四个小孩，如果演《十八相送》，我就演四九。有的时候我们四个人一起要跑龙套，很好玩，给我们穿的红马甲都是大人穿的，我们都很小，帽子戴着太大要盖下来，四个人一出场，观众一定会笑的，看到我们只有两只手两只脚露在外面，倒蛮好玩的。后来又学了不到一年，又有两个人要离开我们了，只剩两个人了，然后就把我们两个人加入另一个科班，一直在杭嘉湖一带演出。杭州、嘉兴、湖州这一带大小各镇都去，就像《舞台姐妹》电影里面反映的一样，我们有的时候睡在小舢板里面，有时候还跑去背纤，就过这种生活。以前对小丑有另外一种恭敬，因为我们三天两头换剧场，一会儿换到这里一会儿换到那里，但是第一个上舞台的一定是小花脸。为什么一定要小花脸第一个上舞台呢？传说唐明皇业余生活喜欢演小丑，所以他们把我们小丑当唐明皇，一个剧团这么多演员，二十多个打底，第一个上去总归是小丑，然后是小生、花旦、老生、老旦。上去第一件是什么事情呢？拜唐明皇菩萨，保佑我晚上演出不要"吃螺丝"，现在叫打咯噔。说起来倒也蛮奇怪的，拜过之后晚上就真的是顺利的，不出洋相的。有的时候也要忘记，关键时候想到今天唐明皇菩萨没有拜过，讲台词的时候马上一个"螺丝"，现在知道，不是因为唐明皇不拜今天给你"吃螺丝",是自己想这个事情而开小差了,一开小差必然是一个"螺丝"。

采访人: 当时小丑在越剧行当里面很重要,主要有些什么戏?

郑采君: 对的,要么花旦头牌,要么小生头牌,然后轮到老生。在我们很多传统节目里面的丑角,观众都很喜欢的,好人的角色很多。像《碧玉簪》中的王夫人,可爱吗?《双狮宝图》中的张友义,可爱吗?为了同窗好友,救忠良后代,他知道也不会杀他,杀他不是要断子绝孙了吗?法场里就是这句话,"阿爸杀了我的头,断了侬的后,你要断子绝孙了"。像《仁义缘》,肯把自己的老婆让给同窗好友,再要好的朋友也不可能把自己的老婆让给人家,往往好朋友为了爱人分手的倒是很多,电视里经常在放这个剧情。范仲华这个角色很可爱,养母养了二十年,自己讨饭,又不知道她是皇太后,要是知道她是皇太后就不稀奇了,变成有目的了。他只知道这个老太太是盲人,自己没有娘,我哪怕讨饭讨来也要把这个娘养好,所以皇帝知道之后皇太后说我这个"儿子"多好。

《三看御妹》剧照

采访人: 后来您到哪里去演戏了?

郑采君: 后面唱路头戏了,有老师的。她们演戏演得好,你一定要到她面前叫声"嗯娘",比喊老师还要亲切,"我演不好,请你晚上带带我",她一定会把你带下来。如果忘记打招呼了,晚上你自己数好你要站在哪一块台板上。她问出来的问题就会很难,唱过来的内容也很难接过来,弄得你目瞪口呆,像一块小木头。

我们以前没有读过书,台上照样知道要押韵,你什么韵脚过来我一定要还给你什么韵脚,否则说明你没有水平,这些都是当场即兴表演。

采访人: 小丑的念白很重要,是吗?

郑采君: 老师是这样说的,"千斤白口四两唱"。为什么念白比例这么高呢?人家也要反问的,你说念白这么重要,但是现在流传的就是唱腔,各派越剧都是流传唱腔,又不是念白。话是这样的,但是我们有一些小道理:唱腔可以随便怎么唱,念字要念清楚。如果曲调很好听,讲什么听不清楚,观众就要问这个人在唱什么,所以咬字要清楚。随便哪个流派咬字都要清楚,字正腔圆,如果没有这个基本的东西,大家只唱曲调肯定不行,字应该要咬正。特别是我们小丑行当,因为越剧行当中花旦、小生、老生、老旦唱腔都是很棒的,我们小丑绝对不可能以唱腔来取胜,所以主要以念白、表演来取胜,这一点非常重要。比如说《碧玉簪》,王玉林的娘在门外这段白口时间相当长,你一定要说得清楚。"嗨,阿林,阿林,做爷娘格辛辛苦苦给侬讨一房媳妇……,辰光勿早,还是困觉。"这段电影里面是没有的,只有舞台上有,而且是很好的一段戏。还有一段《盘夫索夫》中赵文华的念白,严世藩想想没有办法,只有让媒人大老爷赵文华来劝劝严兰贞。我扮演赵文华上台,脚下面都是碎玻璃,弄得乱七八糟,我要去劝劝她,这样劝也不对,那样劝也不对,实际上我是忍气吞声,所以我就说出这样一段话:"严兰贞啊!严兰贞啊!……"这样的情况下严兰贞肯定两个耳光刮上来,我如果平平淡淡说她的手刮不上来,所以说念白很重要。

采访人: 您们怎么设计表演来让观众哈哈大笑?

郑采君: 有时是形象上的表现,有时是用念白和唱腔。那时我演有钱人家的夫人,我长得矮,和我搭戏的老师是男的,长得很高,还要穿高靴,两个人的距离更加远了。我们两个人一起出场,老师已经跑到台口了,回头看看这个老太婆跟上来了没有,但是看不到我，就说这个小鬼怎么还没有出来，再看看实际上我早屁股后面跟好了。这样的老夫妻台口一站观众怎么会不笑呢？身高差距这么大。以前演戏比现在简单，自己说话观众也不会有意见的，你说好了，"这个小鬼怎么不跟出来"。有时候我一个人登场说道"去年50岁，今年只有49岁"，观众怎么会不笑呢？就像现在买化妆品，"今年20明年18"，年龄不能倒过来的，所以总归也是有效果的。还有富家公子到考场上考试，三年考一次，也有四句话可以说，"三年不来考，考场出青草，再过三年再来考，考得妈妈发高烧"。妈妈怎么会发高烧呢？就是儿子三年前考不中，再过三年又考不中，气出来的，所以发高烧。

采访人：您是怎么用唱腔和念白来塑造人物形象的？

郑采君：实际上丑角要演得是好不容易的，不是说换一个角色你只要换一个妆换一套服装，其他东西就可以按老一套表演了，不是的。你必定要从剧本看主题思想，我这个人物在里面起好作用还是坏作用？角色的性格是怎么样的？你要设想。当时我们也有造型师、服装师，他们会把样品给我看，我自己定服装、化妆，根据当时的规定情景，你的念白、唱腔，怎么把这些综合起来成为一个人物？因为我们也没有做到这么好，基本上还是有一点区别。但是丑角这个行当的身份变化是相当大的，从丫头到小姐，相公到侍童，老爷到夫人，伙计到老板，和尚到尼姑，叫花子到皇帝，三教九流，三姑六婆，基本上都有丑角演的。如果演得好的话难度是相当高的，人物反差是很大的。做丑角要使人家笑，还要笑得相当自然，有的时候还要弄得观众哭，弄得观众骂，喜怒哀乐，在我们这个行当体现得很充分。我就以《碧玉簪》为例，我演孙媒婆，这个角色戏不多，看到元宝就见钱眼开，这个镜头留给观众的印象蛮深的，害得李秀英哭了一个晚上。她戏不多，但是起的作用很大，到现在为止人家看到孙媒婆还是很恨的。

采访人：观众怎么看您在《碧玉簪》中演的角色？

郑采君：《碧玉簪》电影拍好还没有放映时，让我们内部看，大家都去看。日子我还记得，是大年初四，前面两个观众，我坐在后边。李秀英一天到晚哭，这两个观众总归喜欢花旦小生的，又不会喜欢我们这样的角色的。他们又不知道我坐在后面，骂得很响，"这个老太婆怎么这么坏的，为了赚钱害得人家王玉林、李秀英拆开"，"这个老太婆怎么死不掉的"。

在越剧电影《碧玉簪》中饰孙媒婆

我坐在后面懵了，今天年初四你们这么骂让我触霉头吗？你又不能跟人家去说。

采访人：丑角在戏里面起到怎么样的作用？

郑采君：说到丑角，一部戏一定要有两个人搞捣蛋，现在叫制造矛盾。如果没有顾文友的长衫丑，没有孙媒婆的婆娘丑，王玉林和李秀英结婚，隔了一年生个儿子，再隔一段时间上京赶考中状元，欢天喜地拜谢皇恩，就结束了，还有什么戏可以唱？一定要有这两个角色在里面捣蛋制造矛盾，所以我们在剧场里可以唱一个晚上。我总觉得丑角是不容易的。一开始发剧本，那个时候还不懂，不管你什么主题思想，也不管我这个人物性格，我在什么地方起什么作用都不懂，只知道我演什么角色，拿一支笔，这个念白是我的就勾出来，所以演起戏来也没有什么感情，样样都不知道，像阿宝背书，就这样过来的。

采访人：后来您是怎么进华东戏曲研究院的？

郑采君：1950年下半年，排《情探》，正好有一个位置，这个时候我加入了东山越艺社。到1951年8月1日，我们集体进华东戏曲研究院。为什么不是越剧院呢？因为这两个剧种是在一起的，京剧、越剧属于华东戏曲研究院，院长是周信芳，副院长是袁雪芬，后来才京剧管京剧院，越剧管越剧院。进去以后给我们各方面打基础，早上练功、学政治、学简谱。以前简谱也不懂，因为小时候像我只读过一个月书，这时候要学文化、学声乐，很艰苦，但蛮好的。后来还让我们学习斯坦尼斯拉夫斯基体系，演《梁山伯与祝英台》。祝英台化蝶的一场，灯光比较暗，因为喝喜酒都是晚上的，这个情况下我们很多人都抬花轿子。祝英台要嫁到马文才家里去，接近晚上，用蓝灯光，我们很多人都年纪很轻，一个吹喇叭，一个敲铜锣，一个抬轿子，导演规定每个人要写自传。我怎么写的呢？我是雇农，家里有爸爸妈妈，很穷，所以我参加仪仗队，我们结婚的时候一起吹吹喇叭敲敲鼓，我这个人的性格蛮内向的，平时没有话。我为什么这么写？因为没有白口的，闷着就没话说，我只能这样写。后来朋友看完戏说郑采君你演什么角色？我说敲铜锣吹喇叭，他们说没有看到你，我说因为灯光暗，就这样走过去观众根本看不到，但这是打基础的，学习斯坦尼体系。

采访人：无论什么角色都要写下来吗？

郑采君：都要写的，这个时候跑龙套的有十多个，我们都写，到后来打下了一定的基础。我懂了只有小演员没有小角色。所以我演的角色，哪怕一个字都没有开口，都要非常认真去演好。《党员登记表》中我演一个匪兵，自己想化妆，用白油彩嘴皮上点两点，两个牙齿，观众看起来就是爬牙。因为王文娟主演，孙道临老师是她丈夫总归要来关心的，他看好戏到后台来问我，你这个化妆谁给你化的？我说我自己化的，他说你化得蛮好的，就像两个爬牙，但是你不能说话，一说话这个牙齿要掉下来的。我说我没有念白，所以我站在那里就是假的，他也笑笑。有一次演《孟丽君》，我演一个太监，孙道临老师又来看了，看好又到后台来跟我说："你们越剧就是整体性强。"会看戏的不是先看主角，而是看旁边的群众角色,因为主角一定会对自己负责。戏曲剧目为什么要有说明书,不是告诉观众谁演谁,它最深的意义在哪里呢?是让每个人有一种责任心,记住自己演的这个角色。所以主角一定会非常认真地演好,但旁边的人,有的不当一回事,特别是过去。"你们越剧就是整体性强",戏不管多少,不管有没有台词,都要认认真真演。我们排过一个《拾玉镯》,里面有个老太非常热心、风趣,演起来效果是很好的。她成功促成剧中男女主角成为夫妻,就是这样一个老太,叫刘媒婆。相比《碧玉簪》里见钱眼开的孙媒婆,同样是媒婆,一个成全人家,一个是拆散人家。至于《盘夫索夫》里的赵文华,他是倚仗严世藩的势力贻害忠良的角色。

采访人: 您可以再举几个例子吗?

郑采君: 1964年演的《朝阳沟》,是一个现代剧,演员有孟莉英、陈少春、周宝奎、我、陈兰芳等,我演银环的妈妈,是摆香烟摊的,所以舞台上我会抽烟,但我平时不抽的,演出的时候代表角色。我摆这个摊是混吃的,批发价不贵,不是像人家会抽烟的人烟往鼻子里吸再吐出来,我们是吃一口吐一口,表示会抽的意思。剧中这个妈妈思想落后而且非常泼辣,女儿到朝阳沟照样追到朝阳沟去,把她家里吵得天翻地覆。后面有点进步了,让女儿待在朝阳沟,我在里面演这样一个妈妈。这个戏好像是王文娟导演的。演《做文章》中的徐之元,我是向川剧老师学的,再根据越剧的情况稍微做点变化。徐之元很愚蠢,学又不好好学,但也不是讨人厌,有点像长衫丑又有点像娃娃丑。还有一个现代戏,我演了一个为集体养猪的人,是一个模范,经常受到队里的表扬,但是看不起补锅女婿,后来通过一个事实教育她,承认了这个女婿,戏是小戏,当初演出效果却是很好的。还有《天山雪莲》,我演一个宰相,谋权篡位把国家出卖了,是一个野心家。这个人物我和我们化妆专家说,造型不能像我现在这样,要给我美化。他是新疆人,所以后来造型还是蛮好的,鼻子塌的地方让医生给我弄了一个塑料鼻子。有一次演得汗流浃背，正好陈少春一剑扔过来，我一闪，鼻子落在后台了，如果落在观众面前，观众要笑死了。后来还演过《假婿乘龙》，演一个恶势力，他胆小如鼠，还妄想升官发财。这个戏我们在大舞台演了两个月，效果很好的。

采访人：您能讲讲《长乐宫》这个戏吗？

郑采君：在《长乐宫》中我演一个驼背还跷脚的人物。我当时胆子还蛮小的，越剧院从来没有这么丑的形象。彩排那天，曹银娣跟我打招呼，说你既然跷脚就不要驼背，你驼背就不要跷脚，我们笑得吃不消了。我说这种形象我们越剧院好像蛮少的，我是瞎想想，觉得反差这样大，说明我这个角色是癞蛤蟆想吃天鹅肉，你想这种人怎么会有人要呢？所以公子要你跳舞就跳舞，实际上走路都不能走怎么跳舞？反差很大，当时的效果蛮好的。唐月瑛说，你演这个节目我卸妆都不卸的，一定要看到你这个舞蹈跳好再去擦脸。我给你数过了，一分钟舞蹈最起码一堂彩，有的时候二堂彩，有时候三堂彩，最多一场你四堂彩。

采访人：《瓜园曲》是不是得过奖？

郑采君：《瓜园曲》是现代剧，本子是业余作者写的，本来是沪剧，我们改编成越剧，在第一届国际艺术节上得了一个二等奖，前面没有一等奖，实际上二等奖也是名列前茅的。该剧是郑忠梅、汪秀月和我演的，我演一个非常热心、助人为乐的介绍人，这个角色在整个戏里也蛮讨巧的。

采访人：《皇帝与村姑》中您的化妆是怎么样的？

郑采君：《皇帝与村姑》中我演一个芝麻官，拍恩师的马屁，他来了以后人还没有坐定，我马上让下面的人拿来一托盘的银子，恭恭敬敬交给恩师。我知道我只要找到这个村姑，皇帝报了恩，我的官职肯定上去了。阿谀奉承，主要是想升官发财。因为村姑在我这里，我关照老太婆要殷勤款待，这样等到她和皇帝在一起的时候她才会说这家人怎么这么好。但是后来我想攀龙附凤，有这个思想后，同意让我女儿顶替。一般七品芝麻官是短的红袍，一根玉带斜搭在肩膀上，这个是出噱头的造型。但在《皇帝与村姑》中，我演的贾知县，他的服装我建议要穿长的，因为这个角色不简单，思想变化斗争很复杂，到底女儿要不要到京里去，去了以后又担心，怎么一点消息也没有。皇帝对我们这种芝麻官根本不认识的，所以皇帝在眼前我还拎不清，还要说大话。贾知县的两根眉毛怎么化？后来我想到滑稽大家周柏春老师，他两根眉毛很好，我就自己学着化。有一次他看戏到后台来，我说："周老师我两根眉毛像你吗？"周老师笑嘻嘻地说："这个我比你好看。"

在《皇帝与村姑》中饰贾知县

采访人：您还演过《追鱼》里面的乌龟精？

郑采君：这个乌龟精非常热情风趣，是海洋里面一个老大哥，在虾兵蟹将当中乌龟精最大，我们舞台剧比电影里有发展余地。我表演的噱头在什么地方呢？主要是我变包公这一段，这是电影里没有的，我服装已经变出来了，头还是乌龟头，所以观众看了就哈哈大笑。我演这个戏的最后一场是在香港，回到上海，领导跟我说你要退休了，乌龟精是最后一场戏。丑角从小演到老，我是真的一生一世热爱丑角行当。

采访人：现在培养越剧小丑，您觉得应该怎么教他们？

郑采君：因为我绕口令绕得好，我们院长说，以后用录像录下来作为资料。院长还跟我说，让我来教学生，不单单是小丑，花旦、小生、老生，每个行当都要学这段东西。因为学绕口令有一个好处，咬字清楚、有节奏感，快的时候不能乱，慢的时候不能断，一气呵成，当中没有停顿的，呼吸管呼吸，但不是停下来呼吸。我们现在的小朋友当中我觉得周燕儿还是蛮好的,虽然我们没有接触过,但是她可以演年纪大的老太,像《珍珠塔》中的方朵花,还可以在《玉卿嫂》里演一个小少爷,可以演不同的人物,蛮好的。我觉得我是靠舞台实践一点一点演过来的,不像昆曲、京剧必须要练基本功。我最近还看了孙正阳演的戏,真是没话说,演得真好,不愧是江南名丑,这么大年纪了,全场观众一致赞许说他好。老师辛辛苦苦教你,真的是一举一动这样教,还教我们扇子功,当时有口诀的,现在我没有底稿了,如果在的话可以教。像玉兰老师的蝴蝶飞,在花园里面的动作,当时都是川剧老师教我们的,顺序怎么样,动作到底怎么样,小朋友打打基础蛮好的。因为越剧小丑基本功不是很成规范,还是要博采众长。

采访人: 您觉得越剧丑角从唱腔上来说,应该注意什么?

郑采君: 我们丑角怎么组织唱腔呢?丑角和花旦、小生不一样,他们长腔多,有大段唱腔,所以他们注意板,慢的中的快的,声腔方面要委婉动听。所以这么多老师他们的唱腔一段一段这样传下来,叫流派。我们小丑的唱腔比较长的就是《碧玉簪》送凤冠王夫人的两段唱,宝奎老师唱的味道很足,现在又流传了。像流行歌曲一样,她在广场上唱,下面的越剧粉丝都会唱,到最后变成大合唱,也蛮有意思。像我们这个行当来说,演中板为主,学习传统为主,老调比较多,有的时候加一点装饰音,有的时候加一点滑音,中板组织的时候要明朗。有的时候唱腔里面还可以带笑声,因为开心,唱腔里面要笑出来。像我演的《拾玉镯》里的刘媒婆,她是很热情的一个人物,两个小青年玉镯送来送去我都看见的,很开心,一句唱里面就加了笑声,"见此景把我的牙关笑破"(唱)。有的时候心里面很气,也要唱四分之一拍,像《朝阳沟》中我演的是银环的妈,思想落后,因为不支持独生女儿上山下乡,女儿瞒着我一个人到乡下去,待在她的公公婆婆家里,我摒了一口气到乡下去,和他们一家吵架,很生气地唱了一段。另外也表现了银环妈妈的气、狠、怨,蛮不讲理、非常泼辣的性格。有的时候唱到后面会加数板念的方式。像流行歌曲唱得很红的周杰伦,他就是唱唱念念,形成了他的风格,具体听是听不懂,我只知道他先唱,唱到后面就念,这是他的风格。

采访人:您觉得现在的青年演员应该怎么学戏?

郑采君:多看戏,还要看兄弟剧种,不断学习,就像我们演到老学到老,一生一世学不完。我现在还在看电视学,小朋友真的要好好学。像以前一些老师演过的戏,青年演员想学什么,只要领导打电话来,我们一定会教。上次浙江艺校一个昆剧团的老师,带来几个学越剧的同学,开始对我们越剧小丑总觉得有点不放在眼里,才学一个星期就让我教。我就在这一个星期里面教了他们两个戏,一个《做文章》,一个《拾玉镯》,两个角色一个是彩旦,一个是长衫的娃娃丑。后来他们写信来,学过的人基本上都毕业了,现在在余姚越剧团,我们一直保持联系。

采访人:您演了一辈子的戏,对丑角这个行当也是非常热爱了。

郑采君:一直演小丑,我养成一个习惯,不管到什么地方,只要看到有小丑形象的纪念品,特别是七品芝麻官的,看见我就要买,不管是木料做的、搪瓷做的或者是塑料做的,我价格都不问就都买下来。买下来后,我把它们放在一起,看看它们的面部表情、神态,有的时候也可以借鉴。"为官不为民办事,不如回家卖红薯。"有一个七品芝麻官我觉得很形象,他往棺材里伸手,叫"棺材里伸手死要钱",关键时候这个动作一做味道就出来了。你说我怎么活得这么长寿,这可能跟我性格有点关系,和我的行当也有关系。因为我们小丑行当有的时候使观众哭,但是很多时候是让大家哈哈大笑。我在生活当中每天都开开心心、心态平衡、笑口常开、知足常乐。所以我说小丑这个行当,做得好可以使观众哭,也可以使观众笑,甚至于哈哈大笑,真的很不容易,我很热爱丑角这个行当。

(采访:徐佳睿　整理:田　虹)

我要唱得让观众能够记住我

——孟莉英口述

孟莉英,1934年出生于上海。1951年考入杭州民艺剧社学戏,工小旦,业师竺素娥、陈素云。1953年进入上海天鹅越艺社。1954年4月参加华东越剧实验剧团二团,师从王文娟。1955年3月转上海越剧院二团直至退休。因在多个经典剧目中成功地塑造了丫头的形象,如《春香传》中的香丹、《红楼梦》中的紫鹃、《西园记》中的香筠及《孟丽君》中的荣兰等,被观众称作"丫头王"。她在《西园记》中有一段十八个赵小姐的唱腔,唱得夸张风趣,唱出了人物俏皮机灵的性格,有很强的喜剧趣味,深受观众欢迎。还参加了电影《红楼梦》、电视剧《西园记》《孟丽君》的拍摄。此外,还主演过《盘夫索夫》《朝阳沟》《珍珠塔》等剧目。

采访人: 您怎么会去学戏的?

孟莉英: 因为喜欢。我读书的时候,老师让我背书,我是背不出的,但把一本戏放在台板下唱,我都会唱的,所以说起来,我是一个不务正业的学生。我是1951年开始学戏的,但是学得断断续续。那一年,我考到杭州冯萌东办的民艺剧社。从小因为要读书,越剧看得少,听得多。看是要钱的,那个时候家境一般,没有这个条件,只好听听无线电。那个时候尹桂芳老师在龙门大戏院演出,红得不得了,我们家和学校离龙门很近,我一放学就钻进剧场去看不出钱的戏,看一个尾巴,总而言之蛮喜欢的。我有两个志愿:一是要当演员,二是要当教师。但是我还是比较偏爱越剧,特别是20世纪50年代初,我觉得电台里的越剧怎么唱得这么好听。1951年正好有机会,报纸上有民艺剧社招考信息,我就去试试看,结果考中了,要到杭州去。但是杭州日子待得并不多剧社就解散了,我们就回到了上海。我以前身体非常单薄,我妈妈担心我身体吃不消,加上我个性倔强不适合吃演戏这碗饭,所以她还是希望我去读书,可我像着了魔一样,就是喜欢学戏。有一次去宁波同乡会看戏,"青字辈"演出,碰到一个老戏师傅在帮人家老戏师傅组织一个班子,他问,小姑娘你以后还唱戏吗?我说不唱了,我妈让我不要唱了。他说小姑娘,不唱很可惜的。我也不多说,一面之交又不熟悉的,没想到隔了几个月,他真的来叫我了。我这个时候糊里糊涂也就去了,还有竺素娥、小白玉梅,很多都是后来的老艺术家,实际上我去也是做班底的,跑跑龙套。

采访人: 您怎么会参加天鹅越艺社的?

孟莉英: 在国光演出的时候,丁赛君老师和朱铿导演来看戏,他们要重新组织班子,需要人才。朱铿导演到后台来问我,他们要去杭州,你去吗?我说我去过杭州了,不去了。她对我说不要去了,丁赛君晚点要重新组织班子,要我来参加。我说在上海吗?她说对的。我说好,就一直等。后来因为不能随便组班子,就让我参加了他们的天鹅剧团,在长江剧场演出,丁赛君老师很叫座,日夜客满。我进去演了一个戏,演《孔雀东南飞》里面的小姑,参加半年就演了这样一个戏,后来就停下来了。1954年,我和丁赛君老师、郑忠梅老师等四个人一起加入华东越剧团。

采访人：那个时候进华东越剧团,是他们来选您的吗?

孟莉英：我觉得能够进华东越剧团,是我的荣幸,它是我向往已久的高等学府,里面有这么多的优秀老前辈们,尤其对我来说,我没有进过科班,没有什么基础,我觉得它真是学习的好地方,我非常珍惜。我觉得从那以后是我事业的开始,我要珍惜这样的机会。所以,我进去以后在徐玉兰、王文娟老师身边,由群众角色开始做起,后来有点台词有点唱词,丫头的形象比较多。我觉得自己能够在徐、王老师身边做丫头,已经相当荣幸了,我相当知足了。比如说《武则天》里面,我一个人演两个角色,一个是宫女,一个是小尼姑。演小尼姑的时候有一段唱,使看戏的人眼眶都红了。我觉得你给我机会,我就要好好做,虽然是小角色,但我要凭我的努力使人家记住这个角色。

采访人：您还记得进二团以后演的第一个角色是什么吗?

孟莉英：在《春香传》中本来也是跑龙套,后来有一个机会,周宝奎老师嗓子哑了,由陈兰芳老师顶她,然后陈兰芳老师饰演的香丹由我来顶。那个时候说起来她的唱腔蛮新式的,比如说香丹第二场,因为前面一场下来,晚上春香睡不着了,问她是不是在想白天的事?音乐断掉,我自己清板唱,这样蛮吸引人的。我们拉琴老师也真是没有话说,他衬起来的角色能使你轻松起来,这就是相互触动的魅力。

采访人：正式戏里面,随便什么大小角色的唱腔都是演员自己弄的吗?

孟莉英：是有作曲的,但我喜欢自己先打草稿。为什么呢?因为作曲是针对整个戏的,心思放在头号人物上面多一些,二号人物可能不会考虑得很全面,所以我就想自己设计。我遇到了我们的琴师李子川老师,他对我的帮助蛮大的。我打好草稿肯定有不完善的地方,我就请教李子川老师。子川老师有一个特点,既有传统又有创新,最后又回到传统,因为越剧姓越,在这一点上我和子川老师观点一致,非常合拍。

采访人：角色都是您自己塑造的吗？

孟莉英：一个角色的塑造主要还是受导演的启发。像《西园记》最后一段唱腔"十八个赵小姐"，顾振遐作曲，他是我们院里一只鼎了。他让我搞一段、他搞一段，等到第二天对一下，他说"阿孟，用你的"，我说好的。这也难怪他，他考虑的事情太多了，是整个戏，我只要对付自己就可以了，但有他提点一下更好。

在《西园记》中饰香筠

采访人：《盘夫索夫》《碧玉簪》您是演主角吗？

孟莉英：《盘夫索夫》《碧玉簪》我都演过的，因为这两个是传统老戏，打基础的。其中的主角兰贞、秀英我都演过的，但是唱词不是最多，演得也不多，因为这两个是我们金采风大姐的拿手戏，对我们来说是练习。

采访人：《盘夫索夫》《碧玉簪》金采风老师已经在演了，您是按照她的唱腔还是自己的唱腔？

孟莉英：照她的唱腔。她的唱腔我都记得住，基本上都是按她的唱腔，最多小腔有一点变化，因为她的唱腔好极了，无可挑剔。我不会很死板地照着谱子背，虽然我是识谱子的，但我主要还是靠听觉，排的话根据印象就这样唱。我们李子川老师像《盘夫索夫》什么都不用谱子，就这样跟拉，好听得不得了。所以我最多有些小腔学得不标准，但是多数都是她的唱腔。

采访人：您演过《盘夫索夫》《碧玉簪》，觉得对自己有帮助吗？

孟莉英：有好处的，因为我以前都没有排过，没有接触过。这个时候我还没有演《红楼梦》。这两个戏相对有几句唱,一共十多句,后来只有六句唱,并不多。《盘夫索夫》和《碧玉簪》都是花旦戏,我们从前都没有学过,它们都是老戏,用来打基础的,领导有意培养我们青年学一点传统老戏。

采访人: 您是如何塑造《红楼梦》中的紫鹃一角的?

孟莉英: 除了这些主角戏以外,我最大的配角就是《红楼梦》里的紫鹃。当时名单一宣布,我就看了剧本,这的确是个大配角,而且是主要的配角,心里非常开心,但是也担心,这是双重的。开心的是什么呢?这个戏的分量不轻。担心的是什么呢?和老师演对手戏,如果衬托得不好,从此要被打入冷宫了。我只有一个念头,我一定要演好。这么重要的角色给我,如果我演不好,就是自己对不起自己,以后还要什么角色呢?所以真的是搏了命了。

采访人: 能具体说说怎么排演紫鹃这个角色的吗?

孟莉英: 刚接触《红楼梦》就遇到了好导演——我们的老院长吴琛,还有钟泯老师。这对我是一个启蒙,他们给我的启发的确是很大的。人家说科班有科班的基础,戏剧学院有戏剧学院的基础,但我都没有的,所以不懂什么叫演人物,怎么样演人物,戏做得好不好。这个时候没有休息日,都住在集体宿舍里,我把自己关在房间里自己揣摩。认真看《红楼梦》,看原著、分析人物、对台词。对台词的时候先分析人物,把人物吃透才能表达,比如说先搞清楚紫鹃和宝黛之间的关系,这样当他们哭灵的时候,你才有台词去衬托,否则这是很难的。现在回想起来真

在《红楼梦》中饰紫鹃

要感谢导演对我的启发,因为演戏只有小演员没有小角色。

我记得拍电影的时候,为了缩短时间,好像考虑过把我的这段唱拿掉,就是劝林黛玉的一段唱,但袁雪芬院长不同意,她说把这一段拿掉,就体现不出林黛玉是怎样的情境。我到后来才知道,我们越剧院的《红楼梦》,除了宝黛以外,人们对薛宝钗、王熙凤、老祖宗,还有我这个角色,印象都蛮深的。一个是归功于编剧写得好,铺垫铺得好。对紫鹃这个角色来说,是编剧徐进老师把她写得这么完整。《红楼梦》原著里面都没有这样的,不能拎一段出来为紫鹃单独成篇,但他可以写得这么完整,实际上这样做也是衬托了林黛玉的形象。另一个是由于我们院的领导集中了优势,把全院一盘棋的阵容都调过来,到香港去演出。各个部门,编、导、舞、美、音、演员都是好的,都是集中了力量的。所以说一个戏是一个整体,一点不错。

采访人: 对紫鹃这个角色来说,您自己又是怎么去挖掘的?

孟莉英: 我也走过弯路的。我们从前做戏,比如《焚稿》《哭灵》,我站在旁边也偷懒过。后来我心想,我是没台词,但要恰如其分地衬托别人。《焚稿》这场戏,我在旁边,人家在唱,我动了也不好,破坏人家的画面,所以不能画蛇添足,而是要恰到好处,于是我就专心进去。比如《焚稿》中林黛玉的一段唱:"我一生,与诗书作了闺中伴,与笔墨结成了骨肉亲。"我想她在说她自己的心里话,我全部听到还是不听到呢?我吃不准。我只能似听非听,这是我自己的设想。看到她的这个表情、这种台词,我也跟着她一点一点回忆,唱到后来,我只有和她配合,万一她的形体动作吃不消了,我再托一托,用这个来弥补。

采访人: 这一段的表演是受到谁的启发?

孟莉英: 我记得对台词的时候,王文娟老师一直说一句话,她说我们在生活当中就要培养姐妹感情。她这样一句平常的话给我很大的启发。我心里想,平时我称你为老师,你是我的老师,你说和我培养姐妹感情,就是比较亲切了,非常深厚的感情,我们就平等了。她这句话一说,我就不怕了,打消了我很多顾虑,我就敢真的碰她了,要不然假碰看上去是不贴肉的。我对她真的就像姐妹之情,时时刻刻关心她。比如说唱到"多承你,伴我月夕共花朝,几年来一同受煎熬"这一段,我就想到姐妹之间的感情;还有"从今后你失群孤雁向谁靠",我早就憋不住了,往后一退就扑上去了,泣不成声。

采访人:这是您演《焚稿》的时候,那么《哭灵》的时候呢?

孟莉英:《哭灵》这场戏,贾宝玉进来的一大段哭灵,我在旁边既没有灯光,又没有台词,比前面还要难配。《焚稿》演下来已经很累了,浑身酸痛,我想《哭灵》的时候,她唱我正好休息休息,反正也没有人看到,我这里没有灯光的。我印象最深的就是周恩来总理看了《红楼梦》,给我们院里提建议了。周总理一直喊我小紫鹃。我第一次演《春香传》,总理在一个很大的场合,让人把我叫过去。我们团长是宁波人,说总理喊我过去,我想这是不太可能的,就继续坐着。隔了一会儿团长又来了,她看到我不动,说小孟,总理在喊你。一个很高的男同志一起过来,我就跟去了,当时紧张,心跳得很厉害,我想总理不会问我政治问题吧,我说不出怎么办?过去之后,总理问我什么时候开始学戏的?家里有什么人?这两句话我倒回答得出的,他让我好好学习。

采访人:周恩来总理给《红楼梦》提过什么意见吗?

孟莉英:在演《红楼梦》的时候,总理给我提了一个意见,等于给我敲响了警钟,我就意识到了问题的存在、问题的严重。总理看戏会看到我这么小的小问题,说明我问题严重了。他说,小孟,我总觉得贾宝玉在哭的时候,你好像缺少了什么。我没回应,我想怎么会缺少了什么呢?我心里想,总理,我不能衬托,一个呢,我这里是没有光的;另一个呢,人家在唱,总归听她的,我怎么能乱弄呢?而且我们距离蛮远的,我难道跑过去吗?不行。我本来想没有灯光人家看不到我的,也不听我唱,不会注意我,我稍微歇歇,准备自己的唱段。后来想想又不对,怎么办呢?像《焚稿》一样,她的每一句唱,我都要听,真的听。听了以后明

周总理听《哭灵》里的"问紫鹃"

白开始我对宝玉是恨的,好像林姑娘是为你死了;等到他后来说他也是被骗的,再看到他那么真情地哭,我就理解他了,所以对他的感情才一点一点转变过来。"宝二爷,天晚了,你回去吧!"他就问我:"妹妹临死和你说了些什么?"我只能叹气。贾宝玉也说不出话,难受死了。我不能指责他,我只能用我的哭声来发泄。我不能怪罪贾宝玉,而且他是主子,我怎么能讲他?所以我就利用一声哭,用哭声来发泄自己的悲哀。所以我的这个哭声蛮真的,不是一般做做动作这样哭,我们强调真实,关键时候正好是和音乐配进。

采访人:紫鹃其实前后的心情是不一样的,刚刚进来的时候是蛮恨贾宝玉的,对吧?

孟莉英:对的,所以我也蛮冷淡的,这里面有一个分寸感。我觉得分寸感非常重要,他是主、我是婢,尽管我们三个人是蛮好的,姑娘对我蛮好,宝二爷对我也蛮好,但是你别忘了你的身份,你毕竟是婢。"琴弦已断,你休提它!"这一句,我们的老院长又启发我,你不要对他凶,你要冷。实际上,后来我想想真的对,冷比凶还要厉害。你在舞台上一定要有分寸感,该有几分有几分,千万不要突出自己,要为整体考虑。这个都是我们老院长启发的。不该是你就不是你,该是你就是你,一定要这样。我们从前在小剧团,不会这样排的,想着反正我要突出自己。我们这里要强调分寸感,要了解自己所演的人物角色。后来实际上我的动作并不多,最大的就是这样一个动作,前面稍微看看她,不要像原来站在旁边,她管她唱,我管我休息。所以,最后一次,总理碰到我就说,"小孟,这下好了"。清清楚楚这几个字,他说得非常精辟。所以,我觉得一个角色的成功,方方面面的帮助都不能忘记。

采访人: 您自己当时设计《劝黛》这场戏的时候,是怎么想的呢?

孟莉英: 分析人物就是有这个好处,紫鹃这个人相当朴实,有正义感。林黛玉是寄人篱下,薛宝钗来了以后,她好像被撇在旁边,如果紫鹃没有正义感,她会站在林黛玉这边吗?林黛玉没有薛宝钗胸襟宽广,比较小心眼,紫鹃能够和她相处得这么好,就说明她的真诚、贴心、正义,同情黛玉。因为紫鹃完全站在黛玉的角度,看到她这样,非常心急,知道她不会好的,但明明知道她不会好,还是希望她好。记住了这几点,唱起来、表达时就有这个感情了。实际上在唱腔上,我也有参考的,人家说我虽然没有专门一派,但听起来也别有一功。本来还有一段,叫"真正的劝黛"。

采访人: 当时这段劝黛是怎么样的?

孟莉英: 这一场劝黛,我们本来是放的,但是没有几次演出就忍痛割爱了。我们院长说戏实在太长,拿掉哪一段都不舍得,都是自己辛辛苦苦

《红楼梦·劝黛》唱片

的心血,编剧也好,导演也好,演员也好,花了这么多力气,要拿掉,是有一点不舍得,不是说不好,是实在时间太长了,没有办法。试玉下来,贾宝玉对林黛玉的确是真心的。他一受刺激,都犯病了,醒过来好像除了林妹妹谁也不能姓林,"你们要把我一起带去",说明他对林黛玉的情是真心的,对林姑娘是专一的。所以接下来我就劝黛了,林黛玉明明心里也是这样想的,我非常理解她。我这样劝她,她知道我对她也是真心的。贾宝玉对她的感情是真的,所以我就跟她说你应当表态、明确,不要再没有最后的决断,我急死了。我希望他们两个人好,贾宝玉对你这么好,而你实际上对他也是非常真心的,只不过你不善于流露罢了。所以我唱道,任何东西要凭你自己的主意的,世界上有钱公子这么多,但是都是三妻四妾的。我真心真意说给她听,就这么简单的想法。林妹妹的性格是蛮难琢磨的,"你怎么这么烦",她其实觉得我这样说都对。"我要去告诉老祖宗",意思是要把紫鹃回掉,但我都是好心的,你如果告诉老祖宗,我吃亏了,你有什么好处呢?这些台词说明她们的关系之好。有了我前面的铺垫,她才会分析后面的问题。从人物出发,紫鹃对黛玉像姐妹一样,看到她这样的情况,紫鹃很贴心,跟她说你要珍惜要表态,完全出于两个人之间的感情,无话不谈。其他人谁敢跟林黛玉这样说?

采访人: 紫鹃试玉,紫鹃的几句话其实也是很有特色的,您是怎么处理的?

孟莉英: 我说,林姑娘要自己回去。他说,不会,她怎么会回去?我又说,那你太小看人了,你认为没,说不定要回去。这里的表演就比较夸张,我是有意挑逗他,他就发病了。自从黛玉进府以后,我就跟着她,多年的相处令我熟悉她的性格,也熟悉她的为人,更了解她和宝玉之间的感情。但是我吃不准宝玉,因为贾宝玉对所有的姐姐妹妹都蛮好的。随着年龄一点点长大,大家都成长了,我迫切需要了解他们两个

越剧电影《红楼梦》中徐玉兰饰宝玉（右），孟莉英饰紫鹃（左）

人到底是怎么一回事，是怎么样的感情。所以我试玉是有意挑逗他，夸大些，来引出他到底是怎么样的想法，这一场唱和后面的比起来比较轻佻、比较夸张。我觉得他和姐姐妹妹都好的，他和林黛玉也好的，林黛玉对他也好的，有时候又不好，暧昧、不够明朗化。这让我很急，我要挑得他们两个明朗化，因为我和他们两个人的感情都很好。通过试玉，我完全确定了，所以后来我要劝黛了：人家已经明朗了，你也可以自己作主了，不要错过，放着眼前人不把握，以后还要找谁？

采访人：您说演《试玉》的时候，您的唱腔还是比较轻佻的，但是也不能太轻佻吧？

孟莉英：在我原有的基础上夸张一点。因为我知道贾宝玉对我们还是以平辈看待的，不是一本正经的，林黛玉也不是一本正经的，但是我毕竟是婢，虽然和他们关系非常好，但是不能忘记这一点。我夸张一点说不要紧，又没有点穿，我说她要回去了，用现在的话说又没有什么原则性的问题。

采访人：试玉后，您是真的去劝黛的，这个时候，您对黛玉的方向明确吗？

孟莉英：黛玉的方向，我也有数的，但是林黛玉若是若非的，好像是这样，好像又不是这样，其实我心里是蛮清楚的，不然怎么有这么大的胆劝她呢？我到后面有两句：眼前有人你再不张罗，你还等去找谁？你要早点定主意了。我多迫切、多希望你表态。试玉通过，毫无疑问贾宝玉对你好的，中意你林妹妹的，但是你也要快点表明态度。他们两个人都明朗化就好了。我希望林黛玉表态，不要再像平常好像这样好像又不是这样，我就觉得没有必要。对他们两个人，我心里当然有点底的，没有底我怎么会贸然上去问。

采访人：紫鹃对林黛玉的那种感情您是怎么表现的？

孟莉英：我觉得林黛玉寄人篱下、孤苦伶仃，如果可以和宝玉明朗化，她就名正言顺了。到《焚稿》中，周妈妈来叫我，说贾宝玉要娶薛宝钗，他们要金玉良缘了，让我去陪，贾宝玉才会相信是林妹妹，因为我是贴身的。他们喊紫鹃的时候，紫鹃完全看出来了，你们是这样的卑鄙、心狠手辣，林黛玉这样奄奄一息了，还要让我把她扔掉，我不做这个事情。等到姑娘死了以后，我还是坚决不去，我绝对不会离开的，你们去汇报吧。这个时候我就不管了，豁出去了，完全体现了紫鹃的正义感，绝不趋炎附势。

采访人：《哭灵》里的"问紫鹃"这段是不是特别设计的？

孟莉英：《哭灵》的这个"问紫鹃"，是我们剧本里特有的。其他戏曲也好，我们各个越剧团的演出也好，都没有"问紫鹃"，都是到贾宝玉哭灵这里下来。这个"问紫鹃"一上一下的唱腔是相当难组织的，如果组织得不好，等于哭灵高潮上去了，到我们这里又跌下去了，那不行的。最后的结局一定要每个戏都是高潮中下来，不可能是高潮上来等到低潮再落幕，那就失败了。人家问我为什么这段这么好听？我说我也不知道。我去问作曲顾振遐，他说一个是你唱得好，另一个你记得吗？本来这段要删掉了。我说是的，后来不舍得，那么就定下来再敲，最后敲出来这样。唱曲定型，一句上一句下，唱得要乏味。这个旋律非常难组织，从作曲的角度上来说也觉得难，就怕要跌下去。1976年周总理重病的时候，他还是听我们的"问紫鹃"。我们到北京去演出，总理请我们去吃饭，他也是点唱"问紫鹃"，我们在前面唱，他坐在后面打拍子。说明这一段唱幸好没有拿掉，人家都说这个"四问"好，如果我们几个人敲不好,这段东西不行了,被拿掉了,戏要跌下去可不行。幸好敲出来,音乐旋律也好听。所以我们的"问紫鹃"是很别致的,别人没有的,是经典唱段。

采访人: 怎么做到过门里面也有戏?

孟莉英: 比如说《焚稿》里面"姑娘你身子乃是宝和珍,再莫说这样的话儿痛人心……",我这个是违心的说法,为了安慰她,她说紫鹃你不要说了,只有你对我最好。我心里想我又说错了,不过我的这种起伏,是在音乐里面。因为这个过门这么长,没有白口,没有唱曲。我也是为了你好,这种潜台词都要放进去,这样就不空了。这都是不谋而合,音乐也需要这样的过程,我就是情不自禁地将感情融合进去。

采访人: 您还演过《孟丽君》中的荣兰?

孟莉英: 荣兰主要是一场幕外戏,一段唱。我始终有一个概念,我一定要唱到你有印象,能够记得我,我自己心里有这个标准的。其实对我来说,我的嗓子并不算好,不像人家非常宽非常高,我不具备这些条件。我知道我的声音不响,尤其从前只有台口一个吊筒,不像现在有无线话筒的。戏曲戏曲,曲是很重要的,我唱得不清楚,人家也听不清楚。十多个人的乐队,我一个喉咙,我不能被你们打倒了,所以我个个戏都要有清板。但是唱清板你要有把握,音必须要唱得准,因为没有其他乐器可以伴

在《孟丽君》中饰荣兰

奏。第一，音要准，第二，曲调要丰富，小腔要婉转，给人家感觉不是很乱。我是掌握这点要领的，所以我总喜欢用清板。我记得宝奎老师给我提过建议，因为我《红楼梦》下来就排《孟丽君》，她说好像你唱《红楼梦》的时候已经有点自成一派了，怎么不顺着这条路走下去？那个时候我倒没有这么想，我想每个人物不同，性格也不同，我没有什么派不派的，根据人物需要。

采访人：这么多花旦流派唱腔，您没有被他们影响到，基本上还是自己的风格？

孟莉英：我也学了老先生们的唱腔。因为我有一个想法，我认为学流派一定要嫡传，所谓嫡传，比如说，范派传人陈琦。我觉得学流派一定要学到这个程度，学不到这个程度还不如不学。因为我嗓音和他们不同，所以我不能学，但我可以把他们好的东西学过来，他们这么好的旋律怎么组织一个唱腔，不破句，这在我脑子里是有的。我把他们的东西拿过来，根据自己的嗓音特色再为人物所用，我是这样做的。所以我各种各样的派都有的，解剖开来都有其他的派。比如说，《朝阳沟》里有一句，尹派的、小生派的我都借鉴。像荣兰这个角色在金殿里面有一句，实际上我是从戚派借鉴过来的。我们的一个小旦以前是拉胡琴敲鼓板的，非常聪明，演员在台上任何台词忘记了，她都记得住，她有这个本事。她说我没有听出你借鉴过来，我说就是这句，比如《孟丽君》里面的起调，我非常喜欢用起调。《孟丽君》中"老家就在……"这个是四工调的拉法、彩调的唱法，"云南鼓楼街……"实际上是戚派的韵味，类似这种。

采访人：您演过乔装改扮的小生这种角色吗？

孟莉英：没有。我不喜欢男角色，我平生就喜欢女角色。女角色的花旦，任何一个人演，我都喜欢唱的，各个流派有各个流派的特点，唯独小生我要认人看的，这说明我钟爱女角色。我很不喜欢女扮男装的，一点也不喜欢小生戏，就喜欢女角色。

采访人： 说到金殿上冒充孟丽君，这一场荣兰这个人物是怎么想的？

孟莉英： 我要冒充孟丽君，说自己是孟丽君。我们两个人商量好的，所以我说我们父母以前就许配了，丞相说你许配给谁？我说就是她。我一直在她那里，孟丽君的事情，我也都知道的。所以我说我是孟丽君，我说出以前的所以然，说明我是真的，不是冒充的。哪怕把孟丽君请上来，把她父亲请上来，荣兰也不怕。我就是要做得真，心虚要被看出来的。你怎么不认识我了，分开几年，老爷子也真是的，我不心虚的，这场戏就要做到底，冒充到底。我要抓住荣兰的不心虚，心虚的话我就完了。我心虚，倒霉的是丞相，从前怎么可以女扮男装。

采访人： 演《西园记》的香筠时，又是什么样的呢？

孟莉英： 后来又排了《西园记》，我们是向昆曲学习的。我碰到了一个好导演——京剧院的马科。当时分析人物，没有像《红楼梦》这么细，因为《红楼梦》有原著，看了原著对各个人物有了了解，启发不少。《西园记》没有分析得这么细，所以我走弯路了。开始的时候，我唱腔什么的都弄好了，特别是在第五场香筠的重头戏，她装神弄鬼。人物这样处理，唱腔也这样处理，导演一看不行，你这样等于第二个紫鹃了，这算什么名堂。我一开始钻不出去，我想怎么会是第二个紫鹃？我唱腔两样、服装两样，头饰也两样的。比如说唱腔，我用了嚣板，嚣板比较跳跃，导演说不对，你这样处理太真了。他后来有一句话对我启发很大，他说这一场戏中，我要求你是一朵大红的牡丹花，贴在张继华的一根青竹上。你说这个形容多恰当？他是一根青竹，我这么大一朵大红的牡丹贴上去，说明我是什么个性，一想那是完了，让我全部推翻。自己搞出来的东西扔了真难，那一段痛苦得不得了，跳不出来，脑子像跌进死胡同钻不出来了。我觉得他说得很对，大红的牡丹，我要火辣辣的性格，他非常清纯，真形象。我想怎么办？这句唱腔我是要的，也改不掉，我也想不到比它更好的。这里我真的要谢谢我们李子川老师，他的琴有时候能启发你，人一跳，东西就出来了。我想我绝不改掉这句唱，这句唱的旋律很好听，但是不要唱得很恐怖，我只要感情跳一点就好了。导演这么形象化的启发，让我恍然大悟。现在想想第五场处理得还不够夸张，还不够洒脱，实际上根据导演的要求，还可以尽量洒脱。

采访人：能讲讲"十八个赵小姐的唱"这一段唱吗？

孟莉英：我拿到唱词后，自己设计的清板，我没有清板不能过日子的。因为我知道自己的嗓音不是很响亮的，但要使人家听得到。以前只有一个台口话筒的时候，这么多音乐声上来，我的喉咙的声音都被盖过了。所以我不要乐队伴奏，要用清板。"十八个赵小姐"一气呵成，结果我这一段唱下来，对观众来说，整个戏真相大白了。

采访人：孟老师，您还有两个主角戏，《朝阳沟》和《梅花魂》。您一直做丫头，怎么会让您做主角的？

孟莉英：那个时候让我排就排了。有的时候青年演员也要挑大梁的，比如说演日场，或者演折子戏。徐、王两位老师不见得每个戏都演，她们也有间隙的。她们不是个个戏背着的，大戏好戏背着，一般的角色让我们去演。记得刚生完孩子那一阵，人胖，中气很足。那时演的《朝阳沟》现在不敢碰，那时唱A调比G调还要高，因为中气足。

采访人：《朝阳沟》中的唱腔，您是怎么处理的？

在《西园记》中饰香筠

孟莉英： 我觉得《朝阳沟》是现代剧，有现代的人物，要带有一点时代气息，不能和古装戏的演出一样。这个戏原来排的是豫剧，听了以后，我在唱腔上用了一些豫剧，比如路上回来一段、在路上一段。它虽然是现代剧，但是又不能脱离传统。在唱腔的组织上，我抱定一个宗旨，有的时候需要用新腔，但是最后还是应当回过来，因为越剧毕竟是姓越，不要被人家听了觉得这算什么剧种，这样就糟糕了。我一定要让人家听后觉得越剧就是越剧，我对这点蛮坚定的。

采访人： 配角还是要根据戏里面的内容来发挥自己的作用，您觉得呢？

孟莉英： 对。不像有的跑龙套站出去，两个主角在发生什么，与他们无关。你要有所衬托的，不能主角在做戏，就觉得跟自己毫无关系，不能这样。这一点，我们院里面是不允许的，而且我自己也是不允许的，自己想想这样站着也要难过的，你总归要尽量去衬托主角。那个时候给我一点戏做，我就非常重视，非常投入。拿到戏后，我真的不回去的，我们住在宿舍里，什么杂念都没有，一心想戏。

采访人： 在戏里您一直演丫头，有什么想法吗？

孟莉英： 我觉得我自从进了二团以后，在王老师旁边多数都是演丫头，或者有一些配角。刚刚开始学戏的时候，我也不想做丫头，总归想做小姐的。我这个人以前年纪轻的时候不喜欢东走西走，蛮静得下来的。以前隔壁邻居都喊我"温吞水"，再热的天，我也不会出去乘凉，就在房间里听无线电。进了越剧院以后，我觉得一个人要有自知之明，扬长避短，我能够在王老师旁边把分配给我的角色做好，认认真真去做，我已经很高兴了，我是心甘情愿地做好一片绿叶。人家说红花虽好也要绿叶扶，我们二团的特点就是比较团结。我蛮知足的，就想着怎么把这个绿叶做好。我觉得我们越剧院在这一点上和一般的区剧团是不同的，因为我们剧院的条件好，不是一个戏接一个戏要排，我们时间充分，再说各个部门都是响当当的，所以我能够进入上海越剧院，能够为老先生们做配角,我心甘情愿。我虽然是一片绿叶,但我要做一片碧绿生青的绿叶,尽到我的力量。人家说喜欢看我们越剧院的戏,为什么呢?除了主角以外,其他配角也有戏,满台是戏,对戏投入,台上只有小演员没有小角色。

(采访:徐佳睿　整理:田虹、张亚敏)

第一次进大剧团,就碰到了好老师
——焦月娥口述

焦月娥,1924年出生于浙江镇海。1939年进上海中兴舞台科班学戏,工小生,师父是男班小丑刘金招。1942年满师后与花旦罗云娥搭档演出,戏班命名为"双娥舞台",演出于上海近郊和青浦、松江、嘉兴等地。1944年秋,进入丹桂剧团任二肩小生。1947年加入芳华剧团,任二肩小生,在《玉蜻蜓》和《浪荡子》中扮演重要配角。是年9月尹桂芳离开,剧团改组为云华剧团。她顶替头肩小生,与竺水招合作演出于国泰戏院。1948年2月至4月参加戚雅仙组织的先声剧团,为头肩小生,演出于恩派亚戏院。1949年9月至11月,在新生越剧团与谢素云、屠笑飞、田振芳等演出于同孚戏院。1950年3月参加合作越剧团,为主要小生。与戚雅仙、徐天红等合作主演并拍摄了彩色越剧艺术影片《石榴红》。1951年4月组建合众越剧团,自任团长领衔主演。初期与小傅全香、汪秀珍搭档演出,后长期与任伯棠、徐逸秋搭档主演,直至1960年。曾主演《虹桥赠珠》《红孩儿》《珍珠衫》《红楼梦》《钗头凤》及现代戏《全家福》等剧目。1960年剧团调整,更名为春泥越剧团。"文革"中因剧团解体而脱离舞台生活。

采访人：您是怎么走上学戏之路的？

焦月娥：1937年，"八一三"淞沪会战，我们一家人在南市的屋子被日本飞机炸毁了，没有办法就逃难到乡下去。乡下在浙江镇海，我们在那里住了一年半，生病就生了一年半，只好又回到上海来，住在姐姐家里。住在姐姐家里干嘛呢？没有事情做，总要找一点工作，锁厂、拉链厂、扇子厂，我都去做过的，但都只做了最多一个星期，不行就不做了。那待在家里怎么办呢？为了生活，亲戚介绍我到山西北路一个道士堂去学戏，学什么戏呢？学的就是越剧。我自己对越剧很陌生的，因为以前没有看过这个戏，也不懂这个戏。到那里，付两元学费考试，怎么考呢？拉一把胡琴，让我们唱。

在学戏前，我姐姐跟我说，你要去学戏，也要去看看这个戏，要了解了解、熟悉熟悉。当时我买了一张位置最差的票，最后面的，那个戏院那时叫金城大戏院，后来才叫黄浦剧场，隔壁一个叫大来剧场。大来剧场里有哪些人在演出呢？我只知道马樟花、袁雪芬、傅全香，她们是四季春科班。去听了几次戏，我有数了，原来是这样，一个上句、一个下句，后面一个拖腔，唱腔就是这么简单。当时我去考的时候，琴师在一间客堂里面，他胡琴一拉，我们就开口唱，简单唱几句就算通过了，考取了。后来就在他们的亭子间里面学戏，师父叫刘金招，是一个男班的小丑演员，根本不会唱女子越剧的。我们自己听自己唱，师父教我们什么呢？他当时本子里有几个戏的，一个

魏兰芳与焦月娥

是《盘夫》,一个是《十八相送》,一个是《倪凤煽茶》,我记忆当中就学这三个戏。后来出师以后,唱来唱去也就这三个戏。

采访人: 那时候主要到哪里去唱戏?

焦月娥: 学满半年,唱了半年以后,就出去演出了。不是经常演出的,比如说谁结婚了要唱堂会,人家下面吃饭,我们在台上唱戏,这是一种;还有一种,以前叫打醮,就是唱鬼戏,这两种我们都去唱的。和尚念经念好,就要我们唱唱戏,我们还是唱《盘夫索夫》《十八相送》。有一次,我们师父带我和一个头牌花旦出去,到先施公司唱戏。谁在唱呢?男班,还是男女合演的。花旦由女的唱,其他男角仍然男的唱。这个花旦是个女的,就是小白玉梅。小白玉梅唱《盘夫索夫》时,有一个小生不来了,没有办法,就和我们师父说了,问我们这里有小生吗?有小生,给我们带一个来,随便怎么唱唱。我记得我们师父带我们去的时候还说,她小名叫阿凤,你要照顾她,还是小孩。就这样一起合作了一次,但花旦并不知道是谁和她合作的。这次回来,我们师父很开心的,还请我们去吃晚饭,我们两个人没有出洋相,唱得还算好,蛮争气的。这次之后,我们舞台经验比较丰富了,比较老练一点了。接下来就要一本正经出台了,演出地点都在什么地方呢?主要是茶馆店。早上卖茶,下午排好位置就唱戏了,晚上也唱戏。这样满师一年、帮师半年以后,人家来请我,我就跳出来了,因为可以赚工资。之前没有工资的,师父发给我们五包粉、一盒胭脂、一盒眉膏,就这样作为化妆品了,其他什

焦月娥戏装照

么都没有,每天吃三顿大锅饭。

采访人：您当时几岁？

焦月娥：18岁。跳出去之后,到中兴舞台,当时不叫剧团的,都叫舞台。因为我是唱小生的,那个头牌花旦叫罗云娥,我叫焦月娥,我们两个"娥",老板就起名叫双娥舞台。我们都是年纪轻的小孩,在双娥舞台合作得蛮好。双娥舞台演出倒也蛮顺利的,就是演出的地点不是边区茶馆店了,都是在近郊区,青浦、松江的各个小镇。

采访人：在镇上演出,碰到过麻烦吗？

焦月娥：碰到过。一天夜戏下来,我们都回到宿舍里去了。场子里是做戏的,在场子对面有一间小房间,我们女的睡在那里,男的睡在舞台上。刚刚夜戏落台,就要搬家了,男的在台上没有穿衣,我们卸妆下来到房间里还不肯马上就睡,还要疯一会儿。一个男的来了,他说你们当心,日本人来了。我们马上不响了,都钻到被窝里去,动也不敢动。我们房门也忘记关了,一个日本人跑进来,一声也不响就拿一个电筒,他一个一个被子掀开,一个一个面孔照过去,不知道他要找谁。我们都吓死了,动也不敢动,有一个唱老生的年纪比较大,也有小孩了,想把楼上住的一个姓葛的翻译喊下来,可以和日本人沟通,结果这个日本人听见我们喊葛翻译,就跑出去了。我们马上把门关了,让大家不要响了。过了一会儿,又有人来敲门,我们不开门,再敲,还是不开。后来就听到有人在门口哭起来了,说我们良心怎么这么黑,门也不开。一听是我们团里面人的声音,我们赶紧开门。她跑进来,就坐着哭。她卸妆卸得最慢,大花脸涂在脸上,在回我们宿舍的路上看见一个日本人,她吓死了,已经跑到门口了,就跳进门口一个水缸里。这个缸倒没有水,她跳到缸里躲着,看到日本人朝我们房间里跑,等日本人走了,才慢慢爬出来敲门。后来老板也知道了,班长也知道了,所以第二天一早,天还没有亮,我们就逃走了。我们听说另外像我们一样的一个小剧团,也在外地,日本人来了要找花姑娘,那个剧团的师傅吓死了,一定要找像我们这样十七八岁的小姑娘。只有一个头牌花旦,是请来的,她结过婚,也有过小孩,她对师傅说看样子逃不过的,就自己到日本人的部队里去了。第二天她回来了,口袋里钱倒装了很多,人是已经糟蹋得不像样了,跌跌撞撞回来的。一个师傅看到她回来跪在她面前说,你救了我们这样一班小姑娘,我们永远记得你。因为曾经有过这样一件事情,所以我们吓得要死,赶快逃走了。

有一次,我们到嘉兴去演出,从小镇到嘉兴市,我们已经算是到大地方演出了,大家很高兴。那个时候,我们师父说,乘船过去,你们大姑娘统统到船舱下面去,不要坐在上面,坐在上面碰到强盗就完蛋了,让男的坐在上面。天气很热,男的都戴着凉帽坐在外面,我们躲在窗帘后面。饭师傅说米没有头,到嘉兴要头不到的,他说就附近靠岸,他去买点米。回来后,他说买不到,这个小镇上,店也没有的,人也没有的,米买不到,我们就走了。我们坐在船舱里也想透风的,脑袋要伸出来,那个湖不宽,看到一个人朝着我们船这里过来,有人问我,这人手里拿什么东西,我跟他开玩笑说,手榴弹。等他走到我们船的前面,说不许动,拦住了我们,要我们停下来,不能开。再开,他手举起来,真的是手榴弹。师傅和班长两个人跪在船头上拜他,让他不要这样。他问我们是什么船?我们是戏班子,是班子船。他问我们为什么这么怕呢?原来我们戴着凉帽,镇上人统统吓得逃得精光,以为是日本人拉货的船。后来又过来一个人,问你们是戏班子,认识谁谁谁吗?我们说认识的。这个人倒好,说你们可以过去了。已经下午四五点了,天要黑了,他说等天一黑,日本人听见水上有划船的声音,就会朝这里开枪,你们有生命危险。怎么办呢?他劝我们明天早上天亮了再走,并说自己是好意,今天小姑娘就睡在船上,岸上面有一个放棺材的地方,就买一副香烛点一点,棺材上灰弄掉一点,男的就上岸就这样马马虎虎睡一个晚上,小姑娘要安全一点的,睡在船里。我们只能听他话,他是当地人,据说是当地的游击队。我们小姑娘就睡在船里,心事重重,没有一会儿又来喊了,让两个花旦和我三个人跑出来,因为有一个队的司令让我们去唱唱戏。只能去唱了,一定要去的。小舢板摇着去,灯不能开的,怎么办呢?两三个人香烟抽一口,有一点亮光。不知道摇了多少路,反正声音一点也没有的。到那里也是这样香烟点一点,上岸之后,结果说非常抱歉,今天司令有事情不来了,你们回去吧,要不烧点鸡蛋给你们吃吃。我们鸡蛋也不要吃,这样又回来了。回来时又是刮风又是下雨,真的是月黑风高,就这样一点香烟火,点好之后不能抬头,枪要打过来的。第二天到嘉兴,嘉兴演出完后,我是吓死了。我跟老板说,我不做了,回上海了。当时我回上海也不想做了,我本来就对越剧不是很感兴趣,还是去做些别的什么事情,只要有饭吃就可以了。

采访人: 回上海后,您怎么又去唱戏了呢?

焦月娥: 回到上海以后,过了没有多久,我一个师兄来找我,他说他给我介绍一个剧团,让我去做。我说上海都是大剧团,我们这种小剧团的演出,风格什么的都不一样的,大剧团有大剧团的派头,我很怕。他说不要紧的,胆子大一点去做,去试试看。我想想是的,就去了。这个时候大概是1940年或1941年,剧场是同孚大戏院,在石门一路上,头牌是邢竹琴、王水花。我那时胆子很小,因为刚刚出道,但邢竹琴老师非常好,她就是我的良师益友。她有什么特点呢?平常做人非常好不用说,戏她都知道的。不仅自己的戏,她管得很牢;跟她唱对手戏的人,她也很熟。她肚子里有很多戏,所以我要排新戏,都是她教我的,要这样做,要这样唱,她还会启发你,排得很仔细,而且她脾气也非常好,非常耐心,不厌其烦。所以我在这个剧团里觉得很开心,艺术上也有所进步。

采访人: 第一次进大的剧团,就碰到两个非常好的老师,您觉得自己幸运吗?

焦月娥: 是的,邢竹琴教我戏,王水花支援我行头。我就这样在舞台上站稳脚跟了，她们大我五六岁，我那个时候只有20岁，她们二十五六岁。我觉得这两个先生在，就非常开心，也不计较，一直一起做，做了一年多。后来王水花生病离开了。邢竹琴就和李艳芳一起合作，把我一起带过去了。再后来邢竹琴、我、李艳芳，又从宁波请来魏兰芳，一起做了半年。后来又拆档了，张春帆邀请我们这三个人，我、李艳芳、魏兰芳到丹桂剧团。丹桂剧团的小生本来是张湘卿，她不做以后，就是李艳芳，旦角筱丹桂。后来李艳芳年纪大了，不做了，我和魏兰芳仍然在，还请来了张桂莲，就是原来在马樟花、袁雪芬剧团里的。张桂莲做了大概半年也不做了，又请来徐玉兰。

采访人：1946年您一直在丹桂剧团？

焦月娥：是的，我和魏兰芳，再加上后来的余彩琴，一直在丹桂剧团，阵容是相当强的。这样做了大概一年多，张春帆把我和余彩琴两个人调到芳华剧团去了。我们在芳华做了半年，我又碰到两个蛮好的老师，尹桂芳和竺水招，两位老师非常厚道，可惜后来尹桂芳不做了，要到香港去了。下半年，竺水招就跟我一起搭档，把我提拔上去了，我们在国泰大戏院演，不在九星演了。尹桂芳有一个名作《浪荡子》，就是这个时候演的，轰动一时。

采访人：您能讲讲《浪荡子》这个戏当时的演出情况吗？

焦月娥：这是1947年，这个戏天天客满、日夜客满。这个戏的编剧

焦月娥和竺水招

是徐进,演员的阵容非常强大,个个顶用,没有浪费的人。尹桂芳、竺水招、戚雅仙、赵雅麟、吴小楼、余彩琴、我,演员听听好像只有12个人,但个个台上都站得住。那个时候不叫现代戏,叫时装戏。演了一个多月将近两个月,天天客满,所以轰动。这个导演也有一点噱头的,第一场,尹桂芳和竺水招两个人结婚,结婚不是在台上结婚,从观众席里走过来,走到台上,再开始演戏。总归要有一个新鲜的东西给观众,观众才会接受。一传二、二传三,"我们今天去看尹桂芳,尹桂芳从边上走过,我们亲眼看到的,拉到我们衣服了",我们听到观众这么说开心死了。

采访人：这个时候,张春帆可以决定你们到什么剧团的吗？

焦月娥：对的,因为张春帆自己也算班长。那个时候几个班长之间是通气的,所以他安排我们到尹桂芳剧团去做是可以的,工资什么都照旧,该加的就加一点,工资是半年一加。我是因为芳华剧团里的一个演员还不过硬,所以把我放到芳华去。

采访人：前台老板和后台老板怎么分工？

焦月娥：前台老板是专门管剧场的,比如说剧场应该有多少设备,由前台来定。后台老板是管剧团的,出账时前台三成后台七成。如果前台老板、后台老板都是一个人做,那就一个人全部拿去。

采访人：尹桂芳走了之后,剧团是不是改名叫云华了？

焦月娥：对的,叫云华了。我们那个时候就做了一个戏,叫《未婚妻》,也是现代戏。在做这个戏的过程中,发生了筱丹桂自杀事件。说起来有点预兆似的,我们没到国泰大戏院,还在九星里做《浪荡子》的时候,国泰大戏院一个花楼突然坍塌,演出的时候有电风扇的,电风扇什么都掉下来了,观众都逃走了,这是一个不祥之兆。国泰停演,徐玉兰不肯做了,筱丹桂一下子找不到好的小生,张春帆想让我和筱丹桂搭档,但是想想我还是不够老练,刚刚一个二牌小生升上来做头牌。如果当时我们搭档,她可能就不会自杀了。当时他喊我和竺水招一起做,也是借此机会让我先锻炼得老练一点,想提拔我多做两个戏,再和筱丹桂去搭档。结果在这个时候,我们演出了,筱丹桂没有演出。她自杀前几天,曾经到国泰来过,没有到后台来,在前台,我看到她的,筱丹桂小名叫春凤,我们喊她春凤老师,问她今天怎么来了,她人很不开心的样子,有这个迹象,但是谁会想到她自杀?回去没有几天,我们正好在吃晚饭,我一个师兄就跑来在我耳朵边说春凤自杀。周宝奎正好没有演出,她也休息了,一听这个消息马上赶去。

采访人:这个时候,周宝奎在哪里?

焦月娥:也是在云华剧团。周宝奎也是丹桂剧团的人,筱丹桂、徐玉兰不唱,这点班底怎么办呢?他们反正是老国泰大戏院的,还有我们去的几个人,吴小楼、我、竺水招。也就是说,虽然是云华剧团,但是用的还是老的丹桂剧团的班底。

采访人:筱丹桂不太善于和人家交际?

焦月娥:不交际的,人很老实的,到顾家姆妈(过房娘)家去也要经过批准的,一点自由都没有,精神上是很孤独的。筱丹桂出身很苦,他们说她是童养媳,对方人家很凶,有一次拿火钳烫她,留下了一个疤,后来筱丹桂的哥哥想想她很可怜,才把她领回来,为了生活就让她学戏。她哥哥也很老实的,她还有一个妹妹,也很老实。他们告诉我筱丹桂自杀了,当时我们很吃惊,他们又说,不要紧张,你们后台不要闹情绪,现在还没有结论,刚刚把她送到医院里去。因为路近,浙东大戏院和我们国泰没有多少路,穿过一条北京路就到了,所以他们消息蛮快的。筱丹桂是怎么自杀的呢?据说,事先她就睡在床上,因为张春帆骂她,她气死了,人朝里面睡着,在被子里用手指头写,"人难做,难做人,做人难"。写来写去这几句,写到后来,马上就跳起来,把门口放的一瓶来沙尔喝下去,隔壁邻居马上送她去医院。那个时候北京路浙东大戏院过来有一个中西大药房,到长征医院最快、距离最近,不过有一个红灯的,穿不过来。正好吃到一个红灯,停了一会儿,再过去,晚了,没有抢救过来。摇钱树倒了。张春帆跳也没用,哭也没用。过了两天,大家停演了。

采访人: 张春帆在剧团里面怎么对你们这些演员的?

焦月娥: 在剧团里面,我们是老板和演员的关系。我们中谁可以叫座的,他就多给一点工资。如果不卖座的跑龙套的人,你跟他说,我家里有事情,你借点钱给我,没有的;如果你能够叫座的,他会说,你要多少,再借点给你好吗,会塞点钱给你。他周围有一批人,一天到晚坐在前面打麻将的,这批搓麻将的人都是他的同乡,里面有几个打手。万一外面有人来捣蛋,他们会撑场面的。这些我们也是后来才知道的。

采访人: 您有一个《上海小姐》,这是为了灌唱片现成编的还是平时演出的时候就唱的?

焦月娥: 这是一段开篇。舞台上没有唱过,一个导演编的,他叫金风,是合作越剧团的,那个时候没有什么大的作曲的,我们都是自己唱的。那时已经快要解放了,上海形势蛮紧张的,大中华设备什么的也都已经搬走了,没有什么设备了,就这样快点去灌两张唱片。

采访人: 您和戚雅仙并没有一直合作到1949年,这当中发生了什么事?

焦月娥: 我怀孕了,要生小孩了,所以我休息了。戚雅仙再和别人一起合作。等我休息以后出来唱,已经是第二次和戚雅仙合作了。戚雅仙等我小孩生好了,又来喊我了,这个时候头牌是徐天红,二牌是戚雅仙,三牌是我,我们又一起做戏。这次是刚刚解放没有多久,拍了一个电影,叫《石榴红》,电影放映的时候非常轰动,阵容也蛮强的,徐天红、戚雅仙、我、高剑琳、竺水招、魏兰芳都有的。拍这个戏我们蛮辛苦的,早上五点起来。要化妆师化妆,我们自己不能化,一个一个等化妆师化好已经要十一点了。化妆师只有一个,我们这么多张脸,自己就打一个底色,然后就等着他,要他帮我们化。因为是电影的化妆,和我们舞台化妆完全两样的。拍电影非常累,将近十点才拍了两三个镜头,因为导演还有要求,你这样不对,再来一遍,不对再来一遍,四个镜头一拍已经下午一点了。然后马上赶回家到那里化舞台剧的妆。这是非常累的,一直要到夜戏演完。有一次戚雅仙在台上睡着了,怎么会睡着的呢?天天早上五点到中午,人实在累,正好这一场戏她做一个老旦的女儿,老旦要唱一段戏的,她在哭,就这样睡着了。老旦急死了,只能推她,她醒来了。先这样喊一声,脑子清醒清醒,下面再唱下去。结果这个电影拍好,徐天红是眼睛红得像灯泡一样,戚雅仙得了一场伤寒。实在太累,早上五点一直要到晚上十一点我们才下台。这样连续一个多月,拍也算拍得蛮快的,它是洋房里搭的室内布景,就在威海路这里,以前做过一个服装加工厂,那个时候制片是颜鹤鸣。

采访人:实际上是私人的电影工厂——上海五彩电影实业工厂?你们都去剧场里看过吗?

焦月娥:是私人的。那个时候彩色片放映的时候非常轰动。我说我不要看,自己的东西,我不要看。我演戚雅仙的丈夫,是一个赌徒,反面人物,要打戚雅仙。舞台上倒是假打的,电影中要真打。舞台上没有演过《石榴红》,只拍了电影。不知道谁拿来的剧本,而且看中这个剧团去拍。拍好之后到西藏路的皇后大剧院放映,生意非常好,很轰动。戚雅仙就是从这个戏红起来的,以前我和她演戏的时候,生意总归不太好,就这个戏红起来的,生意开始好起来的。

采访人:一个电影拍得这么辛苦,报酬是怎么支付给你们的呢?

焦月娥:没有拿到过。我们的心理状态是非常好的,当时总归希望自己红,也不考虑报酬,只要名气响起来就满足了。那时候

焦月娥画片

唱越剧的基本没人拍过彩色电影，只要能够让观众知道你的名字，就不在乎这点钱了。

采访人：能讲一讲合众越剧团是怎么成立的吗？

焦月娥：和戚雅仙搭档以后，我又休息了一段时间，后来就成立了合众越剧团，也是其他同志喊我去的，要以我为主，成立一个剧团。这个时候就叫姐妹班了，没有老板，班长也没有了。合众越剧团成立起来也不简单，我们演员自己不太会发起的，坐在家里就坐在家里了，特别是像我这种不是很起劲的人。但是有人想到了，人家工作人员也是要有饭吃的，几个人聚在一起和我谈，去演出，这么年轻不演出干吗呢？我想想也好的，就去演出。来了一些工作人员、几个演员，有我、小傅全香。那个时候陈少鹏的光明越剧团里面的一些人，愿意出去就可以出去，不愿意出去仍旧留在光明越剧团。他们都跑出来了，来和我一起合作。我们都是自愿的，借了300元。当时300元就当行政费，买点乐器；其他布景可以向布景老板租的，我们设计几样东西交给他，给他出租费，灯光布景都是向他们租来的；服装呢，我们自己有的拿出来，统统自己穿自己的；还有道具，向道具老板去租。剧场里灯光搭景都有的，我们只要演出就可以了。大概是1951年或1952年的劳动节前夕，在圆明园路这里很冷清的一个电影院改造的地方，算是我们合众越剧团登台演出。因为我们大家是聚拢在一起的，所以叫合众越剧团。

采访人：成立合众越剧团后演出了一些什么戏？

焦月娥：当时我们第一个戏叫《李三娘》，我一个人饰两个角色。我倒是最喜欢这个戏，为什么呢？这个戏比较难，唱、做、念、身段都要有，而且都要配合得好。我总觉得这个戏比较容易发挥，所以我蛮喜欢的。这个戏在上海演过以后就不演了，后来我们到南京、苏州去演出，这个戏蛮轰动的。那个时候，我们在南京大会堂演出，有六个剧团，我们剧团代表江苏省去慰问最可爱的人——抗美援朝的志愿军。我们就拿这几个戏去慰问了。

采访人：这个时候,导演和技导是怎么分工的?

焦月娥：技导会教动作的,导演给你分析人物心理,所以是有分工的。导演是话剧导演,都是新文艺工作者,所以他不会甩水袖什么的,他只跟你分析这个时候你的心理状态怎么样,你应该怎么做;技导对这些不来管的,就是看你的身段怎么样,他来教你。技导设计动作的时候,也考虑人物的,但不是很重要的,重要部分让导演去考虑。导演和技导事先也商量的,也要合作,要知道这个人物是怎么样的。技导只研究动作,他不太研究演员这个时候的心理状态,心情是什么,这个要问导演的。你演的时候,要求他这个角色是什么心理状态,导演告诉给他听;这个时候他心里焦急,焦急的时候在舞台上应该用哪几个动作来表现,这个问技导。所以有的时候戏排好,技导坐在台下看,看完以后,技导也心里有数了。他也要看你这个演员的,演员功底好,他给你动作多一点,功底比较差的,给的动作就少一点。

采访人：所以,技导设计好的动作不一定用在你身上的?

焦月娥：陈先生说,我知道你脾气的,你功底不太好的,我不会跌摔让你吓死的,但是你放出来的动作样子非常好看,所以他教虚的,摆两个样子出来,动起来自然会好看的。演员自己也要动脑筋的,你教我几个动作,我觉得不称心的,我也可以动一动,一定要你自己去理解。他教我,我自己再去融会贯通,融会贯通以后排出来的戏,就是两样的。所以《李三娘》这个戏,我自己蛮喜欢的,我觉得陈先生教得很好的,我自己也一起配合,比如说出场就要趟马、走边,里面一边唱一边也有动作。我在南京慰问部队的时候,一些小解放军看好戏也会等在后门口,看见我吃饭去了,"小将军小将军"地喊我,和我握手,我也很开心的。有了这个戏以后,我们团里面的编剧、导演都认为我做娃娃生比做书生好,所以后来排《红楼梦》,贾宝玉也是我演。因为我们剧团当初是以我为主的,所以专门排这一类戏。要想卖座,专门排这类戏。

采访人:这一段时间,一直和你搭档的主要花旦是谁?

焦月娥:前面是小傅全香,《红楼梦》第一次演出也是她,后来介绍她进浙江越剧团去了,改叫薛莺,小傅全香是她的艺名,跟着她师父的姓名,因为她是大徒弟。第二个搭档叫汪秀珍,我们参加慰问团的时候也是和她搭档。

采访人:您能谈谈《虹桥赠珠》这个戏吗?

焦月娥:《虹桥赠珠》这个戏的确很轰动。为什么轰动呢?它的剧情一般,一个公子碰到一个水母娘娘,两个人谈恋爱了,这样一个故事,其他没有什么。但是它的布景用机关布景了,水晶宫里的虾兵蟹将就靠服装布景,观众那个时候都是看新鲜,没有看到过,所以非常轰动,其实戏很平常。真正的很扎实的艺术不太有,就靠布景和服装。

采访人:后来怎么到春泥越剧团的呢?

焦月娥:我们本来在江宁区的,以前有江宁区、新城区,后来叫静安区。我们从江宁区合并到徐汇区,天鹅越剧团是徐汇区的。从剧团成员来说,是他们并入我们,他们人少,我们人多;从区来说,我们是到徐汇区去,所以名字只能改掉,叫春泥越剧团。然后到天蟾舞台、共舞台,总归挑好一点的地方去演出。

采访人:您后来慢慢地转做编剧、导演工作了?

焦月娥:有些戏,我都让给王玉春演。后来我到上海戏剧学院编导班进修,这个编导班的学员五省一市来的,福建、浙江、安徽、山东、江苏、上海市,是脱产学习,不演出了。大概读了八个月,我们结业以后,老师跟我说戏剧学院导演蛮多的,让我安排青年演员来排一个《孔雀东南飞》,也让他们这里的青年导演到我们戏曲团体里去实习。这样我就一步一步退下来了。《虹桥赠珠》里,我自己就做个书童。我演出还是演出的,牌子挂着,主角让给王玉春唱,自己做做配角。团长还一直

春泥越剧团《红书宝剑》剧照(筱月英、焦月娥、王玉春)

是我担任的,演出少了,行政工作就多一点。我们在淮海路1413号越剧院对面一个花园洋房里面排戏的,也在那里办公。一直到60岁,我是在徐汇区艺术中心退休的。

(采访:徐佳睿　整理:田虹、张亚敏)

活到老、学到老
——筱月英口述

筱月英,1932年生,本名范爱云,浙江绍兴人,国家一级演员。1944年在杭州拜越剧演员沈月英为师,习花旦,在杭嘉湖一带演出,1951年起成为剧团挑梁演员,曾任天鹅、春泥、卢湾越剧团副团长。历任上海市徐汇区人民代表、卢湾区政协常委、中国剧协会员、上海戏剧家协会理事。在天鹅越艺社时  期,主演了《楚宫怨》(饰婵娟)、《孔雀东南飞》(饰刘兰芝)、《钗头凤》(饰唐蕙仙)、《蝴蝶杯》(饰胡凤莲)等剧目,成为越剧界著名演员。后为卢湾越剧团主要演员,主演了《孔雀东南飞》(饰刘兰芝)、《文成公主》(饰文成公主)、《玉鹅恋》(饰郗文娟)、《棒打薄情郎》(饰金玉奴)、《女中郎》(饰胡天麒)等剧。1963年,中国唱片社出版了她演唱的《汉宫秋》唱片一张,1965年中国唱片社出版了她与焦月娥、王玉春演唱的《红嫂》唱片三张。20世纪80年代她演唱的《沉香扇》《孔雀东南飞》《棒打薄情郎》唱腔均由中唱上海公司制成音带发行。

采访人：请您先做个简单的自我介绍。

筱月英：我叫筱月英，这是我的艺名，我自己本人姓范名爱云，我为什么会叫筱月英呢？因为我的师父叫沈月英，在杭州唱花旦，老师沈月英的徒弟就帮我取名筱月英，大家都知道我叫筱月英却从来不知道我叫范爱云。我13岁开始学戏的。

采访人：您为什么会去学越剧呢？

筱月英：为什么喜欢学戏呢？因为我读书的时候就喜欢看越剧，放学晚上总要去看，甚至于看到晚上回去我妈妈发脾气了，因为读书不用功，一直看戏，就把我关在外面，不让我回去睡觉。那时在杭州，我没有地方去就在马路上睡了一晚，到早上五点的时候有人走过就说这个小姑娘大概是落难，怎么会睡在屋檐下？我第二天回去给我妈骂了，但还是要看越剧，总归改不掉，一定要学戏。到这个时候我父母也只能支持我，既然我这么喜欢就让我去学了。我13岁的时候，在杭州拜沈月英为师，为什么拜她呢？因为拜别人规矩更加多，你在学戏期间家属不可以来看你，打死不能讨命的，我一听蛮怕的。沈月英没有这种要求的，只是要求你三年学满了以后要帮师三年，就是学满三年以后赚来的钱要交给她，她给你一点零用钱。因为我小时候比较机灵，还蛮聪明的，所以我学出来得快，钱也收得早。我13岁到15岁已经蛮会做戏了，到16岁我基本满师了，可以自己搭班子出去唱了。

采访人：学戏都学些什么？练功辛苦吗？

筱月英：我就记得我十三四岁的时候和张小巧在杭州商场里面唱，张桂凤等都在，他们是客师，唱戏，我是跑龙套，还在做丫头什么的。这个时候汪笑真、张桂凤、张小巧都在杭州。演的都是老戏，因为我跟先生的日子不多，她教过我一个赵五娘《琵琶记·送十里亭》，就是《琵琶记》中清唱的一段。后来因为她演出比较少，我都是跟人家搭班搭出去，不是我正式的老师，我也叫她们老师的，她们也很喜欢我。我会上,还有背纤,今天这里唱好明天到别的地方唱,要走三十里路,蛮艰苦的。我们一起去杭嘉湖一带演出,金华、诸暨、嘉兴、枫泾、海盐等地方。我16岁以后就挂头牌了,养家糊口,家里要靠我生活了。我本来是唱二肩的,因为有一个头牌花旦叫邓月红,她大肚子要生小孩了,趁着这个机会我顶上去就一直唱头肩旦了。我在浙江省这边唱得蛮红的,因为我年纪轻的时候嗓子好,扮相也蛮好,我妈妈这个时候觉得我唱戏是一块材料,也就拼命培养我,给我做行头、做服装,所以在杭州人家叫我行头花旦,服装很漂亮,我情愿自己少赚一点服装一定要做得好。从前我们唱戏赚工钱讲米的,十石米一个月,因为从前的钱币和币值变化很多,所以都是讲米的。

采访人:解放前您一直在杭嘉湖一带演出吗?

筱月英:那时即将解放,解放的时候我应该是18岁,1949年的时候在海盐演出,那个时候我都是挂头牌花旦,突然之间封杀了,不能演出了,怎么办呢?钱也没有,回么回不去。有个戏迷,他一直看我们戏的,他想了一个办法,找了一个摇船的船夫送我们几个人回杭州,一个唱小生的、一个唱老旦的、一个我,我们三个人。他给了我们两块银元、一盆咸菜、一斗米,在船上烧着吃,送我们回去。后来在路上碰到国民党兵,让我们停下来,跳到我们船上,要让我们唱给他们听,这种环境下怎么唱得出口?不唱他们就把手枪拿出来,没有办法,我们就唱《借红灯》,唱到一半的时候另外一条船过来了,是抓鱼的船,这批坏人就让他们过来,把我们的船和他们的船用绳子绑起来,不让我们跑掉,他们跳过去拿鱼去了,他们到那条船上后,我妈妈很聪明,拿出一把剪刀把绳子剪掉,我们就很快逃走了,国民党兵朝天开枪,我们逃到了塘栖。

我妈妈一直跟着我的,后来我梳头都是我妈妈帮我梳的。我从前在乡下演出有规矩的,要看到我筱月英只有两天能看得到的,一次就是进去的时候,你一定要走过这条路的,观众都看得到的;还有一次就是帮她们把脸盆水都打好，天热帮她们扇扇子，还会帮她们梳头，头上的蓬头我弄得挺专业的，所以她们几个花旦都让我帮她们弄。我虽然人小，但是在剧团里蛮起作用的。有个花旦老师，我一直跟着她，也是在杭州的。以前这种老的老师有的地方也不太讲道理的，我想起来一件事，张桂凤倒是蛮帮我忙的。她们喜欢搓麻将，我要帮她们倒茶，她麻将输了把一个杯子敲碎了，她就打我，张桂凤就出来打抱不平了，她说你这不可以的，她戏唱错了你打她可以，你茶杯敲碎了，是你自己搓麻将敲碎的怎么可以打她？然后打是不打了，但要把我拉到台上唐明皇菩萨前去跪，要跪一炷香，这个时候我思想斗争了，不想学了，打退堂鼓了。我从台上跳回去，逃到半路上想想不行，我回去会给隔壁邻居笑话。我这样逃回去，说起来难为情吗？我走到一半想想还是再回去，再去跪着。等前台上咚咚三声一响就是要唱戏了，我眼泪擦干马上帮她们梳头，当没有这件事。

采访人： 您和您老师一起同台演出过吗？

筱月英： 我老师后来不唱了。从前演出是要老板请，像找工作一样的，效益好的请的人当然多，如果效益一般的等于失业了，没人请的话出去的机会就少了。她出去机会少了我跟在她后面不行，那我肯定要去跟别人的，因为我正好是需要锻炼的时候，我就跟别人去了。但是我赚来的钱总归给老师的，老师再给我一点零用钱。但是她对我蛮好的，人也蛮忠厚蛮正派的。后来我在杭州挂头牌了，她到我这里唱二肩，我不好意思，就给她另外挂一块牌子，"特请沈月英演出"。我头牌她二牌，这样是不尊重老师。这个时候老板也没有办法，我当头牌的时候，她已经不太演了，也是我的关系，照顾她，让她来唱。我给她挂一块特请牌子，她跟着我跟了半年到一年也不唱了。后来我跟她关系一直很好的，大家像亲戚一样经常走动。

采访人： 您什么时候自己挂头牌的？

筱月英： 那时候我在杭州草台班演出，像舞台姐妹们一样的，在船等我们演出全部结束出来了又看得到。平时看不到的,因为我不出来的,唱好戏就和我妈妈自己烧点东西吃吃,吃好就睡觉,第二天起来吃点东西又演出唱戏,从前都是日夜场,所以是看不到我的。逃到塘栖以后再回到杭州,然后等解放了因为我就直接到了上海,后来在河北大戏院登台,和裘绿琴搭档。

采访人:后来怎么到上海来演出了呢?

筱月英:我碰到一个唱老生的叫鲁玲华,她到杭州来演出,说我唱得蛮好的,我这样的条件为什么不到上海去呢?杭州有个金导演,他和王文娟她们蛮要好的,他说我扮起来很像王文娟老师的,然后就把我介绍到玉兰剧团去了。王文娟老师看见我也蛮喜欢的,他们剧团要我进团。但是鲁玲华让我不要进去,她说你进去唱不到戏的,上面有王文娟老师,下面还有陈兰芳等,你刚刚来上海,到小地方庙小菩萨大,你到大庙里面做小菩萨,去做媳妇还不如做婆婆。于是我就到河北大戏院登台,和裘绿琴搭档。头一天是《沉香扇》,第二天是《三看御妹》,第三天是《碧玉簪》,三场打炮戏,三场戏唱好老板开心死了,觉得不错。因为我行头很好看,《沉香扇》女扮男装,上去唱了之后,人家觉得我各方面都不错,那个时候大家说我是杭州小花旦。那时运气也好,少壮剧团6月份唱六月戏,庞天华在国泰大戏院,陆锦花老师休息,让我和庞天华一起演《楚宫血泪》,我就从河北大戏院

《沉香扇》剧照

来到国泰大戏院。国泰大戏院要比河北大戏院高一档了，我想我要唱，在国泰一唱影响就大了。于是陆锦花老师说要点我一个戏，要请我进少壮剧团，就等于要考考我，点我一个什么戏呢？一个老戏叫《叶香盗印》，这个戏是要看基本功的，脚底和膝盖、拳功和麻雀步、脚尖走路的功夫戏。陆锦花老师点到我胃口上了，这个戏在乡下属于我的拿手戏，我一唱，陆锦花老师马上要让我签字进少壮越剧团，和李忠萍一起唱，陆锦花老师带着我唱。

采访人： 后来怎么和丁赛君搭档演出呢？

筱月英： 1951年我和丁赛君搭档唱戏了。在少壮剧团签好字以后，唱了两部戏，第一部戏是《哪吒》，我演一个小尼姑；第二部戏是现代剧《夫妇之道》，李忠萍和我一起演，我做陆锦花老师的女朋友，张小巧做我娘。两个戏做下来丁赛君看中我了，她出来找花旦于是就来找我，约我出去吃宵夜，让我和她搭档，说我们大家都是新人，搭档一起闯一闯，我想想蛮好的，这也是个机会。少壮剧团有一个李忠萍在，这个时候陆锦花老师开盲肠炎休息，我就答应丁赛君，把名字签掉了，然后就和丁赛君搭档演出。那个时候第一个唱《屈原》改编的《楚宫怨》，在九星大戏院演出；第二个就是《孔雀东南飞》了，最后是《梁祝》。当演出《梁祝》的时候，袁雪芬老师、范瑞娟老师、傅全香老师全部来看戏，坐在上面包厢，都说杭州来了一个小花旦要去看看，下面一排是梅兰芳太太和她的朋友们，坐了一排。我那个时候小，吓死了，上面几位名演员，下面又是几个名人太太，我唱得很紧张。这场唱下来以后长江大戏院生意好得不得了，冬天人家拿着铺盖到戏院门口排队买票子。

采访人： 为什么和丁赛君的搭档又解散了呢？

筱月英： 为什么后来停下来不演了呢？我们在国际饭店对面的长江剧团演出，我们的编剧在国际饭店包了一间房间写剧本，空下来他们还要去跳舞，因为我们演员是和他们分账的，我们赚来的

《夫妇之道》剧照，陆锦花（中）、筱月英（右）、张小巧（左）

钱等于都被他们浪费掉了。他们这种开销都太大了，他们给我们多少就多少，我们又不懂。这个时候也没有什么团长的，他们两个编剧就是团长，于是丁赛君觉得不合算不想演了，说我们等于被他们剥削了，我们自己重新组织，和前台的老板说好，停演一个月到两个月，他剧场不租给人家，等我们重新组织后再来演。演出的最后一个戏就是《梁祝》，谢幕的时候观众都哭了，观众们把花都扔上来，都在哭，我们的观众多数是中学生。然后不演了，想自己成立剧团，停下来重新组织人员，不想要这批编剧了。这个时候都是丁赛君做主的，结果这批编剧他们都有文化的，到工会里面去告我们两个人，不让我们另外成立剧团，不让我们唱，要么我们回剧团，不回剧团就不让我们唱。停了半年，丁赛君经济条件当时比我好，我因为要养家糊口的，停半年停不起，没有这么多钱开销，怎么办呢？剧团里一定要让我们回去，后来丁赛君说算了，大家就回去吧。工会什么都联系好了，我们再回去。说好早上九点去报到，到八点丁赛君打一个电话来，说她不去了，叫我先去报道。她说听说有人要扔她硝镪水，我说不会吧？她说真的，他们对她仇恨深，她让我先去，如果没有这个情况她再进来。我想也好的，我先进去了，进去了之后丁赛君就不肯进来了，其实这说不定是谣言，最多就是有人恨她，终究是新社会了怎么可能扔你硝镪水，她就是怕。我们就此分手了，她只能进越剧院，进了越剧院她心情也不舒畅，戏也唱不到。

采访人： 丁赛君去了越剧院，您怎么没有去？

筱月英： 越剧院也让我去的，我妈不让我进去。因为工钱太少，这个时候金采风、吕瑞英只有180元，我和丁赛君进去说给我们成立一个青年剧团，给我的工资是200元，给丁赛君250元。但那时我们在长江大戏院演出可以赚五六百元，那个时候想想要养家，我又不作主的，都是听娘作主，年纪大的人没有这个眼光，就没有进越剧院。越剧院把剧团里的主要演员都抽掉了，后来我去请了一些，是托工会里的人找的。后来陈琦什么的也进来，和王玉春两个人唱并头肩，我把曹玉珍也请进来，我们这个时候阵容又强了。高剑琳是剧团里出来的，曹玉珍和我，陈琦和王玉春，四块头牌大家轮着做，这个戏你唱主角我唱配角，那个戏我唱主角你唱配角，倒是蛮好的。观众都看得到的，阵容蛮强大的，那个时候生意蛮好的。

采访人： 您是什么时候到春泥越剧团的？

筱月英： 和丁赛君搭档的这个阶段是最辉煌的一个阶段，戏也好，观众也热闹，这是"文革"之前了。后来因为我们只搭了几个戏就拆散了，人员单薄了，这个损失蛮大的。再后来要上海18个剧团置换出去，那个时候我是团长，还没有结婚，曹玉珍和我一起去开会的。我在会上表态要报名，曹玉珍问我是真的还是假的，我说真的，大家都报名的，我代表剧团来开会的不能不报名的。她觉得到浙江去还不如去西安，地方总比舟山什么的要大一点，她去答应人家了，人家敲锣打鼓欢迎。结果她去后我们剧团刘处长找我谈话了，他把指挥名单给我看，我是去杭州越剧团，但是他问我，和孙正阳到底结婚吗？我说订婚都订过了，是要结婚的。如果要结婚的，他让我不要去杭州越剧团了，就留下来，因为结婚后将来还要调上来的多麻烦，不让我去。所以后来杭州越剧团的名额给了张琴娟等，天鹅越剧团里一部分人去了，我留下来了，没有到杭州去。1959年我们和陈琦一起去苏州演出，这个时候周总理的弟弟到苏州看我们的戏，他喜欢我们的剧团，就说要把我调到冶金部文工团去，大概是1960年的一二月份，公文来了。这个时候是柯庆施在上海，越剧团让他们挑，他们喜欢哪一个剧团就坚决支持，因为中央冶金部的文工团是要我们剧团，但表面上不能说，领导说让他们挑，他们还是要了我们天鹅越剧团。然后天鹅越剧团要去北京，这个时候我和孙正阳结婚了，上面领导考虑要是把孙正阳也调过去了怎么办呢？嫁个女儿还要赔个女婿，然后就把我调下来，不让我去，让徐逸秋代替我。天鹅越剧团不成立了，到中央冶金部去了，我和焦月娥合起来组成春泥越剧团，和焦月娥、任伯棠一起搭档，一直到"文革"以后。

采访人：您在春泥越剧团主要演了那些戏？

筱月英：1960年5月1日演出《文成公主》，还有《虹桥赠珠》《九曲桥》。那个时候任伯棠是头肩老生，小生王玉春，焦月娥已经退居二线了，她年纪大了一点，她风格也蛮高的，让年轻人先唱，她也不是很计较，让王玉春多唱唱，她自己唱得不多。那个时候《文成公主》很受欢迎，还有《虹桥赠珠》也好的，最好的时候是《江姐》，还有《双珠凤》《红嫂》，这几个戏质量比较高。因为那时市里面派了一批干部下来抓质量，所以剧团里面这几个戏是重点。那时戏剧家协会评论说我们这个《江姐》好，现在我们这版《江姐》的唱腔都没了，可惜啊！焦月娥在《江姐》中演沈养斋相当成功，王玉春演甫志高也演得好，可惜当时没录像，真的演得很成功。

"文化大革命"时我在春泥越剧团,我从音乐学院招了十多个青年,有一批琵琶、作曲、扬琴、古筝、大提琴等专业的人,我想改革越剧的音乐,于是找了这么一批新的文艺工作者来参加我们老的越剧团乐队。我野心蛮大的,想把乐队改革成大乐队,伴奏起来好听。我请何占豪一个星期给他们上一次课,民族乐队为戏曲服务。这批人在"文革"斗我了,说我迷信专家,相信何占豪,扼杀工农兵子弟,不培养他们。那时他们年纪轻也受蒙蔽,我逃出去了三个月,等毛主席说要文斗不要武斗了我才回来的。"文革"中我逃出去,家里也支持我,我爱人孙正阳也关心我,一次一次到乡下来看我,所以我们夫妻感情一直很好。

采访人: 你们也排演过越剧《红楼梦》,能具体说一说吗?

筱月英: "文革"结束以后,北京红旗越剧团要排《红楼梦》,把我们老团长请过去,要让我一起去搞。他们这个时候还有派性的,他们和徐逸秋两派,徐逸秋毕竟代替我去的,一个陌生人到他们团体里面肯定不习惯的。排《红楼梦》他们让我去,我去了一看这个情况,我想我应该搞团结,不要跟他们搞派性,我就劝他们,我说林黛玉还是让她演,我现在人也胖了,演林黛玉不适合,如果是《梁祝》我可以演,《红楼梦》还是给她演,她的形象比我好。到北京的原因有两个,一个方面是老姐妹的情义,另一方面我女儿在北京当兵。在《红楼梦》的演出中,我唱了一段黛玉焚稿,因为黛玉睡在床上,穿着衣服胖也不觉得。我给他们做了很多工作,让他们搞团结。因为当时这里的团长是丁苗芬,她蛮喜欢干文艺的,这个时候她蛮听我的,我给她做工作,后来林黛玉就给了徐逸秋演,她也觉得我对她蛮好,大家关系搞得蛮好。这个时候上海恢复越剧团了,因为我人在北京,所以我们徐汇区的剧团没能成立,错过了一个机会。

采访人: 没能成立徐汇区越剧团是怎么回事?

筱月英: 当时上海要成立剧团,等我从北京回来。可群众不让我回去,我就直接找了王震部长,我说我家庭都在上海,再说我在上海自己要成立剧团,我不可能在这里的,我在这里是帮忙的。后来王震部长打电话给他们,和他们讲硬摘的桃子不甜,让他们开联欢会送我回去。等我回去后才知道,我在北京的时候领导看我人不在,就决定把我们剧团并给卢湾越剧团了,和张云霞他们合并起来了。如果我人在就可以去争取争取,说不定徐汇区越剧团会保留下来。等我回来已经来不及了,就没有机会成立徐汇区越剧团。后来并到卢湾越剧团就演了《沉香扇》《孔雀东南飞》《文成公主》《真假太子》,"文革"以后我戏演得蛮多的。《龙凤锁》重新修改重新演出,此外还有《棒打薄情郎》等。

采访人:能讲一讲《金殿让子》这个戏吗?当时是为了庆祝国庆吗?

筱月英:那时国庆节,区委的领导搞大团结,本来两个人演的,这次票价加一点,比原来卖贵一点点,然后四个人一起演,两个小生两个花旦。大家就响应领导的号召一起演了。《金殿让子》中大家的戏份都蛮重的,看不出谁是头牌谁是二牌,演出后区里面也表扬我们了,觉得我们这样是搞大团结的风气,而且戏的质量也比较高。和卢湾越剧团合并后,我和邵文娟搭戏,张云霞和刘丽华搭档,张云霞后来因为有一个阶段身体不好,刘丽华就和我排了一个《玉鹅恋》,邵文娟和年轻人排了一个《红楼梦》。

《玉鹅恋》,筱月英(左)、刘丽华(右)

采访人：您觉得演了这么多戏，自己比较满意的，印象比较深刻的，观众比较欢迎的是哪几个戏？

筱月英：传统戏《沉香扇》，随便什么时候只要《沉香扇》一演，一定客满。观众就是喜欢看，效果好。我前面扮花旦，后面扮小生。我扮小生比较有特色，第一，可能是扮相好，扮小生蛮英俊的；第二，我反串小生唱尹派。这个时候尹桂芳老师来看戏说我有七成像，我也蛮喜欢尹派的，特别喜欢尹小芳。我从前在旧社会演出的戏，女扮男装蛮多的，演这类戏我都没有问题，因为从小都有功底的，从小一直唱女扮男装的戏，比如《真假太子》《孟丽君》。

采访人：当年排《孔雀东南飞》也是很轰动的，本子都是原来的本子，但你们有自己的特色，能讲一讲这个戏吗？

筱月英：《孔雀东南飞》是最受观众欢迎的一个戏。和丁赛君一起演《孔雀东南飞》的时候，范瑞娟、傅全香两位老师已经很久不演了。丁赛君演焦仲卿蛮有激情的，我在她的带动下，演得也蛮好。观众也看新鲜感，这个时候我刚到上海，观众在上海没有看到过我，大家都是看新鲜。另外我们也比较年轻，那个时候我只有21岁，看我们的观众也是十七八岁的学生，他们都叫我杭州小花旦。和丁赛君在长江剧院演出的《孔雀东南飞》为什么这么受观众欢迎呢？我觉得是剧本好、音

《真假太子》剧照

乐好,演出有激情,所以受观众欢迎。后来又和邵文娟演出《孔雀东南飞》,这就和何占豪的作曲有关系,这首曲子的音乐相当好,生动得很。刘兰芝最后回到家里,到底进去还是不进去,这个时候配的是二胡独奏,听得我眼泪都会流出来。何占豪是作曲,也是指挥,他的指挥很有激情。《孔雀东南飞》这么多年演下来,从50年代一直演到80年代,我对人物的理解也是一步一步往前走的。在演出当中我觉得刘兰芝这个人物外表看来是弱的,内心是刚的,

《孔雀东南飞》,筱月英(左)、邵文娟(右)

她有反抗心理,但是做媳妇又样样做到家,这个戏也不能把刘兰芝演得像英雄一样,或者塑造成很强很凶悍的形象,这样就不对了。还是要把刘兰芝这个人物演得很善良很柔弱,同时又要把她内心的反抗心理演出来。

采访人: 和丁赛君搭档的时候是最辉煌的时候,和她搭档演出的除了《孔雀东南飞》还有什么戏?

筱月英:《钗头凤》这个戏观众喜欢得不得了,她演陆游。在卢湾越剧团的时候,我们办了一个清唱晚会,我请丁赛君来唱的。我们两个人唱了一段《蝴蝶杯》,唱好准备谢幕,观众居然让我们两个人唱一段《钗头凤》,我们当时又没有曲谱,只能清唱,说明观众对《钗头凤》印象很深的。

采访人: 丁赛君在舞台上给您留下什么印象?

筱月英: 她很有男儿气概,演戏非常认真卖力,一点也不飘的,没

《钗头凤》剧照，丁赛君（右）、筱月英（左）

有偷工减料的地方。她的《孔雀东南飞》唱起来，即便天冷都会演出汗来，很卖力。

采访人：您演出的这些戏导演都是谁？

筱月英：在卢湾越剧团的时候，导演有贝凡、谢文芳等。谢文芳原来是京剧演员，和孙正阳是师兄弟，他的基本功比较好，身段什么都会教我们。贝凡理论方面比较好，动作之类是不会教的，他们两个人配合蛮好的。

采访人：很多越剧剧团在动作上其实是请昆曲老师来做技导，你们剧团是这样的吗？

筱月英：我们也是这样的，梅先生教我戏的时候，我学戏很用功，因为我知道自己基本功和他们京剧演员比起来差很多，所以我早上九点一定要到剧场里练功的。我们这个时候住在华山路隔壁，还有几个京剧演员，每天早上大家一起练功，还有魏莲芳也教我练，我老师蛮多的，自己学一点打打基本功。

采访人：为什么在天鹅剧团的时候会演《贵妃醉酒》？

筱月英：可能因为我和京剧接触比较多，那个时候红旗京剧团在大众剧场演出，童正美、孙正阳都演出，我经常去看戏的，丁赛君也去看戏的，我们和他们互相观摩得比较多，他们也来看我们的戏。结果梅太太也来看我戏，我请梅先生教教我，梅先生就教我《贵妃醉酒》。我练下腰动作，他对我提出要求，说下腰就要下到底，不能学他现在的梅派，他现在年纪大了稍微下一点观众就鼓掌了，但是观众不会谅解我，所以要我一定要下到底，对我要求蛮高的。那时我一个星期去一次，也去了好几次。梅先生提出来化妆一定要按照越剧的妆来化，不要按京剧化妆，越剧一定要有越剧风格。

筱月英与梅兰芳先生合影

《小放牛》剧照

采访人： 您和孙正阳老师是夫妻，他是京剧界的名演员，您是越剧界的名演员，你们两个人怎么在一起的？

筱月英： 因为都是文艺界的，我们一直看他们的戏，他们也一直看我们的戏，当中有人介绍。我因为想学《小放牛》，他们说让孙正阳教我，他就每个星期教我一次，一直来教的，就这样开始产生感情了，大家就要好了。后来戏里面我们两个人经常切磋，表演动作方面他要给我排，他演出时我也很关心，给他提提建议，这个地方的眼神好像不太集中，应该要怎么样，他也跟我商量，我们有共同语言，大家一起研究。

（采访：徐佳睿　整理：田　虹）

演戏要从人物性格出发

——戴忠桂口述

戴忠桂,1932年出生,2019年去世。1944年,在上海进"忠字班"科班学戏,工花旦。1947年学艺期满后,参加了筱少卿、裘爱花领衔的合众越剧团,演出于海光戏院。其后,加入史翠贞、邢月芳挂牌的同孚剧场演出。1950年,参加尹桂芳、徐天红为首的芳华越剧团,任二肩旦。与尹桂芳合作主演的角色有《西厢记》中的红娘、《宝玉与黛玉》中的紫鹃、《王十朋》中的钱玉莲、《屈原》中的婵娟、《拜月记》中的王瑞兰、《红楼梦》中的薛宝钗、《陈琳与寇承御》中的寇珠等。此外,还扮演过《珍珠塔》中的陈翠娥、《梅玉配》中的苏玉莲等主要角色。

采访人:您是什么时候开始学戏的?

戴忠桂:13岁。参加的科班是"忠字班","忠字班"本来准备排四个班,后来收了两个班。"忠字班"有四十多个小姑娘,"孝字班"有20个,老师是马潮水师傅,结果教了不到两个月,就让我们这帮小姑娘上台做戏了。后来马潮水老师回去了，之后就只有导演帮我们排戏。那个时候蛮辛苦的，七天一本戏，日夜两场，排戏在晚戏落台后，早上空的时候也排。还请武功老师教我们练基本功什么的。我最小，13岁，我师姐比我大5岁，武功老师说，你们这班小姑娘年纪比较大了，翻跟头不要翻了，拉拉筋踢踢腿，学学鹞子翻身、台步。演出的时候，老板对我们蛮好的，她不问我们收饭钱什么的，演出一段时间以后，还会给我们一点钱，15元左右，去买点肥皂、草纸。一切费用，我们不用付钱的。进科班的时候是1944年，到1947年我们科班结束了，大家就各奔前程了。

采访人：您"忠字班"里的同学有哪些？

戴忠桂：有郑忠梅、李忠萍等，四十多个忠字辈小姑娘后来都到各地去了，失去联系了。我那个时候比较小，13岁进去，16岁出来，导演师傅对我非常爱护，也很关心我，师傅到什么地方工作，就带我到什么地方工作。这个时候，焦月娥、邢月芳等这些老师蛮红的。我们是导演师傅来写剧本的，有很多剧本，从前有名的有《是我错》等。这个时候的班子不是几年，都只有一两个月。1950年，我进芳华越剧团了。

芳华越剧团老照片

采访人： 尹桂芳老师从香港回来，您是第一批进芳华越剧团的吗？

戴忠桂： 对的。之前因为年纪小，在科班里演不了什么戏的，小孩总归演演小丫头、小孩，跑跑龙套。到了芳华越剧团以后，自己年龄也大一点了。芳华是个大剧团，尹老师从香港回来组织的，花旦张茵、张云霞，老生是徐天红。半年以后张云霞离开剧团了，尹老师回来后到瑞金大戏院做戏做了半年，后来到了丽都大戏院。这个时候也很辛苦的，一天两场戏。因为芳华是个大剧团，所以质量要求很高，尹老师请的导演都是名导，有谢晋等，编剧有冯允庄。尹老师对戏剧质量是很讲究的，她大胆培养青年演员，我也是其中一个，但自己感觉学得不够。十大红星里面，芳华越剧团有两位红星，徐天红和尹桂芳老师，我经常看她们的戏，觉得老师们的艺术水平真高。她们表演的每个人物，人物是谁，她表演出来像谁，她的思想、情感表现得炉火纯青，这就叫真正的艺术。

采访人： 这个时候，给您印象最深的是什么戏？

戴忠桂：《梁祝》和《西厢记》里的人物就有不同的人物性格，这种表演就是真正的艺术，我真的是佩服。还有是给观众更高层次的艺术享受，比如说《屈原》。后来领导经常给我们做报告，文艺是一个武器，教育人民、打击敌人，他们把我们的称号抬得很高的——"人民灵魂工程师"，非常高。我自己知道，我还是不够的。一个人要做真实的人，做人要善良。我要做一个称职的演员，让观众来看戏，我应该负这个责任。所以我专门在旁边看戏，两位老师的表演对我们青年的帮助很大。

采访人： 听录音，觉得您这个时候是唱傅派的，您有没有刻意地学过傅派？

戴忠桂： 没有。我们家房子比较小，像《七十二家房客》中表现的那样。隔壁一个阿姨开收音机，我听到过袁雪芬老师的《香妃》，还听到傅全香老师唱《小妹妹临终》。《小妹妹临终》到底什么戏，我也没有看过，就是听到傅老师的声音。要说刻意去学，我们日夜两场戏，也没

戴忠桂戏装照

有时间去学,就是对傅老师的唱腔非常热爱非常喜爱,但没有刻意去学。

采访人:您在芳华越剧团里演了哪些戏?

戴忠桂:《西厢记》里演了红娘,《陈琳与寇承御》里演寇珠,《屈原》里演了婵娟,《王十朋》里演了钱玉莲,我对这四个戏印象比较深。我处理寇珠的人物性格,是这么想的,寇珠是一个16岁左右的小姑娘,但是她在皇宫里面,在刘娘娘的身边,刘娘娘的所作所为她都看在眼里,但是她知道宫廷的规矩很严格的,所以她表现得很小心翼翼,她的动作也是小心翼翼的,走一步想一步,她在宫里不能乱说乱动。她很聪明也很机智,很忠厚也很善良,她知道宫廷的斗争很复杂,所以她很小心,最后刘娘娘让她害太子,这么大的事情压到她的身上,她吓坏了,但是她善良、忠厚的心告诉她,她要救太子。怎么办呢?她在九曲桥实在没有办法,一个人暗暗伤心。但她很聪明,蛮会看人的,她看到陈公公在宫廷里很正直,她信得过,所以她看到陈公公来了,就想要得到他的帮助,她去求陈公公,求的时候她的态度很诚恳的:"公公,我有一件很大的事情要说给你听,但是我要求你要保密,不能说出去。"结果陈公公答应她,说自己如果说给人家听,天打雷劈。她就说给陈公公听了。这个时候唱腔节奏很快,但是要表演出"公公,我很忠心地讲给你听,你放心",处理这个唱腔的时候要坚定、自信、忠诚。尹老师一出场就和《梁祝》《西厢记》里完全两样,陈公公出来,她的唱腔、表演的人物性格,她一举一动就是两样的,体现了一个演员的艺术水平。

采访人：您觉得哪几场戏能抓住观众的情感？

戴忠桂：《九曲桥》《拷打寇珠》这两场戏很能抓住观众的情感。狸猫换太子时既紧张，又要四面看，怕人家来，不能被人家看到。接下来，《拷打寇珠》一段戏是很精彩的，当时尹老师手里的棒子还是金属的棒子。尹老师武功蛮好的，一边撒棍棒一边打寇珠，眼神当中仿佛在说你不能说。她表演的时候，嘴巴上说的是寇珠你打，但是眼神上是你不能打的，她打下来心里很痛的。寇珠呢，前面娘娘打她，糊里糊涂，一看陈公公怎么在打我了，他为什么打我？陈公公问是不是你害太子的？她就知道了，当年事情爆发了，陈公公打她的眼神当中告诉她不能说出来，但是他打她，怕打痛她，打了一下就看着她，眼神告诉她千万不能说出来。

《西厢记》演员表

采访人：剧团怎么会排《屈原》这个戏的？

戴忠桂：《屈原》这部戏是因为尹老师想除了才子佳人戏以外，也要做一些教育意义深刻一点的戏。《屈原》呢，有爱国思想的，赵丹先生演过话剧了，相当有名的，尹老师就到北京去学习

芳华越剧团《屈原》宣传照

了。学习以后,再请赵丹先生到我们剧团里来上课,说给我们听,屈原的人物性格怎么样。剧团对这部戏是很重视的,因为屈原是一个爱国诗人。

采访人: 1954年首演《屈原》的时候,您是演婵娟吗?

戴忠桂: 我对她的人物性格是这样想的,因为老师屈原很爱学生,婵娟很尊重老师,对老师像母亲一样,而屈原对她像母亲对女儿一样,在母爱中,婵娟蛮幸福的,很可爱。她很爱这个老师的。老师有三个学生,子兰、宋玉和婵娟,老师经常教育他们。婵娟有四句唱,意思是我做人要有骨气。婵娟会批评宋玉:你为什么只看老师的外表?你要学老师的内心、老师的素质、老师的骨气,你不要忘记老师怎么教导我们的。尹老师扮演屈原,一出场就看到了屈原完整的人物性格。

采访人:《屈原》这个戏里面,哪几场是比较吸引观众的?

戴忠桂: 屈原苦口婆心劝楚王不要和秦国联合,这样做是要吃亏的。后来楚王没有听屈原的,把他流放出去了。这里面你看得出两个学生的不同,宋玉很卑鄙,而婵娟不分日夜,为了国家动脑筋,怎么把这个国家搞好。婵娟说,一个人要有骨气,有骨气,国家会好;贪污腐败,

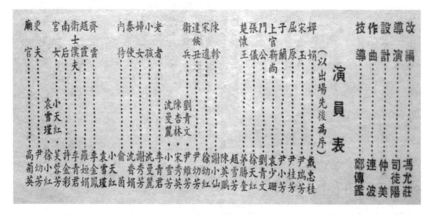

《屈原》演员表

国家就灭亡了,亡国亡家。南后不是要害屈原吗?婵娟知道,她就不顾一切,大胆地揭发,她不怕。所以,表演婵娟的时候,性格是蛮坚强的,明刀明枪会骂别人的,她就是这样一个非常敢想敢说的人,她是一个真实的人。结果南后把她关在牢里,子兰、宋玉这几个人很卑鄙,子兰跟她说,你跟着我荣华富贵,婵娟就骂他了,你要我跟你,西边出了太阳了;宋玉说,你跟屈原,你要苦死了,她回答,不能忘记老师的教导,就把四句从前老师的教导唱给他听了,教育他,话里就是骂他是一个无耻的文人。宋玉又说,我和老师完全两样的;她回应,老师的教导,婵娟会永远记在心里,要做一个真实的人。

采访人: 婵娟从监狱里面被救出来,《天问》后面有一场对手戏,您说说这场戏,好吗?

戴忠桂: 她一看到老师亲切得不得了,就在老师面前跪了下来,后来她就很痛苦地告诉老师,宋玉变了,他脱去青衫换锦袍。老师的表演蛮慎重的,也不是痛哭流涕、爆发似的骂,就唱了几句戏,但是听得出来他很痛心的。他看到婵娟被他们折磨,脸上受伤,肚子也饿。

采访人: 这个时候,婵娟的化妆是怎么样的?

戴忠桂: 他们关照我,你不要化得很破相,人家观众看到觉得很可怕;要有一点破相,让人家知道你受伤了,但不要弄得很吓人。老师也很热爱这个徒弟,看到后就问,你人怎么这么冷?你肚子饿了?我这里有一杯酒,你喝了暖暖身体。婵娟嘴巴干死了,人又冷,就喝了,喝了一会说不对,我肚子痛。屈原头脑很清楚的,婵娟喝了酒怎么会肚子痛了呢?她说酒里面有毒,婵娟知道酒有毒不是伤心,而是开心,这杯酒,我不喝下去,老师就要被害死了。所以她说,老师老师,我非常高兴,我非常高兴,虽然我肚子痛,我今天能够代老师喝这杯酒,我是高兴得不得了。她是含泪而笑,而不是含泪而悲,她对老师忠心耿耿。后来老师将橘颂盖在婵娟身上。这一个戏,我们后来到厦门大学去演出,他们评价很高的。

采访人：你们当时怎么会到福建去的？福建方面为什么挑中芳华越剧团？

戴忠桂：福建领导到上海来看戏，挑中我们，尹老师做了决定，我们就跟她一起去了，不用做思想工作的，十天后背包一带就去了，支援前线。

采访人：你们支援福建的时候，行头、道具都带去吗？

戴忠桂：那个时候我们在上海是姐妹班，服装都是自己做的。到了福州，全部是国家的，不用我们的，我们带去的布景道具，还有资金都用不上。我们那个时候积累的资金蛮多的，有12万元，那个时候的12万元是很值钱的。后来服装都是自己保管，都放在家里。

戴忠桂戏装照

采访人：你们到福建以后，是不是经常演出《屈原》？

戴忠桂：到当地去的时候，领导非常重视。先是选纪念品，然后带我们去旅游，每个餐馆带你去吃，体验福建的土特产是什么东西，福州的生活习惯是怎么样的。他们每个菜上都放一点红的东西。一个叫佛跳墙的菜，里面很多好吃的。后来就组织到各地部队去慰问演出。那时福建没有高楼大厦，火车站都是草棚房，怕对面要反攻大陆，现在建设得很好了。我们如果去有的地方慰问解放军，首长再三关照，锣鼓敲得轻一点，对面听到，会有安全问题。观众都是福建当地的观众，肯定没有上海观众多。起先到解放军部队慰问演出，后来整个福建省都走。

采访人：您在芳华越剧团，演了哪些戏？

戴忠桂：在尹老师的培养下，我演过《王十朋》里的钱玉莲，对她的人物性格，我是这样体会的。她是一个千金小姐，我平时演丫头，比如说《陈琳与寇承御》《屈原》，这些角色都是小花旦。我怎么创作千金小姐的人物角色呢？我就想千金小姐的表演要有身份，眼神也不能像小花旦一样，好像蛮轻飘的随随便便，我演的钱玉莲要有点身份，眼神看起来要有点尊严，也要有点稳重。钱玉莲虽然是一个千金小姐，看上去很懦弱，但是实际上她并不懦弱，她的父亲给她做主配王十朋，继母给她配了一个有钱人家，一个是有钱人一个是穷人，她怎么选择丈夫？她蛮有眼光的，她就选中王十朋。这段唱腔好像蛮和善的，但是也很有分量，"我不愿意贪图荣华富贵嫁给有钱的人，我要嫁给有文化有才能的老实忠厚的人，我挑了一个王十朋"，父亲觉得她的眼光是正确的，答应她了，她很开心。想不到嫁给他之后，继母一定要她嫁给有钱人，结果王十朋上京赶考的时候，继母就想了一个办法，对她说王十朋在外面结婚了，你还是嫁给别人吧。她虽然是一个很文静的小姐，但还是很坚强的，她在家里没有办法反抗，也没有办法去吵，就在晚上从窗口逃出去的，逃到外面，在家里不能把心里的苦闷发泄出来，她就到江边去了，无拘无束地把心里的痛苦吐了出来、大哭一场。我在处理这一段唱腔的时候，先用哭腔，心里的痛苦统统发泄出来，哭好之后想想，脑子又很清楚了，还是决定去找丈夫，他不会抛弃自己的。结果继母带人去抓她，她很聪明，对爱情很坚贞，她把王十朋给她的金钗包好藏好，想想不能投江，不然他会以为她私奔了，她又不清白了。她很机智的，她把绣鞋扔在江边，再跳到江里去，后来给人救起来了，救起以后，她还是很坚信王十朋不会抛弃她，所以后来的唱腔不是哭哭泣泣的。她坚信王十朋有朝一日会来找她团圆的。她最后遇到了王十朋，王十朋也是一个对爱情很忠贞的人，一天到晚想到她，对方荣华富贵逼他讨丞相的女儿，他也不同意。后来两人碰到了，最后团圆了。钱玉莲虽然是千金小姐，但是不贪图荣华富贵，自己看中了一个人，品质最重要，坚信丈夫不会变心。王十朋和钱玉莲忠贞的爱情值得尊敬。

采访人：《王十朋》是尹老师演的，她的哪几场戏，您觉得比较成功？

戴忠桂：比如《钗别》，王十朋出门时说，你待在家里，你放心好了，你自己当心，等我考中了回来。结果他到了那边，人家逼他做东床，他坚决不肯，我家里有糟糠之妻了，高官的女儿我不要，他不怕。王十朋对自己的爱情非常忠贞，随便什么压力压着，一定要找到自己的糟糠之妻，他不变心、不动摇，坚信妻子不会变心。钱玉莲也是这样的，到最后就有一个自信，终有一日我会碰到我相公的。所以他们团圆了，是不是很幸福？他们这对夫妻忠贞的爱情受到很多的迫害、挫折，非常不容易，我觉得我们老师处理得是比较好的。比如花旦，我们是裙子拉开来逃出去的。钱玉莲到底是一个孤零零的小姐，一个演员不能跳出这个规定的情景。一个优秀演员要想到规定的情景究竟是怎么一回事。

（采访：徐佳睿　整理：田虹、张亚敏）

学戏就要勤学苦练

——魏凤娟口述

魏凤娟，1924年生，浙江嵊县湖头村人。1935年进入湖宾舞台科班学戏，师父为男班演员高根灿和徽班艺人林幼，工文武小生。学习剧目有《盘夫》《双龙会》《红鬃烈马》《金雁桥》《三看御妹》等，演出于绍兴、宁波一带。因扮相英俊、功架漂亮，受到观众青睐。1940年到上海，至1948年间，先后在尹树春、商芳臣、林黛英、尹桂芳等领衔的戏班和丹桂、玉兰剧团演出，均任二肩小生。1949年1月，应邀参加雪声剧团，任头肩小生，与袁雪芬合作主演《万里长城》《李师师》《凤求凰》《白娘子》《相思树》等剧目。1949年7月，参加上海市军管会文艺处举办的第一届地方戏剧研究班学习。1950年4月，加入华东越剧实验剧团，主演《借红灯》《劈山救母》《归舟投江》《卖青炭》等剧目。1954年在华东区戏曲会演中获表演二等奖。1955年起，先后在上海戏曲学校越剧班、上海越剧院学馆担任教学工作，后半生致力于艺术教育事业。

采访人： 请您先做个简单的自我介绍。

魏凤娟： 我叫魏凤娟，是浙江嵊县湖头村人，是上海越剧院的老演员。我小时候爸爸是在私塾里面教书的，家里有七口人，爸爸、妈妈、三个姐姐、一个哥哥。那个时候生活是非常苦的，爸爸一个人不能维持生活，我5岁的时候，爸爸就过世了，妈妈就到厂里面洗衣服，家里生活非常困难。那个时候三个姐姐和一个哥哥到厂里面去打学徒工，没有收入的，就靠妈妈在厂里面收衣服、洗衣服过生活。一件衣服三个铜板，每天要吊井水洗衣服，我都看在眼里，记在心里，所以从小就非常懂事，帮妈妈把衣服拎进去晒起来，那个时候我想想妈妈实在是太辛苦了。一年一年过去，到了11岁，我跟妈妈说，让我出去做点什么事吧，妈妈说我不舍得你，她说我要是舍得你的话就让你去给人家做童养媳了，我掉着眼泪趴在妈妈身上，我说我的好妈妈，我今后一定要尽我最大的努力来养活你。后来知道家乡要办越剧班，我说妈妈你让我去学越剧，她说学戏很苦的，你学不好要做回汤豆腐干的，就是说豆腐干回到汤里面再拿出来晒一晒。我就说妈妈你放心，我一定努力，一定刻苦，然后妈妈就带我去乡下报名了。报名第一天就是考试，要考腰腿功，我合格了，然后妈妈走了，以后我每天勤学苦练，老师讲什么我总归记到脑子里面。

年轻时的魏凤娟

采访人： 那时练功苦不苦？

魏凤娟： 那个时候我练功很刻苦，早上人家七点钟起来，我六点钟就起来，两个腿挂在墙壁上拉筋。我参加的是舞台小科班，两个老师，一个是武功老师，还有一个教文的老师。我们是请徽班的老师来教的，徽班老师以前是教京戏的，要求很严格，所以我们班六个月就可以出去演戏了。我演《金雁桥》里面的张任，这个戏是打基础的，一定要翻桌子,从三个桌子上翻下来。我们有一个老旦翻下来的时候死了,翻下来的时候他没有掌握自己的轻重,因为翻下来你要一跳跳下来,身体要轻,小肚子要吸进来,下来的时候脑子要冷静,但是他没有控制好,就这样摔死了。我们看着这一切,翻桌子的时候心里就很怕,惊心动魄的。因为我们年纪太轻,训练时间太短,人家京戏演员从三个桌子上面翻下来要练很久才敢,但老板要我们早点出道,好赚钱,所以我为了演出《金雁桥》《红鬃烈马·三打》就学了。但《别窑》他不教你,我们那个老板蛮坏的,他只教你一段,整个戏一个人连着演不起来。但是我看着,偷学,怎么偷呢?我又不识字,妈妈给我三块钱,我就把一块钱给记账的人,让他帮我把《平贵别窑》的剧本抄一抄,就这样偷戏。我在绍兴演出是睡在船上的,我就提早起来,把裤子倒过来,两个裤管做靠摆练,今天练一段,明天练一段,这样练了以后《平贵别窑》我就会了。《平贵别窑》是《红鬃烈马》中的一段,《红鬃烈马》是主戏。那时我们是徽班师傅教的京戏,所以武功底子比较扎实,我大刀、小刀、枪都会的,样样都学到了。后来练功练得差不多了,能从三个桌子上面翻下来了,我就到绍兴演戏。

有一次演出,半个舞台是在河里的,半个舞台是在岸上的,老百姓看戏是乘船来看的,我那次失利了,从桌子上面翻下来就掉到水里了,身上穿着靠,这个靠要150块银元,靠就这么坏掉了。老师因此还打我,把我塞在船头里面。那个时候我心里面是很后悔的,妈妈叫我不要去学戏,我却偏要去,我哭得很厉害,老师拿饭来给我吃,我也不吃,我情愿被打,我是后悔了,不听妈妈的话,后来我叫账房先生写封信叫妈妈来。妈妈来了看到我浑身都是一块一块青的,要带我回去,我也想回去。然后账房先生来劝我说,魏凤娟你要吃饭,要给老师面子,老师也是没有办法,你这件衣服已经湿了,他没有办法和老板交代,下一台要重新演这个戏,这个靠没有了,要穿另外一个靠了。后来因为下一台也要演出这个戏,绍兴人喜欢看武打的,我们这些人都是十一二岁的小姑娘，演得蛮好的，生意也蛮好的，地主也开心，还是想让我演戏的。所以那个时候地主老板出来讲了，不要回去了，以后老师不会再打你了，老师打你的原因就是因为一幅靠坏了不好交代。所以后来我理解了，我对老师也没有意见了。

我们是学五年，两年以后帮师，三年后给你一点工资，16块钱，这16块钱拿了三个月，然后我把40块寄给了妈妈，我妈妈接到这40块大哭了一场。后来五年满了，上海有个叫张春帆的老板，就是筱丹桂的丈夫，直接买我们出来，我那个时候出来工资就有32块了，所以我就出来了。在张春帆的班里待了好多年，后来跟徐玉兰搭档，那个时候我是在玉兰剧团，花旦是许金彩。张春帆有个老婆叫尹树春，是挑梁的小生，我是她的二肩小生，她不演了我演，所以她的戏我都要会。那个时候叫套戏，她的戏演的时候你要看着，她不演了老板叫你演，你不演就没有工资的，所以你一定要会的。

采访人：您为什么离开玉兰剧团到雪声剧团演出？

魏凤娟：那时候我也想挑大梁，而且老板工资也不是按时发，正好袁雪芬的搭档范瑞娟到香港去了，袁雪芬没有搭档了，所以韩义导演把我介绍给袁雪芬。袁雪芬一看我人样子还蛮神气的，觉得可以，于是我就到了雪声剧团。到了雪声剧团我得到飞快提高，因为袁雪芬是越剧改革的先驱，提倡每个角色要从人物出发的，从内心到外表去挖掘，我从这个时候开始懂得了怎么创造人物。过去演戏叫套戏，到了袁雪芬剧团我知道要创作人物，要向袁雪芬同志学习，向这位老大姐学习。还有范瑞娟同志、徐玉兰同志，她们很刻苦的，在演戏方面也很有研究，所以自己更要上进，要学习。我和袁雪芬演出的第一个戏是《万里长城》，这是在1949年上半年演的。新中国成立以后我们演戏停下来了，袁雪芬组织我们去游行欢迎共产党，我们叫了部卡车敲锣打鼓去欢迎。这个时候蛮精神的，我看到解放军一个个集体坐着，拿着枪，看了非常激动。

采访人：您到雪声剧团后演了哪些戏？

魏凤娟：那时在雪声剧团头肩小生就是我了，袁雪芬提拔我的，我也非常的用心。那个时候我提高得很快，要和她配戏一定要称得上，所以自己一定要努力。拿到第一个剧本，晚上睡不着觉，就看剧本钻研。自己来设计自己的唱腔，每一段需要怎么样的感情，创造出来了以后再配景。那个时候还有导演帮我们辅导戏的来龙去脉，要求演的这个人应该是什么样的人，然后你自己去创作。我们演出的第一个戏是《万里长城》孟姜女寻夫。第二个戏是《李师师》，我演的是燕青，这个人是梁山英雄，非常爽快，他见到李师师非常喜欢，我就演这个人物。

《李师师》演员表

采访人：您在华东实验剧团演的《杜十娘》，是如何创造里面的人物的？

魏凤娟：那时候新中国刚刚成立，雪声剧团没了，重新组织剧团，我就去了研究班。戚雅仙也叫我去，她那里缺小生，他们给我工资是一千两百块，我跟袁雪芬搭档只有几百块，袁雪芬自己也只拿几百块。我想也可以，后来我爱人的思想比较进步，他说你到戚雅仙那里去还不如跟袁雪芬搭档，所以就重新和袁雪芬搭档了。后来袁雪芬、傅全香、徐玉兰等很多人都到了华东实验剧团。剧团成立后演的第一个戏就是《借红灯》，我演的是林逢春，和袁雪芬一起演出的。还有一个《杜十娘》是和傅全香演出的,我在华东剧团没有演过什么大的戏,就是和傅全香一起演过《杜十娘》。我知道演戏要创造人物,要摸透人物的性格,演李甲的时候,我和袁雪芬已经搭档演了好多戏了,这个角色其他人也演过,我更要慎重考虑。《杜十娘》里面的李甲是个自私卑鄙的人,因为上京赶考,认识了杜十娘,杜十娘漂亮,所以他很喜欢,杜十娘也很喜欢李甲,但李甲这个人很自私,他只管自己,最后功名没有考上,钱又用掉了,回去跟父母没法交代,正好碰到一个自己认识的人,就想把杜十娘卖给他。李甲的思想也是矛盾的,他是喜欢杜十娘的,而且杜十娘也非常爱他。李甲出场的时候脚步很重,脚踩到船上看见杜十娘的时候他的脚步更加沉重,心里在想我怎么跟她说这事。李甲出场就是从踏到船上开始,出场的表演很重要。

采访人: 您是什么时候调到戏校去的?

魏凤娟: 1954年,周总理提出来越剧要前进,首先要招男演员,培养男演员,否则越剧就是原地踏步,一定要招一些男演员。社会在发展,社会在前进,越剧也要改革,所以当时叫我去招生,但是我有矛盾,这个时候正好是想演戏的时候。当时为什么叫我去呢?说我有点基础、有功底,其实人家也可以去的,那么袁雪芬只好同意,袁雪芬的戏都是我和她搭配的,所以她也不能演出。我们是学馆并到戏校去的,越剧院负责的。那个时候就是让我不要演越剧,让我去教书了。那时我真是有点想不通,但只好服从,不服从不行的,只好去,去了以后基本上不演出了,但是我心不定,想不通。和我一起去当老师的还有两个人,我们三个人,要教男女演员60个人。

采访人: 后来您在戏校当老师,怎么又会叫您去演《碧玉簪》的呢?

魏凤娟: 后来因为演出的小生多了,徐玉兰、范瑞娟都进来了,我就很少演出了。我演《碧玉簪》的时候已经做老师了。《碧玉簪》很早就排了,我在舞台上没演过顾文友。那时要拍电影,他们要找的顾文友既要有书生的味道,又要有小丑的特性,然后就找到了我,那时我已经

在《碧玉簪》中饰演顾文友（左一）

在戏校当老师了。金采风拍《碧玉簪》的时候，顾文友就找我演，陈少春演王玉林。黄沙导演的这个戏，他说顾文友这个人物的特点是轻浮又自私，当他知道表妹许给王玉林的时候，心里非常不开心，他出来的时候要用轻浮的快步跑出来，因为今天可以看见表妹了，虽然他打扮得很高贵，但是人还是轻浮的。当表妹要许配给王玉林的时候他心里特别恨，偷得玉簪连同伪造的情书陷害表妹，万一表妹嫁给王玉林就把他们拆散掉，所以这个人是非常卑鄙的。电影里面顾文友戴的帽子是小丑的帽子改的，走起路来跳来跳去，很轻浮的一个人。这种帽子就是比较轻佻的，因为人物是比较卑鄙的小人，不是大家的公子，所以要戴这样的帽子。

采访人：顾文友是一个反面角色，李甲也是一个反面角色，那么这两个角色您怎么区分的？

魏凤娟：李甲和顾文友是不一样的。李甲是喜欢杜十娘的，但是他没有考取功名，银子都用光了，回家没有办法交代，而且有压力，没办法把妓女带回家，于是违背自己的良心，所以杜十娘投水以后他心里非常地内疚。顾文友和李甲有所不同，他是比较轻佻、比较卑鄙的，表妹嫁给别人，心里妒忌，就用卑鄙的手段，写情书、偷玉簪、做小动作。所以两个人物还是有所不同的，李甲出场是用非常沉重的脚步出来，他违背良心，但还是爱杜十娘的，心存内疚；顾文友是一个轻浮的、吊儿郎当的人，出来的台步是轻佻的，不能用正规的台步出来的，所以走路跳来跳去。从脚步到身段到感情，还包括他们的声音都不一样，比如说李甲想讲不能讲，怕伤杜十娘的心又不能大声讲；顾文友的声音是很轻佻的，语速比较快。他做小动作，给马夫银子的时候手脚比较快，他在马夫面前画个圆圈，你帮我把事办好，我给你这么多银子，这些动作一个是自己设计的，一个是人家给的建议，周宝奎同志也给了这个角色建议。

采访人：您还出演了《慧梅》中的袁时中是吗？

魏凤娟：演《慧梅》是因为学生已经毕业了。因为袁时中他是带十万兵马自立为王的这么一个人物，台步、手势、形态都要正，否则十万兵马怎么能管得住，所以他们叫我去演，王文娟跟我说，老魏这个角色就你来演了。那时我还没有退休，在戏校里面，还是在办公室里面做老师。团长先过来跟我说，我说我不要演，我很多年没有演戏了，不想演戏，王文娟打电话到我家里，她说你想不到我会打电话给你，我说我真的想不到。我说什么事？她说想叫我演袁时中，我跟老王说我很久没有演戏了，高靴也很久没有穿了，她说你可以的，你明天到院部来报到。我没有去报到，然后他们团长来叫我了，但我还是拒绝，我说我不想演戏，高靴很久没有穿了，有很久没有唱了，因为一直做教师。后来袁雪芬找我谈，她说二团想找我演角色，我说王文娟已经跟我通过电话了，让我演袁时中，我跟袁雪芬讲我不想演，我说我很久没有演戏了。那么袁雪芬就说给我练功的时间，去吊嗓子。那个时候我已经60岁了，年纪蛮大了。她说他们制作服装已经用了一万多块钱，那个时候的一万多块已经很厉害了，服装已经做好了，她说你去演，为全局考虑，你回去考虑下。后来我就考虑了一下,决定还是去演吧,于是我就去报到了。

我拿了剧本以后导演跟我说这个人怎么演,叫我自己去琢磨。袁时中去投奔李闯王,因为朝廷要恐吓他,要去抓他。这个时候他用什么思想去投奔李闯王,我考虑下来因为袁时中心情非常沉重,朝廷要抓他,有十万兵马,怎么办?只有投奔李闯王还有希望,所以出场的时候他背着身子出来,不是面对观众。因为他非常警惕,万一李闯王不欢迎他怎么办?他一面看李闯王一面走,李闯王在山上迎接我,我从背面退出来看看,到山上的时候看到李闯王真的在迎接自己了,他心里非常高兴,然后一下子跪下来,李闯王从山上下来把他扶起来。当他看到李闯王的时候情绪出来,李闯王真的在山上欢迎他,所以一看见就非常的感动,跪下来了。后来李闯王把慧梅嫁给他的时候,袁时中是有私心的,他想我在你的下面由你管束,慧梅是李闯王的干女儿,我把她的心得过来,结了婚,她听我的了,那么你这个位置就要让给我了。袁时中是个相当凶、相当厉害的人,后来被慧梅揭穿,所以这个时候慧梅在上面,袁时中在下面,两个人交战,枪和宝剑打,要摔抢背,好多动作。这个角色我蛮用心的。有次碰到王文娟在吃饭,她说老魏,我们再演出好吗?我说假如你演慧梅,我还跟你配戏。我现在早上也锻炼的,十八法,打双剑,打棍子,我还练拳,每天早上打50拳,再练50腿,因为练了以后人轻松,时间一会儿就过去了。我平时感冒也没有,身体一直蛮好的。因为每天锻炼消耗大,我每天早上喝一碗牛奶,再吃一碗泡饭,胃口还挺好。

采访人: 您还演过《秋瑾》里的王子芳?

魏凤娟: 那个时候袁雪芬叫我去演《秋瑾》,因为她给我的任务我只能接受,她是我的领导和老师。袁雪芬对人不错的,自己以身作则,我们很尊敬她,我有今天不能忘记她。她是一步一个脚印,对越剧非常热爱,有创造,有推进。《秋瑾》中王子芳这个人物思想非常封建,不让老婆接触外面,要规规矩矩待在家里。导演跟我说让我自己去琢磨怎么演王子芳这个角色,戏不是很多,但是也蛮主要的,他是封建的余毒。

魏凤娟戏装照

采访人：在戏校的时候，您一边教学生，一边自己也学？

魏凤娟：早上我大概是七点半就去戏校报到，八点钟要培训了。我在里面是班主任，由昆曲班老师教他们动作，他们学的时候我也学，因为我学起来比他们快，所以等昆剧班老师走了以后我给他们复习，就这样一面教，一面学。这样我也学了很多东西，老生应该怎么样，花旦应该怎么样，青衣应该怎么样，花旦怎么走，小丑怎么走，这套东西都懂了，所以我可以辅导他们。

采访人：戏校的学生是怎么招来的？带学生辛苦吗？

魏凤娟：我们去招生，张国华、史济华他们这些男演员都是到乡下去招生的，苏州、江宁、昆山这些地方，女生大部分是上海的，男生都是乡下来的。记得有一个男学生，从小好动，那时候有老师提出来说这个小猴狲到底怎么样，男学生不服，跟他辩论，他说你能骂我猴狲，那么你是什么东西？你训练猴狲的，那么你也是，把这个老师气死了。他提出要把这学生开除，校长也在考虑这个问题，我当时就不同意。我说孩子可以教育的，你开除他以后叫他去哪里读书，他的一辈子就完了，尤其是戏校开除出去的，国家单位开除出去的，哪个地方都不能读书。那时候我就和校长讲，假如你们要开除他，我说我班主任不做了，我回去做演员去，我不一定要过来搞教育的，你最好让我回去。最后校长也考虑把他留下来，我说你假如把他留下来我每天帮助他改好，后来这个同学是真的改好了，能唱能做，所以有缺点可以改进的，开除他，他一辈子不是就完了吗，害他一辈子吗？我也是从小受过苦的，知道要爱护学生。

还有一个学生,当时也叫他退学。他是贫下中农,家里很苦,动作不行,唱的也不行,样样不行,所以要叫他退学回家。我讲我们既然招来了就要对他们负责,我说他这个不行,可以做别的工作,他的作文写得非常好,读书读得非常好,让他去创作班,假如创作班再不行那么再退学。他现在是个人才,自己写书,写文艺书,总而言之现在很好。贫下中农那个时候很苦的,刚刚解放那会儿我们招来要对他们负责,而且我想想我自己也这么苦,看到人家苦我是有同情心的。现在他蛮好的,还跟我一直在联系,他叫我去杭州玩。有一个学生还给我过八十大寿。还有一个青浦的孩子也叫他退学,我不允许。人家贫下中农到上海来,被学校招来很不容易的,抱了多少希望,你让他退学了以后他以什么名义回去,今后怎么办,开除了他,他就一辈子不能读书了,那不是毁了他吗?所以我们那个时候戏校的要求非常严,我就这样顶过来。为什么呢?我对他们是有一种感情的,我现在深深感觉到做老师蛮有价值的,学生对你的爱是从心底里发出的。有一次出去吃饭,都是学生,有个学生的妻子围过来抱着我,亲热得不得了,但是他们两个主要演员没有这种感受,我就有这种感受,我想做老师没有白做,学生对你有感情。

新中国建立以后,两次上四明山,一次去插秧、种田。所有实验剧团的60个学生一起去的,分了两个班。那个时候要参加劳动,要改造思想,他们二团、一团都没有去过,只有我们这个实验剧团,就是上课的这批人上四明山。那个时候他们插秧、劳动,艰苦得很,我们老师也一起。第二次去是三、四月份,到山上去背毛竹。这么大的毛竹,男的每人四根,弄在一起从高山上面拖下来。有一个学生叫徐涵英,跌在坑里了,是我带队去的,我急死了,也拉不到,怎么办,我就哭。后来有个农民下去把她给拖上去。我们天热在河里洗澡,当中弄一个竹竿,一个被单隔开,这边是男的,这边是女的。吃饭的话是有一个做饭师傅一起去的,睡是睡在庙堂里面,都是淤泥,铺稻草,弄个席子,有时候天热只铺席子,稻草就不弄了。这批人是非常艰苦的,两次去四明山,我们一面劳动一面也演出，叫送戏上山。所以我们这个实验剧团的确是经过了艰苦的锻炼，也出来了一批人才，像张国华、史济华、刘觉、金美芳、曹银娣、陆梅瑛、张丽琳等好多人。

采访人：您除了做小生，还尝试过其他角色吗？

魏凤娟：解放前拍电影的时候我是演祥林的，祥林嫂的丈夫，后来在《祥林嫂》里扮演一个群众角色，一个老太。这个老太我从来没有演过，那怎么办呢？我请教他们演过老太的人，脚步怎么走，再学习。演了这个老太之后觉得蛮好，演演也进步了，知道老太怎么演了，知道她的脚步怎么走，身体怎么弯。

采访人：您一直非常注重学习，对于后辈您想说些什么呢？

魏凤娟：我从小到中年到老年一直非常注重自我学习，学了以后我才能够生存。因为我对小时候的一个印象就是家里穷，要学习才能挣钱，所以要上进，而且上进的人也会得到大家的欢迎，得出这样的一个结论，活到老学到老。对后辈来说要进步就要不断地学习。

（采访：徐佳睿　整理：田　虹）

解读《西厢记》
——袁雪芬、蒋星煜、吕瑞英口述

《西厢记》是写唐贞元间书生张生,在普救寺邂逅已故崔相国之女莺莺,发生爱情。时河桥守将孙飞虎兵围普救寺,强索莺莺为妻,崔夫人当众许愿:有退得贼兵者以莺莺许之,张生驰函好友白马将军杜确发兵解围。然崔夫人嫌张生贫寒而赖婚,张生相思成疾,莺莺在侍婢红娘撮合下,夜奔西厢探慰张生,事为崔夫人发觉,拷问红娘,红娘据实以告。夫人不得已而将莺莺许配张生,但又借口不招白衣女婿,迫张生上京赶考,莺莺与张生满怀离愁而别。

袁雪芬,1922年出生,2011年去世,浙江嵊州市甘霖镇上杜山村人。历任上海越剧院院长、名誉院长,上海对外友协副会长,全国政协常委等。11岁入四季春越剧科班,14岁开始在杭州演出。1938年到上海,1942年起致力于女子越剧改革。1953年,与范瑞娟合作主演的《梁山伯与祝英台》是我国第一部大型彩色戏曲影片。同年,在《西厢记》

一剧中成功地塑造了崔莺莺一角。她的表演和唱腔柔婉细腻、朴实深沉,韵味醇厚,节奏明快,重视人物性格的刻画,被称为"袁派"。

吕瑞英,1933年出生于上海。国家一级演员,中国戏剧家协会理事、中国音乐家协会会员、上海戏剧家协会副主席。她以《打金枝》《西厢记》《花中君子》《穆桂英》《凄凉辽宫月》《三看御妹》《桃李梅》《十一郎》等诸多名剧誉满艺坛,在越剧《西厢记》中扮演红娘一角,后被誉为"活红娘"。在五十余年的艺术生涯中创造了众多性格、身份、命运、风貌迥然不同的人物形象,创造了别具一格的"吕派"旦角艺术。

蒋星煜,1920年出生,2015年去世,江苏溧阳人,戏曲史家。1949年后历任上海市军管会文艺处、华东文化部艺术处干部,上海艺术研究所研究员,上海师范大学、华东师范大学兼职教授,中国戏曲学会常务理事。发表有关《西厢记》的专著计七种。专著《明刊本〈西厢记〉研究》《〈西厢记〉的文献学研究》分别获1984年、1999年中国戏剧家协会理论著作奖、国家文化部文化艺术优秀成果奖。

采访人:请蒋老师先谈谈《西厢记》在我们中国文学艺术史上的地位和对后世的影响。

蒋星煜:应该说《西厢记》这部著作到现在为止,很多人还没有充分地认识。为什么这样说呢?因为新中国成立以后虽然对于古典戏曲是非常重视的,但是认识上还有一定的偏差。《西厢记》在它那个年代被捧得非常高,是古典戏曲里面艺术性、思想性最高的了,但这个和实际认识情况有一些差距。我举两个很简单的例子来说一说。元朝和明朝留下来的《窦娥冤》的本子一共只有三种,流传下来《西厢记》的本子到现在为止还有四十多种,这是《西厢记》在元朝和明朝流行的情况。按照国外流行的情况,单单《西厢记》一个剧本在日本的日文翻译本就有20种,但是这个情况无论是在艺术界还是其他方面,都被忽略了。所以《西厢记》不仅在中国戏曲上有最突出的成就,而且在全世界戏曲方面也有非常突出的成就。具体的情况还可以举两个例子,一个是在中国抗战最艰苦的年代,郑振铎先生在上海大量收集《西厢记》的古本。一般人看到不能理解,因为抗战炮火连天,大家生活在深重苦难当中。但是郑振铎先生是非常有远见的,即使在这种情况下,中华民族的宝贵文学遗产还是要想办法保存,因为日本人也在上海收集了很多东西运到日本去了,这是一个很显著的例子。第二个例子就是袁雪芬同志谈到过的问题,抗战初期,很多人没有远见,不可能想到这个时候还要演一个《西厢记》,一个以爱情为主题的戏。

我认为对越剧《西厢记》来说它有一个广泛传播普及的机会,因为当初《西厢记》只有昆曲,都停留在书本上的阅读,在舞台上看到的内容离开《西厢记》的原貌已经非常远了。所以我认为越剧排演《西厢记》,在越剧观众中首先就能普及开来,对越剧传播来说也是非常有利的。因为越剧最早是用地方小戏的形式发展起来的,它的表演和艺术水平提高的过程现在看起来还是比较清晰的,从一些小戏发展到后来演整本大戏,到后来演出像《白蛇传》《梁祝》,从表演艺术到文学方面都丰富不少,但是因为它的起源终究还是民间传说,所以无论戏剧文学还是表演艺术都停留在一定的范围。当时演出的《西厢记》对越剧来说等于是一个全新的课题;从表演艺术家来说,《西厢记》比较优美的古典戏曲的唱词对白,过去是没有接触过的。像原著这样优美的文字,怎么样用一些唱腔来表现,我感觉到有些地方是不够的,不仅音乐方面需要创新，表演方面更需要创新，在原来的基础上要吸收很多新的东西。因此我认为对越剧来说，演出《西厢记》对越剧本身的表演是一个很大的充实丰富的机会。对于戏曲音乐改革的提高也是空前的。据我所知在这一个戏里面，表演艺术家们彼此交流互相切磋，就出现了很多以前没有应用过的新的曲调，观众也觉得很优美动听。包括舞台美术方面，我认为在越剧的舞台美术上也创造了一个新的机遇，这是我作为一个研究古典文学的人的看法。

采访人：请您再谈谈越剧《西厢记》是怎么来体现原著精神的？

蒋星煜：我稍微讲一点，以前《西厢记》应该说一直是戏曲常演节目，但是没有很认真地去研究原著的精神，对于主题思想的认识不是很透彻，有点商业炒作的味道。真正很认真严肃地对待，注意到原著的精神，是周恩来总理布置任务之后。具体来领导这个工作的那个同志我认为他也是非常认真的，他在很忠实地贯彻周总理的意图。因为戏曲剧团过去有一个毛病，什么毛病呢？新中国成立之前的戏曲剧团往往是戏跟演员走，哪个演员是主要演员这个戏就比较吃重一点，如果这个剧团里面是以小生为主，小生戏就多一点。新中国成立之后一切正规化了，导演制度也明确了，操作起来就比较规范化。这个时候《西厢记》的电影也拍过好几部了，但即使不是色情的，也不是很优雅。

采访人：袁老师您作为一个老演员来说，您自己既演戏也看戏，可以说说以前越剧演出是怎么样的吗？

袁雪芬：一般来说越剧剧团很多演出，多半是像京剧、昆曲那样，选一点东西出来演。因为越剧改革前是幕表制，就是人物角色叫什么名字，到哪里去，碰到什么人，都是自己编造，叫幕表制，所以看了其他戏曲剧团演的东西，我们再演出，基本上都归纳在幕表制里面。我演过《西厢记》，那时候是1943年，越剧已经改革了，在大来剧场，我反串演张生，观众也有要求，让我演张生。我的搭档是张桂莲，陆锦花演红娘，好玩得要命，这个戏演起来有个笑话。我饰演的张生碰到宁波阿嫂张

解读《西厢记》 223

《西厢记》演员表

桂莲，碰到苏州的红娘陆锦花，陆锦花因为长得矮小非常嗲，张桂莲嗓音比较粗，当时那样反串演出也蛮好玩的。南薇编导是根据王实甫的《西厢记》来改编的。

采访人：说到改编，1953年因为招待朝鲜领导人金日成，周总理要求排练这个《西厢记》，从原著到剧本，当时改编的情况到底是怎么样的？

蒋星煜：当年越剧改编实际上是从中间体改编的，王实甫的《西厢记》先是经过宋之的改编，但是他的改编不是越剧化的，基本上是京剧化的。后来华东戏曲研究院的苏雪安根据宋之的的改编本再进行加工予以越剧化。这个本子可以说是到目前为止非常忠实于原著的一个改编本。它是根据原著的精神改编的，也不是说没有任何改动，因为我们对文学艺术常常强调时代精神，每个改编者距离原著所在的年代都已经几百年之久了，所以某些地方稍微有一些改动是必要的。加上越剧和元杂剧根本是完全不同的两个艺术形式，从元杂剧改编成越剧，能保持这样的面貌，应该说很忠实于《西厢记》的原著了。

袁雪芬：当时改编者是苏雪安，他的文学修养各方面还是很不错的，很尊重原著的精神。但是因为原来《西厢记》的台词也好唱词也好都是曲牌体，曲牌体对每个曲子都是规范的，我们是板腔体，我们有我们的自由度，所以开始的时候我们也有不适应，《西厢记》的词句长短句有时候比较拗口。苏雪安也是很能听取意见的，经过磨合以后根据原著的精神以及我们的需求进行改编。

采访人：从留下来的资料看，《西厢记》在1954、1955年剧本改编前后反差是蛮大的。

袁雪芬：怎么去理解这个问题呢？因为当时是要出国访问，是非常慎重的。当时中国的总理和苏联、民主德国的国家领导人作为文化使者出去，性质不一样。这是政府文化交流的一种手段，非常慎重的一次演出。那个时候民主德国总理是格罗提渥，因此周总理非常重视，把我们整个团调到北京去排练了几个月，总理来看了好多次，从第一排看起一直看到天桥楼上最后一排，音乐是轻是响等一些小细节都要看过。总理不但看我的表演，还看金采风的表演，基本风格定下来，并且经过总理几次审查，达到出演的规格。

采访人：袁老师，您能讲讲为什么会参加1953年《西厢记》的排演吗？

袁雪芬：因为参加国家剧团以后，1953年总理下了命令，金日成访华，让我们排《西厢记》为金日成演出。当时我对这个莺莺兴趣是不大的，为什么不大？因为这个人出尔反尔，心口不一，我剧本看看又丢掉，不愿意演。后来我们上级戏改处的处长，也是后来我们华东戏曲研究院的秘书长，他给我做工作。袁雪芬，这些谁叫你演的？是我们总理叫你演的，王实甫的《西厢记》是被淹没的，我们要恢复王实甫原著的精神。你如果可以在戏剧舞台上塑造了莺莺的形象，这么一个相国千金，她的性格内外不一致，给演员提供了很多表演空间，你为什么不去创造呢？你如果把莺莺树立起来，你就是作出一大贡献。我听了他的话，再去看《莺莺传》《董西厢》，看了以后觉得这个人物我要下功夫的。

采访人：您觉得要怎样把原著里的莺莺演好？

袁雪芬：当时我就在考虑，有很多人说演红娘讨好不吃力，演莺莺吃力不讨好，我说为什么是那样的效果呢？整个看这个戏剧是上乘戏剧，它有非常可笑的地方，但是这些笑不是哈哈大笑，不是那样的风格，而是非常高深的戏剧形式。我应当从这个戏的内容到形式的一致这个方向去追

袁雪芬饰崔莺莺

求。包括莺莺这个人物，有很多观众笑声都出在她的身上，因为她表里不一要引起观众笑的，但又要让观众同情她，这个分寸感非常重要。不能让观众讨厌她，但是她可笑，可笑之下又显得可爱，应当是这样一种感觉。那么跟红娘的几场戏，确实曾很好地思考过，莺莺她毕竟情窦初开，是个少女，有少女的情怀，但是她身上也有制约她的封建教养这一套规范。

采访人：《西厢记》里有一场《寄方》是后来加进去的，剧本里本来没有的，当时为什么要这样创作？

袁雪芬：我认为既然反封建的主人是莺莺，莺莺是怎么跨出这一步的呢？怎么赴约的呢？她的思想障碍是怎么冲破的呢？应当要描写出来，可是原著里面没有，我就觉得要创作。所以这个我请苏雪安去写，他也去写了，但是要跟王实甫的原著天衣无缝地联系起来是比较困难的。原著中有一段是比较简单的，有一个药方让红娘送去，我觉得太简单了，忽略了对莺莺的内心描写，所以《寄方》这场戏是我们

加出来的。

采访人：从剧本改编来说，您觉得在当代戏剧舞台上再去重新改编这个《西厢记》应该达到什么要求？

蒋星煜：我先谈谈《寄方》这场戏。这是对王实甫的《西厢记》内容的丰富，而不是修改。为什么呢？因为原著也是这样写的，只是这个戏没有写出来，没有写足，现在我们把它写足了，成为一出完整的戏，也就是说这是我们现代精神起的作用。在王实甫的年代，他写出《西厢记》里这种反封建的思想已经表达得非常充分了，但是他终究是数百年以前的人，我们现在的人把这些情节加以丰富，更充分地表现莺莺的内心世界，我觉得还是恰当的。至于后来的《佳期》，历来是大家争论的问题。后来两个人走到一起了，应该说是一个高潮，但是无论从哪一个方面来讲，要用面状来表演是很困难的，或者可以说是很不恰当的。所以后来根本没有《佳期》这场戏的，就是用八句合唱交代有这样的情节。过去表演《佳期》有很多问题，什么问题呢？因为在闺房之内的戏没有办法正面表演，就集中在红娘身上，红娘在闺房外面猜想里面是什么情况，有什么动作，再想到自己将来怎么样，这个问题一强调，对剧本本身的主题思想我觉得是有伤害的，红娘本身的形象也被破坏了。所以我觉得在《佳期》这段做一个适当处理，还是合乎时代精神，合乎审美精神的。

采访人：您觉得当代重新改编《西厢记》，在戏曲舞台充分演出应该注意什么？还有您觉得挖掘原著精神，这个原著精神是什么？从《莺莺传》到后来这么多《西厢记》的版本，在您看来，舞台上所体现的《西厢记》应该是什么样的？

蒋星煜：我们很简单地理解这是一个反封建的主题，但是我们还要想到男女婚姻的主题实际上牵动整个封建社会。首先老夫人开始要施加这么多压力，这个对于封建社会、封建礼教是一个突破口，最容易突破的地方。所以我们现在不能因为社会开明了，就对当时这样一个主题、这样一个题材哈哈大笑,很多小青年看了觉得谈个恋爱谈得这么累。莺莺是像刚才袁老师说的,心口不一,一开始她对红娘是有顾虑的,因为红娘是老夫人派到她身边的,有什么举动她担心红娘会去汇报,所以她任何事情一定要做得尽量不露马脚。这个从现在看起来是她对老夫人的一种背对背的斗争。造成事实以后,老夫人就很被动了,没有办法,所以后来老夫人是相当尴尬。

至于《西厢记》改编成为戏曲有什么要求,我觉得主题思想只有一个:通过反对封建婚姻争取婚姻自由。实际上封建礼教、封建思想是一个整体。现在要表演困难在什么地方呢?因为莺莺的身份决定了她从小受宰相家庭的教导,这个教导就是男女授受不亲,她能够有这种想法,能够接受张生的感情,对那个时代来说就是很不容易了。她发现张生对她很有好感之后,她没有办法说,又不是现代社会,我接受你的爱情,她不可能这样。所以剧本一开始她唯一的表演就是"临去秋波那一转"。回到住的地方,回过头来用她的眼神向张生表示,这个眼神是含情脉脉的。这种表情应该说一般人是不容易察觉的,但是张生是很主动追求的人,他是有心人。这个眼神不管时间多短,一秒甚至半秒,它被张生捕捉到了,所以以后他就一直追求下去了。这个"临去秋波"应该说在表演上是一个很难掌握分寸的点,你要表演出来,甚至表演的时候也要考虑不能被身边的红娘察觉,但是要把这个信息传递给张生,这个对表演艺术家来说是出了一个很大的难题。

除了掌握原著的主题思想之外,我再讲讲《西厢记》各个剧种表演要注意一点什么吧。现在的每一个戏曲剧种都有它的特色,这个剧种对唱比较擅长,那个剧种的风格比较粗犷,或者它的风格比较细腻。所以现在我们越剧的版本出来,对于越剧来说是蛮合适的,蛮越剧化的了。这也不是要求任何剧种把越剧作为样板,我看了很多《西厢记》改编本,应该说艺术上的成就比越剧基本上要差一点,但是也不能说它们没有优点,也是有优点的。有些剧种表演的风格比较粗犷,尤其像歌剧

《西厢记》，它是"文革"以后出来的，它有越剧的特点，但在莺莺对自由的向往、对爱情的追求方面就表现得一点不含蓄。你也不能说它不对，为什么呢？这是歌剧的形式决定的。所以我认为我们在充分肯定越剧《西厢记》改编成功的同时，也不否定其他剧种的改编。但是有一个具有可比性的，就是小百花的《西厢记》，这完全是个越剧，是有可比性的。他们错在什么地方呢？他们改编的方式方法、思路还是从前戏班的想法，因为茅威涛是主要演员，所以这个戏集中在茅威涛身上。这样你要保持原著的思想高度，要保持原著的艺术成就根本就是不可能的事情。因为古典戏曲里面像张生这样满腔热情追求一个少女的戏也是比较多的，作为莺莺这样的身份，在一个爱情戏里的表演难度是很大的。有人打一个很简单的比喻，莺莺是怎么样一个人呢？一个最通俗的解释，一个热水瓶，里面非常热，外面摸到铁壳很冰凉，但是这个热度一定要让张生感受到，这就在表演上出现很大的难度。她表示接受张生的爱情，但没有语言，就是临去秋波。中国戏曲的特点和西方不同，人家说梅兰芳的一个手就是一种语言，我认为这个话是对的，中国戏曲在运用眼神方面和西方是完全不同的，它对于眼睛用得更重，这个适用于京戏、昆曲，也适用于越剧。中国戏曲讲究手眼声法步，西方表演艺术上从来没有把两只眼睛提到这样重要的高度。莺莺因为她有很多话没有办法直接说出来，一说出来老夫人会把她锁起来，不让她出来，所以她只能尽可能地做出一种暗示或者用一种比较含糊的语言表达她的思想感情。总的来说，她直接和张生面对面的次数不多，她和红娘打交道最多，但是还要防红娘一手，一直到后面逐步试探，才知道红娘完全站在她这一边，所以她对红娘一步一步放松警惕，这个戏是比较难演的。也就是说如果莺莺演得非常露骨主动，红娘就没有戏了，这个红娘就多余了；如果你随便什么时候都过分依靠红娘，也就是刚才袁老师说的，莺莺就变成一个木头了。所以这是两个人之间的戏，一开始试探，写什么东西也要瞒着红娘，这里面产生了许多丰富的戏剧性，也就是说产生了很多的笑料。

采访人：您觉得在这个《西厢记》四个主要人物的表演上，哪一场戏甚至于哪一个动作、哪一个眼神给您留下了很深的印象？

蒋星煜：我现在印象比较深的是两个地方，一个地方就是临去秋波那一转，是最难表演的一个部分，我觉得袁老师表演得还是恰到好处的。另外一个，我认为张生跳墙以后的情节，几乎所有的《西厢记》处理都不同。苏雪安这个本子改得还是相当不错的，张生一跳墙过来，有好多本子都处理为莺莺立刻就翻脸了，我们的处理应该说是最富有人情味的、最有感情的。为什么？张生毕竟是她所爱的人。为什么当初不处理成像别的剧种那样表现得立刻翻脸呢？因为这个时候她已经感觉到红娘并不是那么可怕的，知道红娘还是相当同情她的，所以她的表现还是和一般剧种里的不一样，莺莺应该更有人情味。至于最后还是要赶他走这也是没有办法的，甚至于有点不开心或者发怒，我觉得她不是发怒张生这个人，而是觉得张生有点拎不清，对于她写的东西理解得不够全面。为什么呢？因为他跳过来如果被夫人发现了以后就完蛋了，甚至会把张生赶出去。这个地方的表演和其他的剧种有一点不同，我觉得还是处理得蛮恰当的。

至于莺莺的表演，我认为没有一定的标准，后来我所看到的莺莺大部分来说表演得都比较露一点，我认为这个可能就是时代精神的作用。包括后来田汉改编的《西厢记》，他是根据苏联的改编本改的，苏联人性格和我们中国人大不相同，我们现在是演完《长亭送别》就结束了，苏联人改编的本子长亭之后是莺莺带着红娘私奔到草桥，就跟着张生去了。按照当时中国的情况来说，这种可能性是不大的，但由于苏联人的性格他们这样处理了，苏联人也接受了，我们的田汉老先生也走这个路子改编了。当年好像是屠杏花演的，可能也有人喜欢，但对我来说我对这个本子好像接受起来比较困难。但是有许多地方，其他本子的一些戏剧处理比我们越剧院的莺莺更开放一点，这个也是大势所趋，或者说我们袁老师现在再表演莺莺，也许也会有一点改动，这个我觉得是可能的。所以我觉得一方面我承认越剧《西厢记》是一个非常好的改编本，对原著的精神几乎全部能够体现了，另一方面不是说《西厢记》以后就不能改编了，或者其他剧种的《西厢记》就都没有优点了，我觉得也不要这样看待。

采访人：说到《西厢记》改编到长亭为止，其实原著后面还有很多戏，对苏雪安这个本子改到哪里为止，你们的体会是什么？从莺莺的行为来看，到长亭为止你们觉得完整了吗？

袁雪芬：从整个戏来说我认为到长亭别离还是恰当的。从它过去的材料、当时的时代情况来看，这个戏其实是带有悲剧性的，我过去演过南薇改编的《西厢记》，到了长亭分别还要演下去。事实上我觉得《西厢记》是喜剧性大于悲剧性的，所以长亭分别我认为是比较恰当的结束。从舞台实践的效果来看，它的喜剧性大于某些悲剧性，我认为那样的处理为好。这个戏一共只有张生、莺莺、红娘、老夫人、欢郎这几个人，还有一个琴童，一共只有五六个人。一般来说，这个戏你演得不好会非常冷，观众看不下去，但是我们每次演出效果都是很好的。因为喜剧的节奏比悲剧紧凑，我们掌握人物的分寸感比较强，在理解这些人物上也很好地琢磨了，互相配合当中又互相启发，所以我认为我们原来的《西厢记》从内容到形式，我们从自己的体会、体现上尽量来把握它，尽量传达原著精神的同时演出我们自己剧种的表演风格，朝着这个方面去努力。

蒋星煜：刚才说演到长亭的问题，我觉得你提得非常好，为什么呢？因为古代有个传说，说王实甫写到长亭，已经呕心沥血，就去世了。后面的团圆什么的是别人写的，有人说是关汉卿写的。整个明朝、清朝大量的演出不是全本的戏，是南西厢的折子戏，自从"长亭送别"以后一共四出戏，舞台上从来没有出现过，也就是说观众只接受到长亭结束。但有一些人不可能接受的，他们的观念比较陈旧，一定要看到拜堂这样的大团圆。实际上"长亭送别"以后用一句很通俗的话说，没戏了。因此到长亭结束，正是西方戏剧提倡的、中国传统戏剧里没有的一个东西，叫悬念，"长亭送别"正好提供给观众一个悬念，所以现在的观众全部能接受了。比较老的观众觉得要演出后来究竟怎么样，有没有拜堂什么的，这个也不能怪他，他们观点太陈旧了。实际上"长亭送别"以后再演下去，无论演员、观众都不讨好的。"长亭送别"是非常富有诗意的，而且在这里结束给每一个观众都留有充分的悬念，我觉得是最理想的结局。除了田汉的《西厢记》之外，现在所有改编本的《西厢记》，不管有什么缺点，都是到长亭结束。《佳期》《拷红》这种单出戏也一直演的，包括昆曲、地方戏里也都有。像《拷红》在川剧、豫剧都演的，但是长亭后面的戏任何剧种都没有演过单出，因为没有戏可以演。田汉本是一个特殊例子，因为他是根据苏联改编本改编，人家不去看苏联改编本就不可能改编成这样了。

采访人：1955年基本上定型以后，这个《西厢记》整体是怎么样的一个风格？

袁雪芬：我们院里有几个保留剧目，一个是《梁祝》，一个是《西厢记》，一个是《红楼梦》，还有一个是《祥林嫂》。《红楼梦》是色彩非常丰富的，好像水彩画一样；《祥林嫂》我把它喻为木刻式的，体现了鲁迅的笔触、他非常犀利的笔锋、他的深刻性；《西厢记》是工笔画，你要用工笔手法去描绘它。所以这几个戏我们是用不同的表演风格，我们演戏不是完成任务。至少从我感觉，我演每个戏之前，不但要通读剧本，还要深思熟虑，哪些地方过去还没有表达出来的，我这次演出可以加以丰富。所以我们院里几个剧目，除了《红楼梦》我没有参加以外，《西厢记》《祥林嫂》我都参加的。在自己的体会上，每演一次都要有所创造，不去重复它。

采访人：刚才袁老师把《西厢记》比喻成工笔画，从具体的音乐、舞美、表演和人物来说，这个风格是怎么定的？

蒋星煜：我觉得无论从音乐、舞台、美术、表演，基本上可以达到工笔画的程度,袁老师这个比喻很恰当。

袁雪芬: 音乐唱腔我们《西厢记》动得比较多,红娘的唱腔是我们自己设计的,我的角色唱腔也是自己设计的,原来我们演出都是自己设计的。我们有作曲,演员需要跟作曲很好地配合,因为人物是我演的,怎么表达我的内心语言,我的动作、身段都应该自己设计的。自己设计好了唱腔以后,让作曲去考虑,我唱给你听你记谱记下来。徐玉兰、范瑞娟都是自己设计的唱腔,不是人家设计好了你来唱。《西厢记》中音乐比较多,现在几个戏里面音乐最丰富的还是《西厢记》,作曲者根据我们的唱腔发挥作曲者的作用,总体要求比较丰富。像《梁祝》是一些民歌,而《西厢记》整个风格要让它有诗情画意的感觉,像一幅工笔画,你要细细品尝。演员在表演上也不是让观众一目了然的。后来考虑英雄的时候也是那样的,因为很多英雄人物不是一下子就可以看透他的,要让观众去思考。特别是分寸的掌握,现在我们青年演员如何创造人物?模仿是容易的,你模仿一个大概,却不了解他的内涵,始终只是个躯壳的东西,没有真正的灵魂。表演艺术既要有灵魂又要有外部的动作,如何一致,你就要多看书,多学点本事,表演的时候才能丰富。

采访人: 自从你们把《西厢记》整体风格定下来以后,跟着这个风格去走,排演过程当中吕老师您重新塑造红娘,是不是受到原来傅全香老师饰演红娘的影响,还是您自己从头开始来体会红娘,能谈谈当中的过程吗?

吕瑞英: 首先开始排的时候,我没有感觉这个戏非常难演。而且我也没有想一定要按照现在演员已经演出过的格式来定标。周总理那个时候和我们说的,你演红娘要把老师好的东西继承创造,我觉得这个很对,对演员来说自己创造是很重要的。包括我们进国家剧团以后,平时上的戏剧课,表演的章节中一段一段的有关演员的我们都学习,我现在来想,当时学的时候不那么深刻,但是在实际当中还是起到很多作用的。20世纪50年代的时候,我接受红娘这个角色进行排演,那个时候年轻,也没有多少想法,就按照本子上演。每一场戏主要考虑红娘的任务是什么,这个戏我应该怎么演。有几场戏红娘一句台词都没有,但是任务还是有的,比如说《寺惊》的时候对张生的看法改变了。《赖婚》中她也是没有话的,都是只有两句白口,两场戏都是。到了《赖婚》的时候她对老夫人的看法改变了,帮助张生全心全意地为小姐服务,从这个角度来讲红娘起了关键的作用,因为她感觉到老夫人言而无信、出尔反尔,心里很不服,所以她就担当了这个任务,我帮你,我想个办法让小姐给你情书,这是很关键的。但是演的时候我只进行了简单的创作,简单地表演,因为红娘刚才袁老师也讲了,确实是这个本子赋予她很多有利的方面、讨巧的方面,作为我们年轻人来讲,花旦这个角色还是比较容易演的。

后来1979年重新恢复越剧,《西厢记》演出的对象都换了,莺莺换了,张生也换了,是男女合演的。我以前演的时候,多半有老师们表演的启发,他们过来的表情让我想我应该怎么应付,我做了这么一个工作。但是到恢复越剧的时候我就开始考虑了,间隔了二十多年的时间,我自己本人的年龄也增长了,演这个红娘年龄上的差距拉大了。当时这个戏我认为吴琛导演对我们有很大的帮助,他首先把这个戏从头理了一下,这个戏原著的精神、我们改编了以后演出到现在的一些情况、到现在男女合演要注意一些什么东西,导演都讲得很清楚。每一个人物都有具体的要求,比如说红娘,他就提出红娘是灵活、聪明、大胆、富有正义感的,这几条在我每一场戏的任务里面,就看我怎么来表现它。剧本还是这个剧本,剧本赋予了你的那些优越的条件,但自己还有不够的地方,比如年龄感的问题,当然这个距离还不是很大,但毕竟是有那么一段距离,特别是对《西厢记》这么一个风格,有的时候红娘的戏里的戏剧效果是很多的,那就要掂量这个戏剧效果是不是恰当。所以我在这个方面想了一些。另外对象也不同了,比如说我跟采风的交流和跟袁老师的交流就不一样,跟徐老师和跟刘觉的交流又不一样,他们对我的表演的反应、看了他们以后我受到的启发,这个都是不一样的。所以这个戏当中我着重从人物的性格、她每一场戏的任务等角度考虑。《拷红》的一段应该说是完成了红娘性格的一个句号。

袁雪芬: 我认为她没有模仿,她演红娘的时候年纪也比较轻。

采访人: 袁老师,当时院里面考虑换掉演员也有总体考虑的,您可以说说是出于什么角度吗?

袁雪芬: 因为《西厢记》有一个出访任务,要到国外去演出。当时考虑到范瑞娟演梁山伯比较合适,相比之下张生让徐玉兰演比较好,这是从我们院里考虑的。我们非常幸福,出国演出的剧目周总理都过问的,总理指定让我演莺莺。一开始我不太肯演莺莺,领导还给我做工作。当时我们出去是中国戏曲代表团队第一次出去访问。所以当时节目是总理定的,演员也是总理定的。总理过去对青年特别关心,吕瑞英、金采风,他都叫她们小鬼,《九斤姑娘》这个戏,他看了哈哈大笑。我感觉到吕瑞英让总理看过了,金采风还没有让总理看过,所以后来我让金采风排了一个《盘夫索夫》,在国务院里演出,当时金采风还想不通。我专门有一个辅导老师教她怎么演《盘夫索夫》的,我希望我们的青年演员在领导面前要多表现,领导也是关心青年人成长的。当时我一个手拉吕瑞英一个手拉金采风,两个人都要推出去,因为事业

吕瑞英饰红娘

上没有青年人不行。

吕瑞英：我们是第一代青年演员，那个时候只有17岁。应该说从培养青年的角度来讲，傅老师的红娘让给我来演也体现了老一辈对青年演员培养的重视。我排戏的时候傅老师还来看的，比如《拷红》里面有一些【四工腔】，我认为还是可以的，但是在这个基础上我自己再加以丰富，再唱给她听，结合起来看看她那时的节奏跟我现在需要的有哪些不同，这样来创作。

采访人：袁老师，您拿到《西厢记》这个剧本的时候，是经过一番思想斗争的，您能谈谈您是怎么理解莺莺这个人物的吗？

袁雪芬：我演莺莺这个人物，起初虽然有一些看法，甚至把剧本丢了几次，但后来研究了以后，我觉得这个人物是一千多年以前的官家小姐，这个戏主要由她来体现反对封建制度的观念，真是非常难得的。我也是一步一步探索，在排练当中一次又一次地修正，翻来覆去的。我因此也养成一个习惯，一个戏不是一蹴而就的，而是要反复思考、实践、修改，每一场总要有新的感觉、新的探索，然后再观察观众是不是接受，等到观众接受了我再固定下来。我觉得我演的莺莺既要让观众喜欢，又要觉得可笑，莺莺还是有幼稚、可笑的一面的，但不是让人讨厌，在掌握这种分寸当中进行一些创作，唱腔设计也好、动作也好，几乎每一句话、每一句唱词、每一个动作都要翻来覆去思考，这样一点一点去体现的。

采访人：《西厢记》主要是四个人物，莺莺、张生、红娘、老夫人，在您看来是怎么理解这四个人物之间的关系的？

袁雪芬：因为《西厢记》里面莺莺是一个中心人物，反封建思想没有莺莺，其他人物都带动不起来的。莺莺的母亲用亲情关系，一直禁锢她的思想行为，她内心是有抵触的。但她外表是顺从的，所以在她母亲面前她也是表现出两重性的，表面顺从、内心反抗，这个分寸感你要随时随地表露出来，同时也要让观众看懂，这个人物一句话也好、一个回答也好、一个眼神也好，都要考虑这个问题。对于红娘，她觉得红娘虽然非常贴心,但是红娘是母亲派来监督她的人,她常常去打小报告的,因此与红娘既是姐妹又要防范她。莺莺和张生互有好感,两个人认识以后,内心有了呼应,而且张生敢于挺身而出,他不单单是一个有才学的书生,还是见义勇为敢于承担责任的人。

采访人: 吕老师,您从红娘角度考虑,红娘应该怎么处理与其他三个人的关系?

吕瑞英: 我觉得这个本子赋予红娘表演的空间是相当丰富的。刚刚袁老师说,红娘这个角色比较讨好,是这样的,因为她做了很多人家不能做的事情。导演说红娘是聪明机智、富有正义感、善良的人,在整个戏里面,老夫人、小姐、张生、红娘四个人,她是一个小丫头,是一个小人物,她是没有什么发言权的。但是在这个戏里面红娘起了一个桥梁的作用。她是怎么做到的呢?就是用她的机智、聪明,在有些场合当中看上去不能解决的事情,她解决了。比如说老夫人"拷红",要东窗事发了,老夫人第一个找的就是红娘,我让你监视小姐的,你管什么了,谁让你去的?但是看来这一场灾难红娘是知道的,她用她的机智应对了老夫人每一句的逼问,到最后转危为安,把老夫人击败了。所以红娘在每一场戏里都有她特定的任务,前面是陪小姐玩、陪小姐烧香;后来去游花园的时候少女情怀都流露出来,红娘自己也要玩,但还是要看着小姐;在看到张生的时候觉得张生不堪入目,他对小姐这样东看西看,红娘对他的印象不好。她在陪小姐烧香的时候听到隔壁看书的声音,这个时候她对张生并没有好感,就感觉他是一个书呆子,但并没有把张生看作一个浪荡子或者油头小光棍,就是觉得张生这个人蛮可笑的,看到一个书呆子发自内心的笑。这也是表现红娘性格的一个方面,她是敢喜敢怒的,她善良,愿意帮助人,敢于挺身而出。

至于每一场戏红娘与其他三个人物的关系,毕竟红娘的身份是丫头,这个是情景规定的。小姐几次让红娘传达对张生的心声,但是又不敢跟红娘说,比如说传书、寄方,小姐都不敢讲。红娘因为自身地位她心里面的埋怨又不能直接反映出来，毕竟还是有一个主仆关系在。你对了是应该的，错了是不允许的。所以是这样的人物关系，她对小姐既非常亲切，又带着一个任务，而且红娘本身在《西厢记》里面，从《寺惊》开始一直到《赖婚》，整个过程当中也有自己的看法。对张生来说，因为他是一个外人，是一个男的，红娘的首要任务是不能让小姐和外面接触，不能东跑西跑，要是有什么情况就需要向老夫人汇报。这个情况下张生对她来说是外面人，看到这样一个人等于是红娘没有做好防范工作，任务没有完成，所以要快点带小姐走。老夫人更不用说了，她是有生杀大权的，她要你就要你，要打你就打你，让你死就让你死。我觉得人物关系从红娘角度来说，对待这三个人物，她要和外面接触、联系，她的接触面非常广。所以应该说莺莺和张生到最后的结局，两个人可以接触，红娘的桥梁做得还是相当好的。红娘能够做这个桥梁，因为她对现实有她的判断和看法。对张生她最初感觉是他不应该东看西看，对小姐怎么可以这样？但是到《寺惊》的时候她转变了看法，觉得张生又有才又有貌，而且见义勇为，在这样的情况挺身而出，所以转变了对他的看法。

我觉得从红娘接触的人物关系说起来是多方面的，红娘也就是凭这点，戏里面的活动内容比较丰富，所以红娘是剧本赋予她的条件比较好。在演的时候我也看了傅老师演出的一些好的东西，加上自己的创作。学习、模仿不是最终的目的，而是应该在学习、模仿后发挥自己的想象力和创造力，这样在演出的过程当中才能够对人物创作有所体现。

采访人：袁老师，能说说《赖婚》这一场戏吗？

袁雪芬：赖婚一开始都没有准备的。红娘认为小姐配张生蛮好的，蛮般配的。对莺莺来讲，她看到了张生不但有才有貌，而且有德，见义勇为。《赖婚》这一场戏，前面经过《寺惊》，一出场就是孙飞虎兵围普救寺，要抢莺莺为压寨夫人，生死关头老夫人走投无路了，所以她宣布有谁能够退兵，就把女儿许配给他。母亲会下这个决定对莺莺来说也是出乎意料的,她没有想到母亲能够出这个主意。后来张生写了一封信,使敌军退却,她和红娘窃窃私语,觉得看不出他有这点能耐,"看他不出",这句话的含义是这个书生不一般。因为她亲耳听到母亲说谁能退敌军就把她许配给他,所以这一天莺莺是最高兴的,她觉得她娘是最好的,她许下这个愿望,并且今天要实现了,她在梳妆打扮的时候拼命打扮成新娘。红娘叫她,她虽然扭扭捏捏慢慢地出来,实际上她心里非常喜悦,出来的时候她认为自己是一种新娘的状态。但是她进去以后老夫人突然让她拜见哥哥,她傻眼了,母亲怎么变卦了呢?张生怎么变成哥哥了呢?不是许配给张生吗?所以这场戏对莺莺的触动是很大的,让她承认他是哥哥,并且要捧酒敬她的哥哥,不敬还不行,莺莺这个火无论如何按捺不下去,最后她只能哭她的爹爹了。因为她父亲死了,她哭爹爹等于是对她母亲的抗拒,她哭着走了。所以这场《赖婚》的戏很激烈。

采访人:吕老师,红娘在《赖婚》里有些怎么样的表演?

吕瑞英:老夫人赖婚前红娘是最忙的人,要张罗小姐的梳妆打扮、穿衣,然后还要请张生,跑来跑去非常忙。在她叫小姐出来时看见小姐扭扭捏捏的样子,心里面也是非常高兴的。你快点来,跑出来的时候我们两个人袖子一拉一看,小姐你今天真漂亮,更加漂亮了,走。实际上这个动作设计体现了前面要出场之前的一些准备工作的心情。然后红娘看到张生说你快点进去,今天没有别人,只有你跟小姐两个人,我们现在说起来就是订婚,张生这个时候很高兴,还看看自己衣服整齐不整齐。因为太阳照过来一个人有影子,红娘问张生你为什么这样走来走去,张生说我少了一面镜子,住的地方没有镜子,所以我只能借日光看看我衣服穿得怎么样,表现出张生这个人有点酸溜溜。

采访人:当张生和莺莺可以订婚了,心里很喜悦,能谈谈这段唱腔吗?

袁雪芬:在门口只有十来句唱词,但是我花了两天时间来思考用什么板式好。莺莺的内心是无比喜悦的,非常欢快。我们的【尺调腔】是抒情的,但是太缓慢,不行;【四工调】太跳跃也不行,用在莺莺身上唱【四工调】是不合适的。我第一次演出招待金日成首相的时候唱【四工调】,后来非常懊悔,不适合的。【四工调】对严兰贞那样的人物是适合的,莺莺是绝对不适合的。仅仅这几句,一共十来句唱词,我几乎把绍兴大班、沪剧和其他兄弟剧种的曲调都哼了,要寻找适合的音符。两天考虑下来以后我想了一个办法,什么办法呢?我想在板起了以后马上唱,不是唱在板上面。这十句唱有点少女的心情的表露,今天这么个好日子,你怎么把订婚和结婚都放到一起了呢?其实她非常满意她的母亲,嘴里虽是埋怨心里却对母亲非常感激,心里是非常喜悦的,这都要表现出来。两个女孩子的一段唱,也表现了莺莺表里一致地对红娘,对她没有保留地袒露自己的心情,可以靠在红娘的肩上,问她"张生为我吗?"不用眼睛看红娘,而是用神情问她。所以这场戏很有趣地表露了莺莺的真实感情,以及莺莺和红娘的姐妹情分。

采访人:吕老师,作为红娘,袁老师在唱这段的时候,你在旁边是怎么样表演的?

吕瑞英:没有台词的时候演员要想怎么陪衬得好,在规定的情境里,你没有台词,但是同样要表演出来。小姐在前面唱的时候,你又要听又要看,当时就是这样来表演。这场戏两个人是很轻松很和谐的,没有什么矛盾,她没有什么要骗我的,我也没有什么要隐瞒的,只要直接跟她说就可以了。"张生为我吗?不为你为什么?"平时不敢说,当时可以这样说,不是埋怨她,也是大家一种高兴融洽的情绪。所以莺莺在唱这段的时候我是在后面看的,看她头上的打扮。有一个小插曲,那个时候和老师演戏,对自己来说是一个不断提高的过程。有一天袁老师突然问我了,瑞英,你今天看到我《赖婚》里面带什么花?我一想总归是红的花,但没有仔细看,也不好确定,可能是别的颜色的花。我就说我没有看到你带了什么花换过什么花,她就说了:"你要看,虽然这是很小的事情，但是演员在台上看、想，都要从真的视觉上去体现。"我如果真的仔仔细细打量她，颜色一定看出来的，但是我从表演的角度不一定看到什么颜色，看了也忘了。所以我也老老实实说我不知道你带了什么颜色的花。同样现在我们要和青年演员排戏，也是这样去要求他们的，这对青年演员来说是蛮重要的，要注意的。

袁雪芬：这个问题确实是这样的。很多青年演员演戏眼睛会扫观众，其实演员的眼睛不应该去扫观众的，你在舞台上演出人物，不允许去扫观众的，我是非常反对的。有一次我对瑞英提出这个意见，因为瑞英演戏演得蛮活的，我听范瑞娟跟我讲过，她说傅全香病了，结果采风和瑞英两个人顶上去，两个人都和我配过，我和金采风演，她一直往后面缩，跟吕瑞英演她一直往台前跑，我跟也跟不上，她是动得厉害。我看瑞英演戏演得蛮活的，比如红娘一出场，我发现她目的性不够，有一天我问她："瑞英，你看我今天戴了什么花？我莺莺的头都是你帮忙打梳的，今天什么日子你肯定看到的，你一定要真看，很多东西你只有真看了才能让观众有真的感觉。"因为我们舞台上过去戏曲演员虚假的东西实在太多了，如果说越剧改革的好处，那就是从话剧当中学到的东西，从电影当中学到的东西，就是要真看真想，真的去感觉，不能装模装样，要有一个分寸感。戏曲演员要么过火要么不足，这都不好，要恰如其分，这个分寸感太重要了。我11岁没有自知之明做了演员，演戏演了这么多年，我看到很多演员最大的问题是演戏不认真，台上开玩笑的有，装腔作势的也有，那样很糟糕。我觉得我演戏一定要认真，演什么人物都要认真看、认真听、认真考虑、认真唱，痛苦在哪里喜悦在哪里，就要真哭真笑，要改变那种虚假的表演，那样越剧改革才能打开局面。

采访人：《赖婚》这场戏把莺莺引进去了，接下去怎么表演的？

袁雪芬：莺莺的动作反差非常大。当时让她过去，她非常亲切地叫母亲，平时从来没有那么细声细气地叫一声母亲。结果是拜见哥哥，她突然傻眼了,红娘也没有想到,莺莺更加没有想到,两个人都愣住了,所以这场戏张生、莺莺、红娘都愣了。一下子夫妻变成兄妹了,红娘看得很清楚,老夫人变卦了。

采访人: 这个时候红娘是怎么样的?

吕瑞英: 红娘拿了一杯酒,老夫人让她拿她不敢不拿的,拿过去给小姐。当红娘过来的时候莺莺马上推开,但还是让她敬酒。红娘心里非常难过,小姐哭着跑出去了,老夫人让她去看小姐。后来她在门外做了一个动作,表示她对老夫人的做法非常不满,这实际上也代表了小姐不满的情绪。

袁雪芬: 这个时候老夫人对张生几句追问,他是词穷了,所以只能回避了。红娘想了一个缓兵之计,说张生要死了,这个也表现出红娘对老夫人不满的情绪。

吕瑞英: 这个就是张生酸溜溜的地方,真的死倒也不见得,但是情绪上真的要去死了。这个时候红娘还是很真实的,一把拖住他,说张生你不能去死,所以在这里她非常同情张生,觉得张生对小姐完全是出于一片真心的。接下来她会给他出主意,这就体现了红娘的正义感。最后张生感谢红娘,跪下来了,红娘赶快把他扶起来,一边扶他起来一边觉得张生对小姐是真心的,所以她就帮他了。她之前对老夫人不满,后来张生的情况、小姐的哭,红娘作为一个第三者看得很清楚。因为小姐和老夫人的心思不一样,"我帮你想个办法",红娘说这个话的时候没有想到后果,但是在当时的情况下她是出于一种正义感打抱不平,对夫人的言而无信、出尔反尔表示不满。

在红娘答应帮张生后,接下来就是要想办法。因为小姐是每天烧夜香的,所以她就利用烧夜香的时间让小姐和张生有所接触,是隔墙的接触。他们都说好的,让张生弹琴,弹一首《凤求凰》,借音乐借琴声来表达他的感情,在小姐听到琴声后看小姐的反应怎么样。这场红娘实际上首先试探小姐到底是怎么想的,如果还是对张生很中意的话,准备后面再帮助他们。

幕拉开，张生在台上，小姐和红娘上来了。这时候小姐是懒洋洋的，因为红娘看到小姐这种慵懒的情绪怕过会儿引不起她的注意，所以她一定要引小姐，今天的月亮怎么样，要想一点话题出来和小姐交流。

袁雪芬：红娘让小姐拜香，张生开始弹琴，莺莺感觉到了，"莫非是他？"，问旁边的红娘，"这是什么响？"红娘狡辩，"我不知道，小姐你猜"。莺莺听到琴声有一段动作的，这段动作就随着琴声来做。莺莺不知道张生在隔墙，提到他莺莺其实有满心委屈，然后有几句唱。

吕瑞英：红娘这个时候是真心想帮张生的，但是张生说的话也是令她不满的，红娘给张生的定义是一个穷酸秀才，所以红娘也要戏弄他一下。这个时候动作都是俏皮的动作，红娘说："要么在我面前说一声好话，'可怜我这个傻小子'，一定给你再想一个法子。"他真的这么做了，红娘非常开心。张生写了字拿过来给她看，因为红娘不识字，但是又不能说自己不识字，所以不太好意思问纸上写什么。红娘这个人不是小肚鸡肠，张生哭哭啼啼，小姐也是哭哭啼啼，张生寻死觅活，小姐也寻死觅活，老夫人这个做法不对，红娘是真的帮他们的。好像红娘贪图张生的钱，她不开心，不开心之后她也知道，张生不是这种势利的人，所以她后来是跟他开玩笑的，开玩笑的过程当中到有几句有点调皮，有点要耍耍张生，逗逗他，是这样的意思。这里的唱基本上是【尺调】，但是也用了一点【四工腔】。

红娘在张生、莺莺两个人之间起到穿针引线的作用，这个过程当中有些具体的事情。具体到《闹简》一场，前面她答应了张生要把简帖转给小姐，但是一路上在考虑怎么给小姐，因为这个时候她还不知道莺莺到底是怎么想的，所以有一点战战兢兢。但是红娘还是比较机灵的，一想自己当面给小姐没话说，而且传一个帖子来，被老夫人知道不是小事情，所以想了一个办法。她一看房间里小姐还没有起来梳洗，就把简帖放在一个梳洗的盒子里，小姐一梳洗就会看到，看到之后再看小姐的反应。红娘有这点本事，随机应变。所以这场戏红娘出场后，一点一点看小姐起来了没有，然后把简帖放在梳妆台上。

采访人：袁老师，这场戏莺莺是处于什么状态？

袁雪芬：她是隔墙听到的琴声，知道张生的心情和她是一样的，这天晚上她没睡好，早上也懒得起来，辗转反侧在想这件事情以后怎么办。红娘让她起来时她也是懒洋洋的。莺莺这个时候上场，红娘看到她还没有梳洗，就说我去看看老夫人起来了没有，小姐你梳洗吧。莺莺看到红娘想问，因为她发现红娘似乎知道张生的一些情况，但红娘已经回避小姐下去了。回过头来莺莺看见梳妆台，她觉得我有什么心情梳洗？她起来的时候跑到梳妆台前面拿起镜子，又想：我有什么心情梳洗呢？她一声叹息，她一个晚上都在叹息，想不出什么办法，以后怎么办。她戴的花什么的都放在梳妆台里面，也没有心思用，无意当中掀开来看，看到简帖，莺莺非常敏感，一拿起来马上放下。为什么？她知道红娘对她是非常熟悉的，她是母亲派来监视她的，虽然这件事情之后她觉得红娘是理解她的，但是她养成习惯了，她要提高警惕，看到简帖拿起来一看马上放下，好像没事那样。然后她看看房间里有没有红娘，看到没有红娘，回过来才一边拿简帖一边注意不要让红娘看到。她打开一看，果然是张生的，里面有他的诗句，她看了心里觉得十分难过，她知道张生的心情。她正是在这个时候让红娘看到了，看到了又像没事一样，回头反而责问红娘，叫红娘过来。

采访人：红娘是什么反应呢？

吕瑞英：红娘其实没有下去，她主要是看小姐看到这个简帖以后的反应怎么样，小姐要是同意自己把这个简贴传给她的，对自己的反应会比较亲善，如果不同意的话一定会责问自己。所以这个时候红娘没有下去，实际上在旁边看，她感觉到小姐看了这个简帖对张生还是有想法的，自己这个线不会白穿的。红娘正在开心的时候，小姐一叫，她一听这个声音觉得不对，所以就紧张了，一点一点地过去。小姐说我要告诉老夫人去，这个时候红娘急了，"小姐是你让我去看他，他才让我带来的"，红娘想推脱，"如果不让我看他我怎么会带来呢？"

吕瑞英：红娘一看就看出来了，小姐不是真的，所以她再进一步，说我又不识字，又不知道里面写什么东西。结果小姐这样一转，红娘就乘势上了，变被动为主动，既然你要告诉老夫人那我去告诉，拿了一个简帖就要走。

袁雪芬：莺莺急了，马上到红娘身边，靠在她的肩膀上讲，红娘，我逗你玩的。

吕瑞英：红娘这个时候看出来了，小姐骂自己和现在想的完全是两个想法，不是不同意。这个时候红娘和小姐有点调皮了，但她不能说得非常多，也不能说得很厉害，不然主仆关系身份就不对了。

袁雪芬：这段非常巧妙，这时候莺莺跟红娘真是像姐妹一样的，她也只有依靠红娘在中间搭桥了，因为她没有办法直接和张生说，老夫人那里也没有办法再说了，只有通过红娘。这段戏里面小姐虽然拿了简帖，也觉得感动，又怕红娘去告诉老夫人，给她一个下马威。可是红娘回来以后说小姐你放心，我不告诉老夫人，我逗你玩的。然后小姐把简帖拿了过来，这是把柄，不能落在红娘手里的。她就问红娘了，张生，怎样？

吕瑞英：这个时候红娘就知道小姐的心理了，她和红娘有点加油添醋，前面小姐刚刚给我吃了一个硬钉子，现在我以软钉子的办法还给她，她让我说我不说，卖卖俏。

袁雪芬：她走进去莺莺马上跟进去，她跑到外面莺莺也跟到外面，说"姐姐你说呀"。

吕瑞英：红娘说，小姐，张生进来的时候病得非常厉害……除非你小姐救苦救难。红娘这个时候对小姐说的实际上是在为张生说话，更加添油加醋说得重一点，让小姐对张生引起同情和关注。她说到最后一句"除非你小姐救苦救难",红娘这句话说得重了。

袁雪芬："红娘,这种胡言乱语要被人家听到了不知道要怎样了","幸亏你的追问"。先是责问她,马上又要安慰她,当时莺莺的心态是那样的。

吕瑞英：红娘就说这个要不是老夫人张生怎么敢这样想,这个地方的念白红娘也有对老夫人的不平,这个时候的语气一面是回答小姐的,一面是对老夫人的不满。要不是老夫人许了又赖,人家敢这样想吗？强调老夫人的言而无信。

袁雪芬：莺莺这个时候在红娘面前要维护她的母亲,这是表面的,她内心并不是那样想的。

吕瑞英：这个是冠冕堂皇的话,红娘也知道这个不是小姐心里的话。

袁雪芬：这场戏中红娘和莺莺两个人,莺莺的内心活动、外部表演完全是两种情况,是表里不一的态度。红娘是比较单纯的,莺莺把红娘看成监视她的人,所以她不敢透露她的真实想法。这场戏表面上的语言、内心的活动又要让观众看懂,但是又不能表达得非常清楚,这个地方的分寸感在演员体现这个人物的时候非常重要,既要传达这个意思,又要让观众看到莺莺的两面性。这场戏里面逗趣这些东西很有意思的,也反映了莺莺这么一个在有教养环境当中长大的小姐所背负的精神负担。

吕瑞英：这也是红娘单纯的方面,她根本不会想到小姐在自己面前还不跟我说实在话。红娘视小姐为最亲近的人,她做这个事情一大半也是为了小姐,还有一方面是出于不满老夫人的出尔反尔,自然而然产生的一种正义感,但是一大半是为了小姐,另外也是帮张生,我认为红娘是最累最吃亏的人,要经受很多。所以这场戏里面反映了红娘的单纯,以及和小姐的一种关系。因为她是一个丫头的身份,所以她要在她的身份上和小姐交流,她的语气是不能顶撞的,而是要软的、调皮的,就是要推卸责任也不能直接说这个事情不关我的事,而是把这个东西扔给小姐,是你让我看他的,简帖是人家让我带来的。到后来看出小姐又不完全是这个意思,有一点回避自己,她不是直接跟自己说真话,所以红娘反过来说我去告。这个体现两个人的身份在这一件事上重大的关系,万一被老夫人知道红娘性命攸关。所以她做这件事是见义勇为,大胆地帮他们穿针引线,但是她毕竟是丫头身份,不能超出她的范围做事,所以她要把小姐搭进去。

袁雪芬: 这一场戏里面是两种性格的冲撞,莺莺她内心想的和表露出来的是完全两回事。她内心看到简帖以后,打动了她的心思去约张生,但是如何去约呢？必须要通过红娘、依赖红娘,她既要依赖红娘又要警惕红娘,既要托付她完成这个任务又生怕她到老夫人那里告密,尽管她也感觉到红娘似乎对她同情更多,但是她长期养成的习惯使她对红娘不得不防备,她是这种心情。所以这场戏里很有趣的,我们在演出当中效果是非常好的,因为那种性格上的冲撞,那种语言上非常有哲理、内涵的东西。她去约张生,把红娘拉在身边,如果这件事我去告诉老夫人或者你泄露消息,你也脱不了干系。

吕瑞英: 又要红娘帮忙,又不敢直说,小姐这一招红娘根本没有想到,她还比较单纯。小姐帖子给我了,我当然不去,把帖子扔在地上,这样没办法了,小姐跟我说,你敢？这样一来她又不敢了。她这个时候就埋怨小姐,主要表现出红娘的委屈,说小姐你一会儿这样一会儿那样。她看了这个简帖就想了,我如果不去,但这是小姐要我去的,我又不能拒绝她;我如果真的不去,张生怎么办呢,他还等着。她没有办法,她心里想帮他们两个人的,碰到这样严重的事情,那么只能委屈自己走一趟。这个是《传书》了,我给小姐你传这个书是为了你,你当面好像是赖婚的痛苦,背地里自己又愁眉苦脸,但对我又是凶的,所以红娘这一段唱主要是在说明小姐的心态,自己做的事情和小姐的关系。后面她想想张生这里还是要帮他的,最后只能委屈自己,走一次就走一次。

采访人：后面一场就是《传书》了，能讲讲这场戏吗？

吕瑞英：《传书》主要是红娘和张生的一场戏，红娘去传书只知道小姐已经不同意了，今后让张生也不要再胡思乱想了，你今后如果再怎么样把我也搭进去了，这个事情没有好结果的，她是这样去的。结果张生看了书信以后完全是两回事，他一看书信跳了起来，红娘当时糊里糊涂不知道他干嘛。这个小姐不是真的闹我，红娘知道了这一首诗以后对小姐后面一场《赖简》要采取主动了。红娘一直是处于被动、主动、被动的轮回状态，本来《琴心》她是导演，是她让小姐来听琴，让张生弹琴，然后由张生让她去传一个简帖给小姐，但是传给小姐以后，小姐来一个两面的东西，红娘不知道，吃败仗了。她以为小姐不同意，再回到传书的时候她觉得不对，是小姐在骗我，她知道了。从《传书》中红娘知道一点，小姐没有完全跟自己说实话，而是瞒了自己，所以最后两句是："小姐小姐我看你今夜是否瞒得过我红娘，今天晚上你不是约他来吗？我看你怎么瞒过我。"张生在念她也不懂，让张生解释给她听。张生一句一句解释，所以红娘知道小姐是瞒了自己的。

采访人：《赖简》中，莺莺她怀着什么心情出场？

袁雪芬：她既是一个少女，受到娘赖婚以后已经不合法了，她和张生互通情书，敢于约张生，是因为红娘不识字，让她传书她反正不了解内容，只有她跟张生了解，因此她约会张生。那天红娘说不要烧香而莺莺要去烧香，她梳妆打扮了以后，完全是约会的这种心态。她匆匆忙忙地走路，她内心的激动以及她外部的动作，完全都是去约会的心情。到了以后结果红娘来了，莺莺一想这个事情坏了，红娘说小姐不要烧香了，莺莺讲今天正是烧香的时候，莺莺所唱的和红娘唱的已经出现一个反差了。

吕瑞英：《西厢记》的音乐非常好，写莺莺这个时候扭扭捏捏，都可以体现出来。小姐是避开红娘出来的，红娘看见小姐走了急急追上她。

她说,小姐你今天怎么走得这么快,等也不等我。今天她是让小姐不要烧香,因为她知道小姐要约会,但小姐和她反着来。

袁雪芬：莺莺说这个时候正是烧香的时候。她想红娘在旁边怎么办,已经约了张生来,所以她心不在焉。

吕瑞英：红娘这个时候就是在观察小姐,看你今天怎么样,你不让我帮忙,也不讲给我听。

袁雪芬：莺莺一边在烧香,一边心已经飞到隔墙去了,不知道张生来了怎么办,不能让红娘看到。她耳朵一直在听隔壁,这个时候张生要来了,怎么办呢?莺莺内心慌张。红娘出去看,好像有声音,糟糕,是不是被红娘发觉了,她去看张生去了,因此莺莺躲在旁边。

吕瑞英：红娘这个时候还有点怀疑到底张生说的是不是完全对的,因为张生解释今天小姐等她,到现在也没有什么动静,红娘就避着小姐。红娘这场戏主要是观察他们两个人,然后跑出来看看,到底张生那边怎么样了。我走也走了,又不能拉着我,我就跑到隔壁去问张生去。结果一问张生,他说是的,不会弄错的。张生也给我出难题了,让我带他进去。我不带你进去,小姐让你跳墙,你跳,你总归跳得过去的。红娘要看看你们两个人怎么瞒我。

袁雪芬：莺莺生怕红娘知道她的机关了,因为这件事瞒着红娘的,她去告诉老夫人怎么办?张生真的过来怎么办?这下红娘不在了,是不是要去告诉老夫人了?正在这个时候张生跳下来了。"谁?",张生说是他。"张生是你啊",她看到张生来了更加急了,红娘在这里呢。张生说自己已经看到红娘了,糟糕,这件事情被红娘知道了,他们已经碰过头了。怎么办?红娘已经知道了,张生已经来了,红娘也很鬼,她去告诉老夫人就不得了了。这个时候莺莺要想对策了,张生你快走吧,张生觉得奇怪,你约我来为什么又让我走呢?"红娘快来呀",张生不肯走。

吕瑞英：小姐一叫红娘来了,因为张生不知道小姐是防红娘的。张生跳墙过来了以后要小姐掩盖自己,怎么办呢?张生不懂了,红娘已经碰到过了何必这么紧张呢。小姐一面叫张生快点走,一面又叫红娘。红娘来了,她临时想策略,怎么讲呢?"红娘,我好端端在这里烧香",她一面讲一边在编,"我好端端在这里烧香,好像有个贼",又不能说有一个张生,说有个贼,"你快替我把他赶出去"。"谁?"红娘故意问。"不管张生李生,你把他逮到老夫人那里去",这也是无可奈何讲出来的话。红娘这个地方还是帮张生的,她主要气小姐没有跟她说。张生从墙里跳下来,现在说他是一个贼,红娘还是想把这件事情做下来的,所以她跟小姐说,不是贼,你也认得的这是张生,大家认识的。看样子红娘这个时候真的觉得小姐要把张生带下去,把他拉到老夫人那里去,但回过来一想也有可能猜错了,小姐不是这样想的呢,拉到老夫人那里去不是完了吗?这个地方红娘要想办法掩盖过去,这个事情她还是帮了张生的,所以我跟小姐说,"你如果去告诉老夫人张生不是完了吗?"算了吧,交给我处理,她想小姐说你处理吧就可以走了,结果回过来小姐没有走,还在。

采访人: 张生这个时候在旁边很难处理的,他这个时候是怎么样的?

吕瑞英: 张生愣住了,他看书信是小姐约他来的,现在小姐又让他回去,他搞不清楚了。

袁雪芬: 他很忠厚的,他认为莺莺跟红娘是一致的,不会有什么矛盾的。现在愣住了,怎么回事呢? 莺莺约他来没错的,搞了老半天,红娘叫他过来,让他跪下来。

吕瑞英: 红娘这个时候还是有点气的,但是小姐一反过来红娘又相信了,所以这个时候她要张生讲出来,张生搞不清楚,主要他想不到小姐会防着红娘,红娘这样帮两人他不会想到的,他愣住了。红娘让他过来,跪下,这怎么能跪? 红娘硬让他跪下,这个时候他实在搞不明白,他想红娘总归不会害他的,就跪下了。作为张生这个人物来说,他还是很忠厚的,他没有说小姐叫我来的,他知道小姐约他来这是不对的,在当时是不允许的,是暗下私通,所以他更加不会说小姐怎么样,不会把责任推给小姐。红娘要拆穿这件事情,一直问是谁让你跳过墙来的?他不讲。再逼问你跳过来干嘛,他还是不讲。张生这个时候很茫然,但是他不会直接说小姐。小姐说带下去处理就可以了,这个时候红娘以为小姐是真的发脾气了,红娘又上当受骗了,去讲好话了。

吕瑞英:红娘完全相信小姐,她上当受骗了,觉得张生你搞错了,所以跑到他的面前说张生,最后两句话:"你算了吧,从今以后你去守十年寡,再去读书,不要再想这个事情了。"张生这个时候承受不了了,人昏过去了,红娘觉得蛮急的,要扶小姐回到书房去,这样结束。但是红娘最后还是相信小姐的,觉得是张生弄错了。

采访人:接下来《寄方》这一场又是怎么样表演的?

袁雪芬:《寄方》在王实甫原著里面是很简单的,当我演莺莺的时候我感觉到那么简单的地方要好好写,主要描写相国小姐如何赴约的,这是了不起的行动,我认为是一场好戏。当时我们搞剧本都到北京去的,周总理决定让我们住在饭店里面,几个月专门搞这个戏。翻来覆去考虑,我觉得《寄方》要好好写,莺莺要跨出这一步,要描写她的内心,她长期教养束缚的结果,但是也有和张生不合法的婚姻关系,她要争取主动跟她心爱的人在一起的这么一种心情。所以这一点我认为非写不可,这场戏写好了莺莺这个人物才能塑造完成。当时改编者是一个老作家,我跟他交换意见,开始他们都有想法的,他们说《佳期》原著里有,《寄方》没有,我说恰恰没有的东西我们要补充,我认为《佳期》是一个结果,《寄方》是莺莺的主要行动。最后同意了,写莺莺在不合法的情况下争取主动,要跨出的时候她又退却了,她觉得她还是一个相国小姐,赴约是有失身份的,终究和张生是不合法的。她退下来以后又责备自己,为什么你一行动又退缩了呢?这里面她有反复,我觉得要写她这种心情。《寄方》这场戏到现在为止剧本上还是不满意,当初因为时间的关系把它写出来,有一点反复,但是这种反复的深度还是不够的。

这场戏我感觉要把多少年来束缚相国小姐的封建制度一层一层地冲破,最后她跨出她的闺门去赴约。

采访人:《寄方》中莺莺是处于什么样的状态下开场的?

袁雪芬:《赖简》下来以后她觉得对张生很愧疚,所以自我责备,同时又知道张生为她相思已经成病了,等红娘告诉她这个情况以后她内心非常焦急。红娘也讲得非常清楚直白的,只有你救苦救难,谁都救不了张生。所以这场戏是看莺莺具体行动了。

采访人:《寄方》上来四句吟诗腔,这是如何表现的?

袁雪芬:《西厢记》里有些唱词我总感觉跟其他戏不一样,一开始就唱,唱白了,相当表露。莺莺这个人物是比较含蓄的。《寄方》开始第一场出场莺莺看到外面的景色,她长期像被关在笼子里一样地生活,现在看到天地,尽管在院子里,但是出了她的闺房,就好像是鸟笼里飞出来的小鸟一样这种神态。几个回合下来以后,她对老夫人是失去信心了,只能靠自己的行动来争取。这一点王实甫的原著里面我认为有不足,我们有责任塑造好这场戏。这场戏想象当中莺莺知道张生有病了以后,她不仅仅是以兄妹之情去探望,而是一对恋人受到挫折以后,她想要以身相许跟张生在一起,要是她没有那样的行动,老夫人是不可能成全她的。再加上老夫人告诉她你的表兄就要来接我们了,等他来了以后就了却我的心事,你跟我的侄儿结婚,这更加促使莺莺如果不是那样的行动,要按照老夫人的轨道嫁给那个人了。一个是她自己跟老夫人几个回合下来以后对娘确实不满意,你自己许的可以赖,另一边你又要把我配给表兄,也迫使她要跨出这个闺门去赴约。所以这个地方有充分的理由要把它写好,把它演好。但是到今天为止,我们演了几次了,我们对《寄方》还描写得不够细致。我把《西厢记》比喻成工笔画,这场戏要非常深刻细致地描写莺莺内心。从我们演出的剧本来谈,这种深沉的感情还不够,仅仅是王实甫没有写的,我们补上而已。

采访人： 下面我们来回忆一下《寄方》这场戏吧。

袁雪芬： 莺莺靠在栏杆上沉思，有四句吟诗，吟好了以后说，"听说张生病重"，一面焦急一面说，"他一气之下得病的，你怎么还不知道我的心思呢？"她矛盾了，听说张生病重了以后，其实你应该了解我的苦心，他病了又是为我，这个时候红娘不在身边，"我不可以用兄妹之情去探望他吗？"她对自己说，去探望探望安慰安慰他。她是那样的心情。她正要走的时候红娘来了。

吕瑞英： 红娘看到小姐往外面跑，她平时出去总归要叫红娘的，她看见小姐往外面跑就叫住小姐了，小姐你到哪里去？

袁雪芬： 莺莺感觉到我动一动你就缠着我，缠着我做什么呢？这个时候莺莺很不耐烦的。

吕瑞英： 小姐气没有地方出都出在红娘这里，所以红娘最吃亏了。红娘也知道小姐心情不好，但是服侍小姐你必须跟着是没有办法的，受老夫人之托。

袁雪芬： 莺莺听到张生病危，只有一口气了，那样的情况下她怎么办呢？她好像热锅上的蚂蚁一样，要想一个办法，想我还是去看张生吧，解铃还须系铃人，所以想去约张生了。她又不能跟红娘讲去看他，只说是药方，其实是她去约会的那样一个简帖。她最后下决定，只有自己亲自去慰问张生才能使他病情好转，她决定要跨出这个门槛，她下了很大的决心决定自己去赴约。

吕瑞英： 红娘想这次是要写一封简帖给张生安慰安慰他，省得他毛病越来越重，结果小姐说是药方，她就搞不懂了，药方有什么意思呢？人家医生都看过了，这不是药治得好的问题，这个时候红娘还是不肯去。你让我去送药方不是更加害他了吗？没有用。但是红娘想只有小姐你救苦救难，是这个意思。

袁雪芬： 红娘着急张生，莺莺着急如何去约会且瞒过红娘。用什么办法？她本来要冲出去了，因为红娘看到了所以她只有考虑写简帖去约张生,但是跟红娘怎么说呢?她只说是一个药方。她写的时候红娘非常着急,莺莺当时想你上当了,我不是写药方,我是去约会的。莺莺心里在笑红娘,她写好了以后跟红娘说,红娘,这个药方你送去。红娘想上一次送了,这次又让我送,我不去的。莺莺跟红娘说:"红娘,这个药方是救命的。""他哪里是吃药吃得好的。"这个蛮有趣的,一个当它真的是药方,一个其实是去约会的。

吕瑞英:这个药方送过去红娘是不抱希望的,张生一看又活过来了,因为这实际上是约会的帖子。红娘这个时候知道小姐为了不让她知道所以这样翻来覆去,她想要跟小姐说清楚,但是红娘所处的身份,她希望小姐先说,我后面好给你出主意,你不先说我就很难。这个时候她看小姐正好在看书,又是心不在焉的样子,所以特地把一个灯冲到她面前,因为她在看书,天暗了,房间里灯也没有弄。

吕瑞英:小姐故意说你回来了,红娘说我回来了,红娘觉得既然小姐你不说我也故意不说,让你先开口,看你怎么说。

袁雪芬:莺莺要等红娘开口,红娘要等莺莺开口,僵在那里。莺莺起来要睡觉去了。

吕瑞英:红娘就是老实,听她去睡就急了,你不是约了张生,怎么去睡了?所以红娘说,那么好,那你去睡,不管我的事,我也管不了。真的要去睡了红娘又忍不住了,你真的要睡怎么办呢?张生那里的事情还是不能解决,而且你不应该一直骗我。到这个地方红娘把它捅破了,捅破什么呢?即小姐你不要瞒我,我是为你想的,你也不要防我,我会帮你的,"你这样是何苦呢?"已经打了几个转弯了,你早点跟我说事情早解决了,当然《西厢记》也没有那么长了。

采访人:吕老师,《拷红》这一段您当时是怎么处理的?1979年再排有些什么改动?

吕瑞英:因为经常要到张生那里去,事发了。莺莺和红娘到花园里去烧香,老夫人怀疑了,就叫红娘,红娘心里一直担心这件事,毕竟时间不短了，个把月了，她知道老夫人要知道这个事情了，由于她的身份在这个地方没有办法，老夫人叫一定要去，最后她决定看情况，所以进去了。《拷红》的时候应该说红娘一直回避，但是被老夫人打了之后回避不掉。《拷红》时候的关键问题，红娘表现了她的机智、勇敢和对老夫人的不满，在这里是一个集中表现。她说："我们当时没有事情，在房间里做针绣，想到张生生病了去看看。"老夫人是一点一点紧紧追逼，你为什么要去，红娘一点一点说出来，说到最后"张生叫小姐权且落后"，老夫人急了，怎么把她一个人留在张生那里呢？红娘这个地方有一点俏皮的东西，在老夫人面前还不能说，我也不知道为什么让她在留在那。老夫人再打，打了红娘才说出来，既然说到这样的程度了，事情已经说出来了，红娘对你老夫人的不是也要说。但是在表演的时候不能对老夫人唇枪舌剑正面斗争，这个是不行的，毕竟有她的身份问题，老夫人说打死你卖掉你都可以的，红娘的生死在老夫人手里，这个时候要用机智巧妙地回答，要抓到老夫人的弱点向她进攻。她提出来老夫人身上的不是：第一当然是言而无信，第二不该留张生。

1979年的时候重新再排，我当时是想，由于我自身的条件，50年代演的时候自然状态比较多一点，年纪轻，比较活泼，按照本子的情况来理解，按照导演的要求，我自己做多少功课台上反映多少东西出来。到1979年重新排的时候有几个情况改变了，当时是男女合演，某种程度上比如唱腔有所变化，红娘的唱音要提高一点。一般来讲白口是我们的习惯，但真正说大段白口我们好像比较少，本子上比较少。我们擅长唱，曲调比较好听优美，唱的比较多，一般大段都是用唱。这里纯粹用白口力度不够，你要加很多白口也蛮难的，所以我和导演说，白口力度不够，《拷红》到最后压老夫人的气势不够，唱毕竟有音乐的旋律，再加上乐队的衬托，音乐上来会比较强烈，他也同意了。这个时候我们就改为唱，把唱词改好，我把唱腔想好，导演就加进去了，从效果来说应该比讲白口要好，唱比较好听。红娘在这里是步步紧逼,老夫人步步后退,公堂里面问起来你言而无信,头一条罪就是你老夫人了。再就是,你既然赖了,为什么又要把张生留下来?才会发生后面的事情。所以红娘这一招蛮厉害的,事实是事实,只不过到这个时候没有办法了,破釜沉舟。这个戏我们毕竟还是一个高雅的轻喜剧,不是弄得非常严肃,表演上要有分寸,看红娘的随机应变。一边说一边想,一边想一边说,看老夫人没有讲,再进一步,最后老夫人完全失败。如果去告官的话确实名声是一塌糊涂了,老夫人反过来问红娘,这个事情怎么办呢?这个时候红娘觉得胜利在望了,所以说:"以我之见你让他们两个人成亲么拉倒了,现在成也成功了,索性把小姐许配给他不是什么事情都没有了吗?"实际上赖婚这个事情老夫人彻底失败,通过张生一直不离不弃的追求,莺莺对张生的一番情意,再加上红娘的帮忙,最后他们成功了。应该说还是一个喜剧性的结尾。

从王实甫的原著来说,最后我们的戏还是和原著结合的。这个事情的全过程红娘是牵线搭桥穿针引线,对小姐的同情,对张生的帮衬,最后成功了。后来叫小姐出来,像赖婚的时候一样的,像去拜见哥哥一样的,第二次的打击,红娘也是没有想到。老夫人让张生去考科举,这个事情没有想到,但这是没有办法的,当时的社会情况下,红娘无能为力,小姐、张生都是无能为力。

采访人:《拷红》后红娘喊莺莺出来,莺莺其实是不知道发生了什么事情,莺莺这个时候应该是怎样一个出场?

袁雪芬:红娘被老夫人叫去莺莺应当知道的,出来的时候她也担心不知道老夫人会怎么样对红娘。莺莺说真是难为你了,连累你了,莺莺先要安慰红娘。在莺莺知道娘亲把自己许配给张生后,当然非常高兴,反而不好意思去见母亲了,因此她进去的时候低着头进去见过母亲,见母亲带有一种愧疚的心情。老夫人看着她,觉得她不长志气。莺莺一哭,母亲反而要安慰女儿了。

采访人：这个时候张生是怎么表演的？

吕瑞英：张生一听到老夫人叫他去，因为做过不应该做的事情总归心里有点虚的，不敢去。红娘一把把他抓住，这个时候红娘有点耍耍张生的意思，逗逗他，之后马上跟他说，喜事，老夫人要把小姐许配给你了，让你去见丈母娘，快点去。

采访人：下一场就是老夫人要张生去考科举了？

吕瑞英：是的，就像赖婚，这是第二次打击。先是一段长亭的音乐，这是秋天的景色，幕布一点一点拉开来，红娘在里面。

袁雪芬：莺莺坐在舞台边，没有话，满面的惆怅。老夫人再一次强调，不招白衣女婿。拿一杯酒送行，见张生。莺莺在这边，张生在那边，两个人对视，"你此去不管得官不得官，你要回来的"。

采访人：需要填戏的时候是导演帮你们安排吗？

袁雪芬：这个要靠演员自己。你在舞台上怎么活动，心理状态怎么样都要自己掌握的，不是让导演安排的。

吕瑞英：导演是一个总体的把握，他要看总体的配合，这种填戏需要演员按照当时的情景来。红娘候着的时候，要填戏，填戏是一门学问，很重要。演员要懂得这个时候台上的戏表演在什么地方，你填戏填在什么地方，既要抠好时间又要符合内容，如果不符合内容反而破坏了戏，对整个戏起反作用。特别是我们青年演员，在刻画人物方面很重要的，要知道整个舞台上这一场戏，我的任务是什么，我在完成任务后，旁边的戏要怎么衬托，这是创造人物很关键的方面。有时候青年演员可能还顾及不到，他们演出比较少，他们会说，老师我这里停掉了很难过，实际上难过就是有问题了，你戏断了，你没有把这个戏连下去，这需要不断地实践。

袁雪芬：没有对白或演唱的时候戏还要继续，人物活动还是要继续。

采访人：两位老师觉得《西厢记》整个表演，对学生来说有哪些需要注意的地方吗?

袁雪芬:我们的《西厢记》是王实甫的《西厢记》,不是一般的《西厢记》。当50年代初周恩来总理让我们排练的时候我们开始并不熟悉,到后来真正认识到了,王实甫的《西厢记》也没有真正树立起来。所以50年代我们的领导特别是周恩来总理让我们排这出戏,他点名让我演莺莺,我当时就想要把王实甫的《西厢记》重新树立起来。有领导的支持,有各方面的关怀,所以我们的《西厢记》是忠实于王实甫原著的,这个戏我们相当用心。1955年这个戏要复演,到北京,总理也看过很多次,对我们点点滴滴关怀备至,所以这个戏不是平凡的戏,我们把王实甫《西厢记》原著的精神很好地继承了下来。哪怕有些方面跟原著人物有些差距,比如书中人物莺莺只有19岁,我演莺莺的时候已经三十来岁了,无论形象还是各方面都有差距,但是我努力去塑造她。我们感觉到这个《西厢记》正像我们领导所讲,你把这个戏重新树立起来是增加国家的财富,所以这个戏也成为我们院里的保留剧目。我们的青年同志要去演它但不要依样画葫芦,要很好地去琢磨它,因为演员塑造人物要吸收的东西多,要舞台上看的东西多,要增加你的鉴别能力,人家好的要学,人家不好的我不能吸收。要把原著精神吃透,一个演员如果说自己文化上不提高,鉴别能力不提高,也无法来塑造人物。但是你理解了精神,缺乏手段也不行,要靠音乐语言、表演功力来表现精神,对于戏曲演员来说这些都要具备。所以我们希望青年演员要去读名著,如果自身条件不够,也要创造条件,一次两次反复去实践、提高。我希望我们好的东西可以代代相传,这是我的愿望。

(采访:徐佳睿　整理:田　虹)

后记：留下一扇记忆的窗户

出版社跟我商量能不能写个后记，我发呆了许久，十多年来的一幕幕如同电影画面般闪过，个中的酸甜苦辣咸五味杂陈。有太多想表达的时候，反而不知从何说起了。

2005年年底，电台资深音乐编辑毕志光来找朱践耳（1922—2017）的音乐资料。朱践耳是我国著名作曲家，也是新中国第一代留苏学习作曲的留学生，他作曲的《唱支山歌给党听》传唱了几代人。当时我负责广播节目的数字化转存工作，看到过很多民国时期的老音乐家的作品，由于他们的资料很少，普通人对他们很陌生。当时我脑子里突然闪过一个念头，为什么不把目前还健在的老艺术家用镜头记录下来，给后人留下一份鲜活的资料呢？顺便也可以把他们手中保留的作品做数字化保存。我把想法跟时任馆领导的郭克榕、刘敬东做了汇报沟通，他们很支持。我们跟朱践耳先生一说，他也很高兴，一口答应了。最后，我们用了3—4个月的时间，把对朱践耳的口述历史采访和作品数字化全部完成了。为此我们还搞了一个小型的研讨会暨成果发布会。当时朱践耳先生推荐上海音乐学院著名音乐史家戴鹏海教授（1929—2017）在会上发言，但是他自己又不便出面去邀请。我没多想，从朱践耳家告别后直接奔到复兴路上海音乐学院宿舍去找戴鹏海教授了。老人住在一个平房里，阴暗潮湿，屋子里全是书。当我说明来意，老先生一口回绝。看情形似在气头上,果不其然,因为房子问题,他窝了一肚子火。事后得知,老先生在音乐界素以秉性刚直著称。那一下午足足谈了三个小时,终于把他说动了,我感觉自己的舌头都磨秃了一截。此后,我们成了朋友,而且第一批上海音乐家口述历史的名单也是他给开的,权威性毋庸置疑。可惜,由于家人在美国,老人赴美与家人团聚,最后终老他乡,好在他做了口述采访,他的故事留下了。

之后,我们又为闻讯而来的著名二胡演奏家闵惠芬女士(1945—2014)也做了口述和作品数字化保存工作。通过尝试为两位音乐家做口述积累的经验,我觉得可以推而广之,为更多的老艺术家做口述服务。但是,如果大面积推行,经费是个问题,我们毕竟是台里的职能部门,不是生产单位,没有专项资金可以提供支持。

2006年10月的一天晚上,我在《新民晚报》的文化版看到上海文化发展基金会刊登的资助项目启事,真是上天开眼。我对照着基金会的相关条款,觉得我们的项目可以达到资助要求。那么,以什么剧种作为开局呢? 2007年正好是越剧进上海百年的大日子,以此为契机,连同戴鹏海教授开的音乐家名单,我们以《老艺术家口述历史》(越剧、音乐部分)的名义向上海文化发展基金会做了申报,没想到第一次申报就获得了通过,解了我们的燃眉之急和后顾之忧。从此,老艺术家口述历史系列项目扬帆起航了,历年来开展的项目如下:

2006年,音乐家、越剧艺术家口述历史;

2008年,老广播人口述历史;

2009年,老电视人口述历史;

2011年,音乐家、京昆艺术家口述历史;

2012年,话剧艺术家口述历史,上海科教片厂艺术家口述历史;

2013年,淮剧艺术家口述历史;

2016年,杂技艺术家口述历史;

2017年,木偶戏艺术家口述历史;

2018年，老广播人口述历史(二期)，音乐家、舞蹈家口述历史(二期)，沪剧艺术家口述历史，滑稽戏艺术家口述历史；

2019年，老电视人口述历史(二期)，上影厂艺术家口述历史(一期)。

还有1 000余位非艺术类人士的口述采访，这里按下不表。

不知不觉间，我们已经采访了近400位老艺术家。

我们早期采访的老人，有些已经不在了。这些老人经历了岁月的风雨，在他们风华正茂的时代，以那一代人特有的吃苦耐劳、特有的聪明才智，创立了属于他们特有的辉煌。他们身上有着许多鲜为人知的故事，他们的奋斗经历对后来者，对这座城市都有着非常重要的意义。

在如今这个浮躁的年代，还是需要有人沉下心去认真做一些利在未来的事情的。这些老人的感悟和经历是时代所赋予的，在与这些老人的交谈过程中所触摸到的，则是来自于他们那个时代和当年的这座城市所独有的印记。历史需要后来者去梳理，有温度的历史真相有时并不存在于书本里，而是在人的记忆里，而人的寿命是有限的，当人逝去了，某些历史片段与细节也就消失了。历史记忆是亲历者、当事人对历史事件的回溯，口述历史在保存历史记忆方面具有其他形式文献资料无可替代的价值。

当然，口述者提供的信息也会存在误差或失真。客观而言，人的记忆会因时间久远而发生误记。原因一般可分为两类：一类是无意为之，是受个人经历、情感等影响，或因时代变迁导致后来的认识覆盖了先前的认识，从而导致口述者提供的信息失真，作为当事人不一定对此有清醒的意识；另一类则是有意为之，为了"趋利避害"，在口述中着意修饰提升个人的形象，遮蔽了个人不光彩的一面。上述因素提醒我们在采访、整理、汇编口述素材时要细加辨别、谨慎对待，在定论时要多方考证确定。

人的一生，做成一件事不难，但是要把一件事做成一个事业则不容易。我们希望能将老艺术家口述历史项目打造成上海城市的文化名片,为后人留下一个鲜活的、留存着上海文化事业发展脉络的记忆库,使上海的文化历史得以延续和保存。

我不是历史学家,只能算是一个历史爱好者,机缘巧合地做了一些记录历史的活儿,既然做了,也总想把事情做好,给自己一个交代,就像阿Q先生一样给自己画一个圆圆的圆。但是,我知道人生总有遗憾,我已过了知天命之年,即将迈入六十耳顺,后续还想将其他几个剧种的老艺术家口述资料也结集出版,但是能不能实现,要看天意了。

好了,拉拉杂杂说了这些,既是坦露心迹,也是立此存照,没准若干年后让我口述这段历史时,也好有个依据。

在此郑重鸣谢李尚智先生、郭克榕女士、刘敬东先生,你们三位是上海音像资料馆口述历史工作最早的推动者;

感谢历任馆领导对口述工作的支持,感谢你们容忍我的"不务正业";

感谢各分册的主编们,你们在日常工作之余审订几十万字的口述采访文稿,个中甘苦我深有体会;

感谢因为种种原因离开的参与者,成果中也有着你们的付出;

感谢上大社·锦珂优秀图书出版基金对这套丛书的出版提供的资助;

最后,要特别感谢上海文化发展基金会,没有你们的扶持,我们走不了这么远。

SMG上海音像资料馆口述历史工作室

李丹青

2020年5月20日